갈/ 라/ 디/ 아/ 서/ 강/ 해

자유를 위하여
부르심을
입었나니

홍정길 목사

크리스챤서적

서 문   · 홍정길 목사

"오직 의인은 믿음으로!"
종교개혁자들의 신앙고백이었습니다. 아니, 하나님 앞에 선 사람들의 고백이었고 전 성경의 가르침이기도 합니다. 그렇지만 우리는 이 믿음의 본질을 꿰뚫지도 못하면서 믿음이 주는 복까지 놓치는 경우가 참 많습니다.
우리는 믿음으로 구원받았습니다. 믿음으로 받은 구원, 그 속에는 많은 것이 포함되어 있습니다. 첫째로 나의 영원한 파멸의 이유인 죄가 우리 주님의 십자가에서 완전하게 해결되었습니다. 내가 죽어야 될 그 죽음의 자리에 주님이 죽으신 놀라운 은혜를 고백하게 됩니다. 또 내 죄가 전부 용서된 것으로 끝이 아닙니다. 하나님께서는 내 죄가 처단되었기 때문에 나를 의롭다고 여겨주십니다. 내 본질이 의로운 것이 아니라 내 죄가 십자가에서 시행되었고 그 죄의 형벌의 값이 치러졌기 때문에 우리가 죄 없다 여김을 받는 것입니다. 이 일로 말미암아 우리는 하나님과 화목케 되었고 하나님의 자녀의 영광에까지 이르게 되었습니다. 하나님의 자녀는 모든 타종교와 구약의 관계에서 상상할 수 없는 복을 누리는데 그것은 '자유' 입니다. 세상의 모든 계약은 속박을 전제로 한 것입니다. 그러나 자녀인 경우는 어떤 속박도 묻지 않습니다. 진정한 자유를 누립니다.
사도 바울은 갈라디아 성도들이 당시의 종교생활의 엄숙함에 매여서 영광의 주님께서 이루신 하나님의 자녀 된 복을 누리지 못하는 것을 보고 이 편지를 썼습니다. "너희 속에 그리스도의 형상이 이루기까지 내가 해산의 수고를 다시 하겠다"(갈 4:19)며 믿음 성장의 본질이 틀렸다고 지적하고 있는 것입니다.

　이런 대전제에 앞서 믿음에 굳건히 서 있는 신앙생활의 모델을 보기 위해 하나님의 사람이요, 믿음의 조상인 아브라함의 삶을 살펴 보았습니다. 이것이 앞서 출간된 「아브라함의 하나님」입니다. 하나님을 인격적으로 믿는 것이 무엇인가를 보기 위해 이 땅에서 실물로 살았던 아브라함의 삶을 조명한 것입니다.

　그런가 하면 사도 바울이 살았던 믿음을 논리적으로 증명해 놓은 책이 바로 갈라디아서입니다. 이것이 지금 우리에게 절실하게 필요한 이유는 이 땅에 기독교가 들어온 지 한 세기가 지났고 교회의 숫자도 많이 늘었고 여러 신학체계를 거쳤지만 '의인은 믿음으로 살고, 믿음으로 말미암아 하나님의 자녀가 된다'는 이 놀라운 복과 영광의 자유를 놓치는 경우가 허다하게 보기 때문입니다. 이 민족 교회가 다시 개혁되기 위해서는 복음 위에 서야 됩니다. 외견적으로 나타난 옷 로비 사건이라는 쓰라린 사건을 접하면서 한국 그리스도인들의 삶의 모습이 이 범주를 벗어나지 못한다는 생각을 가지게 되었고, 그래서 갈라디아 교회에 보내신 하나님의 음성을 다시 듣는 시간을 가졌습니다.

　시간 시간 주께서 진리 가운데로 인도하신 것을 경험했고 성도들의 심령이 이 진리 위에 세워져 나가는 복을 누리면서 설교를 했습니다. 아브라함의 하나님, 이것이 구약의 믿음의 모습이라면 갈라디아서는 예수 그리스도 이후의 삶을 정리한 사도 바울의 신앙고백입니다. 이 설교집을 통해 본래의 믿음의 진리를 확고히 구축하는 역사가 있기를 참으로 사모합니다. 끝으로 원고를 정성스럽게 정리해 준 최지혜 자매에게, 그리고 한국 출판문화의 척박한 땅에서 평생토록 기독교 출판에 헌신해 온 임만호 장로와 크리스챤서적의 믿음의 식구들에게 감사를 드립니다.

차 례

1. 오직 복음 · 7
2. 계시와 그 증언자 · 22
3. 진리의 확증 · 36
4. 율법과 생명 · 49
5. 오직 믿음 · 61
6. 행위와 은혜 · 76
7. 언약과 율법 · 87
8. 율법의 요구와 그 완성자 예수 그리스도 · 102
9. 때가 차매 · 114
10. 아바 아버지 · 126
11. 그리스도의 형상 · 136
12. 이스마엘을 내어 쫓으라 · 148
13. 그리스도인의 자유 · 160
14. 자유와 선택 · 170
15. 그리스도의 법 · 182
16. 심음과 거둠 · 194
17. 종교인가, 기독교인가? · 205

1. 오직 복음

갈라디아서 1:1-10

　사람들에게서 난 것도 아니요 사람으로 말미암은 것도 아니요 오직 예수 그리스도와 및 죽은 자 가운데서 그리스도를 살리신 하나님 아버지로 말미암아 사도 된 바울은 함께 있는 모든 형제로 더불어 갈라디아 여러 교회들에게 우리 하나님 아버지와 주 예수 그리스도로 좇아 은혜와 평강이 있기를 원하노라 그리스도께서 하나님 곧 우리 아버지의 뜻을 따라 이 악한 세대에서 우리를 건지시려고 우리 죄를 위하여 자기 몸을 드리셨으니 영광이 저에게 세세토록 있을지어다 아멘 그리스도의 은혜로 너희를 부르신 이를 이같이 속히 떠나 다른 복음 좇는 것을 내가 이상히 여기노라 다른 복음은 없나니 다만 어떤 사람들이 너희를 요란케 하여 그리스도의 복음을 변하려 함이라 그러나 우리나 혹 하늘로부터 온 천사라도 우리가 너희에게 전한 복음 외에 다른 복음을 전하면 저주를 받을지어다 우리가 전에 말하였거니와 내가 지금 다시 말하노니 만일 누구든지 너희의 받은 것 외에 다른 복음을 전하면 저주를 받을지어다 이제 내가 사람들에게 좋게 하랴 하나님께 좋게 하랴 사람들에게 기쁨을 구하랴 내가 지금까지 사람의 기쁨을 구하는 것이었다면 그리스도의 종이 아니니라 성경이 말하는 구원과 이 세상의 지혜가 말하는 구원은 본질적으로 다릅니다. 세상의 구원은 그것이 철학이든 종교든 윤리든 내가 나를 잘 발전시키면 구원에 이른다고 말합니다. 그러나 성경은 그렇게 말하지 않습니다. 인간 스스로는 구원을 얻을 수 없을 만큼 절망적입니다. 마치 지진으로 함몰되어 버린 건물더미 속에 갇힌 사람이 자기 손발로 첩첩이 쌓여 있는 수많은 파편들을 치울 수 없는 것과 같습니다. 그때 하나님께서 그의 크신 구원 계획을 펼치시고 우리를 구원하셨습니다. 이것이 성경이 말하는 구원입니다. 어거스틴도 이것을 주장했습니다.

그런데 교회가 조직을 갖게 되었습니다. 예배당 건물이 필요했습니다. 사람들의 헌신이 필요했고 수많은 헌금이 필요했습니다. 그래서 가톨릭에서는 구원은 예수 그리스도를 믿는 믿음뿐 아니라 행위까지 따라야 된다고 가르쳤습니다. 복음의 가장 중요한 진리를 양보한 것입니다. 그런데 오백 년 전에 루터가 "오직 구원은 예수 그리스도를 믿는 믿음이라"고 주장하며 종교 개혁을 일으켰습니다. 이 논쟁이 계속 신교와 구교 사이의 다툼이 되었습니다. 그러다가 몇 년 전 가톨릭 교회는 자기들이 과거에 집행했던 갈릴레오의 재판이 잘못되었다고 인정했습니다. 이것은 교회는 오류가 없다고 선언했던 선언을 스스로 철회한 것입니다. 그러더니 2000년을 앞둔 1999년, 가톨릭의 신학자들이 루터가 주장했던 주장들을 면밀히 검토한 다음, "구원은 오직 예수 그리스도를 믿는 믿음으로!"라고 선포했습니다. 세상 신문은 이것을 지극히 작게 다루었지만 사실은 기독교의 본질로 회복된 중대한 사건입니다. 가톨릭과 우리 사이에 아직도 몇 가지 상충되는 중요한 주장들이 있습니다. 그러나 가장 큰 차이였던 "오직 구원은 예수 그리스도, 그분을 믿는 믿음이다." 여기에 동의했기 때문에 언젠가는 둘이 합쳐져서 가톨릭이라는 단어, 개신교라는 단어가 없어질 때도 오겠구나 하는 생각을 갖게 됩니다.

아직도 바뀌어지지 않은 것이 몇 개 있습니다. 그 중의 하나가 마리아의 중보설입니다. "너희들이 사장님을 만나는 것 어렵지 않으냐? 그러니 그분을 사랑했던 어머님을 통해서 만나고 싶지 않으냐?" 이런 논리로 성경이 말하지 않는 진리를 오랫동안 가르쳐 왔습니다. 이 문제가 최후의 관건이 되지 않을까 하는 생각을 갖습니다. 지금까지 가톨릭 교회를 지켜 보면 예수를 믿는 종교라기보다 마리아를 믿는 종교였습니다. 그래서 가톨릭의 성화들을 보면 마리아를 "Heavenly Queen", 하늘의 여왕이라고 결론을 짓습니다. 아마 이것만 무너지면 우리는 크리스천이라는 이름으로, 교회라는 한 이름으로 만날 수 있지 않을까 싶습니다.

또 신부가 결혼하지 않는 문제는 아마 많이 해결될 것이라고 이야기들을 합니다. 밀알 미술관에서 작품을 전시했던 화백 한 분이 제게 이런 에피소드를 들려 주었습니다. 이분은 캐나다에서 남편과 사별하고 홀로 살며 작품활동을 하시는 분입니다. 그림 전시회 때문에 캐나다 토론토 성당의 신부님을 자주 만났는데 대화 중에 그 신부님이 "최근 가톨릭 교회의 가장 큰 문제는 신부(神父) 헌신자가 없는 것이다. 결혼 문제만 해결해 주면 많이 지원할 텐데, 결혼 문제가 걸려서 신부 숫자가 적어지고 있다. 그래서 교회가 큰 타격을 입을 것 같아 결혼문제가 계속 제기되고 있다"고 하더랍니다. 요한 바오로 2세가 자기 임기 동안에 안 된다고 못을 박았기 때문에 아마 요한 바오로 2세가 돌아가시면 신부들의 결혼이 허용될 확률이 90%는 될 거라고 이야기하더랍니다. 그래서 이 자매가 "신부님, 그러면 내가 그때까지 기다릴까요?" 라고 농담으로 짓궂게 물었더니 그 신부 얼굴이 빨개졌답니다. 그래서 웃으며 농담이라고 했다고 합니다. 어쨌거나 "오직 구원은 예수 그리스도를 믿는 믿음이라. 하나님께서 행하신 일이라"는 가장 큰 교리를 가톨릭과 함께 고백하는 것이 얼마나 귀한 일인지 모르겠습니다.

바울의 사도성

여기 갈라디아서는 인간의 구원은 철저하게 하나님께서 시작하신 일이라고 말합니다. 하나님께서 시작하신 일일 뿐 아니라 하나님께서 완수하신 일이라고 말합니다. 그러면서 저자 바울은 자신을 소개합니다. 소개할 때 그냥 소개하지 않습니다. "사람에게서 난 것도 아니요, 사람으로 말미암은 것도 아니요, 오직 예수 그리스도와 및 죽은 자 가운데서 그리스도를 살리신 하나님 아버지로 말미암아 사도된 바울은"(갈 1:1). 그는 사도권을 자기의 권위를 위해서 주장하는 것이 아닙니다. 하나님께서 자신을 세우시고 이 귀한 복음, 하나님께서 하시는 일을 증거케 하기 위해서 특별한 고난을 주셨는데 이 고난을 사도적 고난이라고 말합니다. 사람들은 갈라디아 교회를 향해서 이런 모함을 했습니다. "사도 바울이 워낙 실력이 많기 때문에 사도 되었다. 예수께서 세운 사도가 아니다." 또 어떤 사람은 "그의 좋은 제자들 덕분에 사도 되었다. 그가 가장 넓은 지역을 다니면서 성경을 가르치고 복음을 전했기 때문에 사도 되었다"고 했습니다. 그는 분연히 일어서서 아니라고 말합니다.

당시 사도가 되기 위해서는 두 가지 조건이 필요했습니다. 예수 그리스도와 3년간 같이 있었던 사람에게 사도권이 주어졌습니다. 또 예수 그리스도께서 죽은 지 사흘 만에 부활하신 그 부활을 목격한 자여야 합니다. 사도 바울은 다메섹 도상에서 부활하신 예수 그리스도를 만납니다. "그 예수 그리스도로 말미암아, 죽은 자 가운데 다시 살리신 하나님으로 말미암아 내가 사도 되었다"고 자신이 사도 된 것은 하나님께서 하신 일이라고 강조하고 있습니다. 그것은 자기를 높이기 위해서가 아니라 자기가 부탁받고 전해야 될 복음이 얼마나 진실한가를 가르치기 위해서 주장하고 있습니다.

은혜와 평강의 인사

이 복음은 그냥 주어진 것이 아니라 은혜라는 선물로 안겨졌다고 말합니다. 그는 "함께 있는 모든 형제로 더불어 갈라디아 여러 교회에게 우리 하나님 아버지와 주 예수 그리스도를 좇아 은혜와 평강이 있기를 원한다"고 선포하고 있습니다. 원래 은혜와 평강은 당시의 그리스도인들의 인사말이었습니다. 그렇지만 그는 이 은혜라는 것이 얼마나 소중한 것인가를 알았기 때문에 그의 모든 서신서에는 인사마다 반드시 은혜라는 단어가 들어가 있습니다.

이 은혜라는 말은 이런 뜻입니다. 받을 자격이 없는 사람들에게 아무런 대가도 없이 주는 일방적인 사랑의 선물입니다. 아마 은혜라는 단어를 설명하는데 쉬운 예가 있다면 선물의 개념일 것입니다. 선물은 노력의 대가가 아닙니다. 노력의 대가라면 임금(賃金)이 될 수 있습니다. 보상이 될 수 있습니다. 그런데 여기서의 은혜는 아무것도 하지 않았는데 일방적인 하나님의 사랑으로 주어진 선물이라는 것입니다. 그 선물이 주어진 사람에게 평강이 넘쳤습니다. 그래서 그는 늘 은혜와 평강을 선물로 모든 사람에게 선포하고 있는 것입니다.

하나님의 선물 - 예수 그리스도의 죽음

그러면 하나님께서 주신 이 복된 선물의 내용은 무엇입니까? 여기 4절에 이렇게 기록되었습니다. "그리스도께서 하나님 곧 우리 아버지의 뜻을 따라 이 악한 세대에서 우리를 건지시려고 우리 죄를 위하여 자기 몸을 드리셨으니." 예수께서 죽으신 것이 바로 선물이라고 말합니다.

예수께서 죽으신 것은 세 가지로 설명되어 있습니다.

1. 아버지의 뜻을 따라

첫째로 "하나님의 뜻으로 죽었다"고 합니다. 예수 그리스도의 죽으심은 어느 날 갑자기 생긴 해프닝이 아닙니다. 하나님의 계획 속에서입니다. 그래서 고린도전서 15장은 "성경대로 그리스도께서 우리를 위하여 십자가에 죽으셨다"(고전 15:3)고 선언하고 있습니다. 성경대로, 하나님의 뜻대로입니다. 범죄한 인간을 불쌍히 여기시고 에덴 동산에서 쫓아내시면서부터 하나님께서는 인간을 향한 놀라운 계획을 수립하셨습니다. 그래서 이스라엘 백성을 택하십니다. 택하신 하나님은 이스라엘 백성에게 제사를 받습니다. 사람들은 제물을 드리면서 이런 믿음을 가졌습니다. '앞으로 오실 메시아가 내 모든 죄를 대신 지시고 해결해 주실 것을 믿는다. 그 상징으로 이 소와 양을 죽여서 하나님 앞에 드린다.' 이런 믿음으로 히브리 사람들은 하나님 앞에 신앙을 고백했던 것입니다. 하나님의 뜻대로입니다. 하나님의 계획대로입니다. 하나님의 신비한 지혜 속에 예수 그리스도는 죽으셨습니다.

2. 하나님과 인간의 관계 회복을 위하여

두 번째로 "예수 그리스도의 죽으심은 우리를 악한 세상에서 건지시기 위해서였다"고 말하고 있습니다. 이 건진다는 말은 구출했다는 뜻입니다. 해방시켰다는 뜻입니다. 이것이 소극적인 의미라면 적극적이고 긍정적인 의미도 있습니다. 그 의미는 회복시켰다는 뜻입니다. 우리를 멸망시키는 여러 악한 사슬에서 풀어 주셨다는 뜻으로만 해석하면 안 됩니다. 그렇게 풀린 다음 하나님과의 관계를 회복했다는 뜻입니다. 원래의 의미를 회복했다는 뜻입니다.

회복, 이 말을 생각할 때마다 제 과거의 한 간증이 떠오릅니다. 부부 사이는 깊이 사랑하고 신뢰해야 됩니다. 그런데 회복되지 않은 관계는 똑같은 문제로 계속 부딪칩니다. 잘되는 것 같다가도 그 문제 때문에 마음이 나쁩니다. 부모와 자식 사이도 마찬가지입니다. 근본적으로 부모와 자식 사이의 문제가 해결되지 않으면 그 문제 앞에서 부모와 자식이 같이 고통을 당합니다.

저는 초등학교 4학년 때 6.25를 당한 다음 저의 작은아버지 댁에서 자랐습니다. 그런데 저의 작은아버지는 '사람은 때려야 사람 된다'는 확신을 가지신 분이었습니다. 그래서 매를 때리시는데 특별한 일이 없어도 그냥 기분 나쁘면 때리십니다. 언젠가 제가 매를 너무 많이 맞았습니다. 자기 아이 우는 것을 제가 돌보지 않았다고 때리는데 장작으로 종아리를 패놓으니까 장작의 가시들이 종아리에 박혀 있습니다. 그래서 집으로 달려가서 어려운 아버지, 어머니에게는 말도 못 하고 그래도 늘 내 편 들어주신 할머니에게 일렀습니다. 그랬더니 할머니가 "너희 작은아버지가 너 사람 되라고 때렸지. 너 이 소리 아무에게도 해서는 안 된다. 그리고 맞은 종아리도 보이지 말아라"고 어떻게 엄하게 명령하시던지 부모님에게는 말 한마디 하지 못한 채 다시 작은아버지 집으로 들어갔습니다. 죽기보다 싫었습니다. 아기가 어릴 때 엄마의 젖을 먹고 자라야 되는 것처럼 자녀는 부모의 사랑을 먹고 살아야 됩니다. 이것이 차단되어 있었습니다. 부모님의 사랑이라는 단어는 알았지만 사랑의 실체를 몰랐습니다. 너무 괴로우니까 제가 도망갔던 곳이 책이었습니다. 5학년 때입니다. 저의 작은아버지께서 「청춘극장」이라는 책을 갖다 놓았습니다. 처음에는 읽어 보니까 어렸을 때 잘 부르던 이름이 나와서 동화인 줄 알고 읽기 시작해서 푹 빠졌습니다. 그후에 엄마, 아빠 사랑을 받지 못한 그 저주스러운 마음을 어떻게 할 수가 없으니까 계속 책으로 도망

갔습니다. 다른 사람은 제가 책 많이 읽었다고 그러는데, 사실 병적으로 읽었다고 생각됩니다. 하룻밤에 다섯 권, 일곱 권 읽고 나면 다음날 학교 가서 공부 못 합니다. 계속 졸아야 돼요. 그런 학창생활을 지냈습니다. 방학 때 집에 내려가면 아침마다 예배 드려야 됩니다. 의미가 전혀 없습니다. 하나님 아버지가 싫습니다. 내 고통과 아픈 문제에 대해서 함께해 주지 않는 아버지가 무슨 의미가 있습니까? 아버지야 자기 일 좋아서 바쁘게 살았지 내 생애에 대해서 어떤 관심을 가졌느냔 말입니다. 하나님 아버지라는 말도 그렇게 싫었던 날이 있었습니다. 그런데 대학교 3학년 때입니다. 친한 친구가 등록금을 못 냈습니다. 이 친구 등록금을 해결해 주려고 이리 뛰고 저리 뛰는데 제가 대학생 시절이던 1960년대 초에는 아르바이트도 없었습니다. 이것을 팔아도 안 되고 저렇게 용을 써도 안 되고 그래서 할 수 없이 밑져야 본전이니까 내게 늘 엄하시고 꾸중만 하시고 잘못만 지적하시지만 그래도 아버지에게 친구를 위해서 이야기를 한 번 해야겠다 싶어 찾아갔습니다. "아버님, 제 친구가 등록을 못 했는데, 등록금을 좀 도와주세요. 일부도 좋습니다." 그랬더니 "아, 그래? 지금까지 살아오면서 네가 나한테 무엇인가를 달라고 한 것이 처음이다." 그러면서 기쁨으로 전액을 주시는 겁니다. 그러면서 하시는 말씀이 "너, 내가 살았던 삶 때문에 고생 많았지?" 하시는 것입니다. 제가 그 밤에 한잠도 못 자고 울었습니다. 처음으로 아버지의 사랑과 만났습니다. 집에서 예배도 같이 했습니다. 사업하실 때도 같이 있었습니다. 그러나 전혀 만나지 못했습니다. 아버님과 관계가 회복된 그 날, 얼마나 기뻤는지 모릅니다. 그리고 2년 후에 예수 그리스도를 개인의 구세주와 주님으로 영접했습니다. 하나님 아버지라는 생각 때문에 그렇게 기뻤습니다. 우리의 구원은 탈출이 아닙니다. 우리의 구원은 석방 정도가 아닙니다. 우리의 구원은 우리가 만나야 될 하나님과의 관계 정상화입니다. 회복입니다. 처음 우리를 창조하시고 사랑하신 그 사랑의 하나님과의 관계 회복입니다. 그러면 이 관계 회복을 위해서 반드시 필요한 과정이 있습니다. 그것은 무엇인가? 그 관계를 단절시키는 것이 해결되어야 합니다.

제가 한때 의처증이 있는 집안에서 지낸 적이 있습니다. 남편이 아내를 계속 의심하며 때립니다. 세상에 의처증처럼 무서운 것이 없습니다. 겨울 날이었습니다. 젊은 총각이 연탄을 그 집에 배달해 주었습니다. 눈 오는 날 리어커를 끌고 와서 연탄을 광으로까지 다 들여놓아 주니까 그 아주머니가 차를 대접했습니다. 그랬더니 저도 있고 그 젊은 총각도 있는데, 젊은 남자와 눈맞았다고 자기 부인의 임신한 배를 걷어차는 것이었습니다. 그런데 그 사람은 그 일이 지난 다음에는 또 잘못했다고 합니다. 원인은 해결이 안 된 채 계속 잘못했다고 하니까 아무 의미가 없습니다. 잘못했다는 말에 중심이 없기 때문에 그 일이 또 터지고 또 터지고 해결이 안 되는 것입니다. 원인이 해결되어야 합니다.

하나님과 나 사이의 관계에 있어 문제가 된 원인이 있습니다. 그것은 죄였습니다. 예수께서는 우리 하나님의 뜻을 따라 죽으셨습니다. 예수께서는 하나님과 우리와의 관계 정상화를 위해서 죽으셨습니다. 예수께서는 문제의 원인인 우리 죄를 위하여 자기 몸을 내어 드렸습니다. 그것이 바로 4절, 복음의 요체입니다. "그리스도께서 하나님 곧 우리 아버지의 뜻을 따라 이 악한 세대에서 우리를 건지시려고 우리 죄를 위하여 자기 몸을 드리셨음이라." 우리 죄를 위하여입니다. 이 죄가 있으면 늘 하나님과의 관계에 있어 방해가 됩니다. 늘 하나님과 나 사이를 차단시키는 것입니다. 그 문제가 있는 한 하나님과 바른 관계를 가질 수가 없습니다. 그래서 하나님께서는 "그리스도께서 하나님 곧 우리 아버지의 뜻을 따라"라고 했습니다. "뜻을 따라"라는 말은 '방법 따라' 라는 말입니다. 방법 따라 우리 죄를 위하여 십자가에 내어주신바 되었습니다.

3. 우리 죄를 위하여

여기 "우리 죄를 위하여"라는 말은 세 가지 뜻을 갖습니다.

첫째로 "위한다"는 말은 '대신한다'는 뜻입니다. 두 사람이 있습니다. 형제입니다. 몹시 사이가 좋습니다. 함께 탄광에서 일하고 있는 형제였는데, 어느 날 동생이 자기 일을 모두 마친 다음 신바람이 나서 저녁 식사 후에 차 한 잔 하기 위해서 형님 집을 찾아갔습니다. 갔더니 형님이 어제 일한 일의 노독이 아직 풀리지 않아서 몸살을 앓고 있습니다. 그 광경을 본 동생이 형에게 이렇게 말합니다. "내일 형님 일을 내가 대신 할 테니 하루만 더 쉬세요. 그러면 나을 거예요." 그리고 다음날 형 대신 탄광에 들어갔습니다. 불행하게도 그날따라 갱도가 무너져서 그 동생이 묻혀서 죽게 되었습니다. 형은 평생 말합니다. "내 동생은 나를 위하여 죽었다." 여기 나를 위하여라는 말은 대신한다는 뜻입니다. '예수께서 나를 위하여'라는 말은 '예수께서 나의 죄를 대신해서'입니다.

두 번째로 "우리"라고 했습니다. 나 하나는 대신합니다. 우리를 위한다는 말은 우리를 대표한다는 뜻을 가지고 있습니다. 이렇게 설명하면 설명이 될지 모르겠습니다. 우리가 어렸을 때 교과서에서 읽은 이야기입니다. 네덜란드에서 생겨난 이야기, 피터라는 소년의 이야기입니다. 네덜란드는 우리가 잘 아는 대로 육지가 수면보다 낮은 나라입니다. 계속 땅이 하강을 합니다. 그때마다 그 사람들은 둑을 쌓습니다. 지금은 8차선 도로로 아우토반과 연결시켜서 참 멋진 도로를 가지고 있지만 그때는 좀 허술했던 것 같습니다. 그래서 이들의 초미의 관심사는 '언제 둑이 터져서 물이 밀려오면 우리 네덜란드는 다 망하는데, 다 죽는데…'에 있었습니다. 그러던 어느 날, 어린 소년 피터가 둑길을 걷다가 물방울소리를 듣습니다. 긴장해서 찾아보니까 개미 구멍 같은 곳에서 물이 조금씩 새어 나옵니다. 물은 어떤 둑도 개미 구멍만큼만 나면 그 다음에는 시간 문제이지 다 터져버립니다. 이 소년은 뛰어가면 이미 시작된 물길이 터져 모든 사람이 죽겠다는 생각에 주변의 돌을 가져다 막기도 하고 나무를 갖다 막기도 하고 자기 옷으로 막기도 하고 악전고투하면서 악을 썼습니다만 파도소리에 그 목소리는 사람들에게 전달되지 않았습니다. 나중에 사람들이 물이 천천히 밀려오는 것을 알고 놀라서 돌아보니까 한 어린 소년이 물길 속에 자기 몸으로 구멍을 막은 채 죽어 있었습니다. 그때 네덜란드 사람들은 이렇게 말했을 것입니다. "피터는 우리를 위하여 죽었도다." 우리를 위하여는 우리를 대표해서입니다. 피터는 네덜란드의 그 낮은 지역 사람들을 대표해서 죽었다는 말입니다. 예수께서 우리를 위하여 죽으셨습니다. 우리를 대표했습니다. 하나님의 구원 없이 죽을 모든 인류를 주님은 대표하셨습니다.

그런가 하면 우리 주님은 대표할 뿐 아니라 '우리를' 위합니다. 그 말은 우리에게 이익이 된다는 말입니다. 우리들은 '우리 자식을 위하여'라고 합니다. 위할 때 그것 자체가 이익이 됩니다. 예수께서 우리를 위하여 죽으셨습니다. 그 일로 말미암아 내 죄가 처단되었기 때문에 내 죄는 동이 서에서 먼 것처럼 깨끗이 씻김 받았습니다. 그것이 이익이 되었습니다. 내 죄가 처단되었기 때문에 하나님 앞에서 나는 의롭다고 인정을 받았습니다. 내 죄가 처단되었기 때문에 하나님과 관계 정상화가 되어서 하나님을 아바 아버지라 부르게 되었습니다. 그것이 이익이 되어서 하나님의 생명과 함께 영원히 교제하는 영생을 얻게 되었습니다. 이익이 되었습니다. 예수께서 우리 죄를 위하여 드려지셨다는 말은 바로 이런 뜻입니다. 이것이 복음입니다.

사도 바울의 감격

사도 바울은 이 복음을 생각할 때 그 복음을 향한 감격으로 끓어오르기 시작했습니다. 엄청난 멋있는 경치 앞에서 경치의 이곳 저곳을 설명하다가 설명할 말을 잃어버리고 "와!" 외침으로 끝나는 것처럼 예수 그리스도께서 우리 안의 관계 정상화를 위하여 죽으시고, 하나님의 뜻에 따라 죽으시고, 우리 죄를 위하여 죽으신 이 사건을 묵상할 때 끓어오르는 감격을 그는 이렇게 외칩니다. "영광이 저에게 세세토록 있을지어다"(갈 1:5).

사도 바울의 글을 보십시오. 그가 구원의 하나님의 놀라운 경륜을 설교하다가도 "할렐루야, 아멘"으로 끝납니다. 그 불타오르는 감동을 어찌하지 못하는 사도 바울의 외침을 듣습니다. 우리 신앙이 힘이 없어져 갑니다. 우리 신앙이 자신 없어져 갑니다. 왜 그렇습니까? 이 감격을 잃어버리고 신앙생활하고 있지 않습니까? 기독교는 이것이 전부입니다. 이 이상 더 없습니다. 이것이 복음입니다. 나는 아무것도 하지 않았는데 주께서 하나님의 뜻을 순종해서 오셨고 나를 죄악에서 구원하시기 위해서 오셨습니다. 그래서 하나님과 관계 정상화를 완성하셨습니다. 그런 고로 모든 일을 중단하고 살아 계신 하나님과 사랑의 눈동자를 마주치고 있는가를 확인하십시오.

기독교는 교회 다니는 것이 아닙니다. 헌금하는 것이 기독교의 전부가 아닙니다. 하나님과의 만남입니다. 제가 우리 아버지와 함께 있었습니다. 아버지의 공급을 받았습니다. 그러면서도 아버지를 만나본 적이 없습니다. 아버지를 만난 감격을 가진 다음에 제 생활이 달라졌습니다. 하나님도 마찬가지입니다. 내가 예배 드립니다. 봉사합니다. 열심히 노력합니다. 그러나 그것이 전부가 아닙니다. 자세히 보십시오. 하나님께서 나를 위하여 행하신 이 놀라운 사실을 보십시오. 이것이 기독교입니다. 완성하셨습니다.

다른 복음에 유혹받는 갈라디아 성도
그런데 사람들은 하나님께서 하신 일 위에 인간의 공로를 덧붙이려고 시도합니다. "야, 하나님께서 구원해 주신 것 알아. 그래도 사람의 노력이 있어야지." 그러면서 어떤 사람은 할례를 받아야 된다고 갈라디아 교회 성도들을 현혹하였습니다. 어떤 사람은 "아니다. 십계명 다 지켜야 구원받아." 주께서 그 십계명을 몸으로 완성하기 위해 오셨는데 그 완성을 거부하라고 가르칩니다. 그는 이 사실 앞에서 외쳐댑니다. 그리고 그것을 쉽게 따라가는 갈라디아 성도를 향해서 6절에서 이렇게 말합니다. "그리스도의 은혜로 너희를 부르신 이를 이같이 속히 떠나 다른 복음 좇는 것을 내가 이상히 여기노라" 그처럼 쉽게 배교의 길을 걷는 것을 상상할 수 없다고 하면서 이 진리를 놓친 사람을 향해서 바울은 이렇게 말합니다. "다른 복음은 없나니 다만 어떤 사람들이 너희를 요란케 하여 그리스도의 복음을 변하려 함이라 그러나 우리나 혹 하늘로부터 온 천사라도 우리가 너희에게 전한 복음 외에 다른 복음을 전하면 저주를 받을지어다 우리가 전에 말하였거니와 내가 지금 다시 말하노니 만일 누구든지 너희의 받은 것 외에 다른 복음을 전하면 저주를 받을지어다"(갈 1:7-9).

진정한 복음 위에 굳게 서는 믿음
지금까지 기존에 했던 성경공부는 다 틀렸고 내 것이 진짜라고 주장하는 성경공부는 문제가 있는 것입니다. "30단계라는 구원 단계가 있다." 정명석이란 사기꾼의 이야기입니다. "이 구원으로 안 되고 새로운 시조의 피를 받아야 된다." 문선명 이론입니다. 그것뿐만 아니라 어떤 경우에는 신비로운 체험이 뒤따라야 구원을 받은 증거라고 가르치고 있습니다. 아닙니다. 저는 침례교를 존중합니다. 그래서 미국에 있을 때 침례교 신학교를 다녀본 경험이 있습니다. 그분들을 사랑합니다. 그런데 침례교 가운데도 잘못된 사람은 침례를 받아야만 구원을 받는다고 주장합니다. 그래서 제가 그렇게 주장하는 분에게 "그러면 예수님 우편에 있던 강도는 어떻게 구원받았냐? 언제 침례받았느냐?"고 물었습니다. 오순절 교회의 열심, 참 좋습니다. 그런데 그 사람들은 구원의 두 번째 경험을 강조하고 있습니다. 아닙니다. 주께서 행하신 일이 완전한 것입니다. 그 이상 더 없습니다. 교회가 욕을 많이 얻어먹으니까 이것 가지고 안 되지 않을까 생각하십니까? 아닙니다. 우리가 이 원 복음에 떠나 있습니다. 하나님과 사업으로 만납니다. 하나님과 지식으로 만납니다. 하나님을 직접 만나지 않고 있습니다. 하나님과 직접 관계 정상화된 것을 즐거워하지 않고 있습니다. 다른 복음은 없습니다. "그리스도께서 하나님 곧 우리 아버지의 뜻을 따라 이 악한 세대에서 우리를 건지시려고 우리 죄를 위하여 자기 몸을 드리셨으니." 끝났습니다. 드리신 그분, 죽으신 그분은 사흘 만에 다시 살아나셨습니다.

만약에 우리의 구원이 내 노력으로 결정된다면 저는 잘했을 때 천국 갔다가 못했을 때 지옥 가고 하루에도 백 번 정도는 천국에 올라갔다 내려왔다 반복할 것입니다. 구원의 시작은 하나님이십니다. 구원의 완성도 하나님이십니다. 그렇기 때문에 우리의 구원은 확실합니다. 이것을 깨는 어떤 노력도 용납해서는 안 됩니다. 세상의 풍조가 다르다고 이것을 양보하면 안 됩니다. 주께서 완성하신 복음, 그것만 붙잡고 있으면 구원은 내 것입니다. 그 구원 속에 있는 진정한 회복, 하나님을 아버지라고 부릅니다. 하나님과 날마다 사랑의 눈동자를 마주칩니다. 회복된 내가 하나님을 향해 내 소원을 아룁니다. 하나님께서는 응답해 주십니다. 성경을 통해 하나님께서 말씀하신 그 사랑의 음성을 듣습니다. 관계가 정상화되었습니다. 여기에 우리는 굳게 서야 됩니다. 이것이 복음입니다. 완성하신 복음입니다. 하나님을 기쁘시게 하는 복음입니다. 무서운 지진 한복판에 깔려 있던 사람이 있는 힘을 다해서 자기 머리맡의 문짝 하나를 부셔 가지고 목만 내놓고 숨을 쉴 수 있게 되었습니다. 그러다가 다른 사람이 꺼내 주어서 구원받았습니다. 그러면 그 사람이 이렇게 말하겠습니까? "내가 구원을 위해서 문짝을 두드려 깼기 때문에 살았다."

터키의 지진으로 건물 밑에 깔린 만 몇천 명이나 되는 사람을 더 이상 어떻게 할 수 없으니까 한꺼번에 불도저로 밀어서 쓰레기통으로 집어넣어 버렸습니다. 그런데 거기서 자기가 문짝 하나 뜯어서 숨 좀 내쉴 수 있었다고 구원이 내 공로라고 말할 수 있습니까? 아니 인간은 하나님의 구원 앞에 그 보다도 더 연약한 일을 한 것밖에 없습니다. 완성한 구원을 선물로, 은혜로 주시는 것을 받는 손이 믿음입니다. 이 믿음 위에 우리가 굳게 서야겠습니다. 하나님이 행하신 일에 굳게 설 때 하나님이 능력으로 우리의 삶을 계속 지배하십니다. 주장하십니다. 하나님의 부요가 내 심령에 더 넘칠 줄로 믿습니다. 이 은혜 위에 서십시다.

2. 계시와 그 증언자

갈라디아서 1:11-24

형제들아 내가 너희에게 알게 하노니 내가 전한 복음이 사람의 뜻을 따라 된 것이 아니라 이는 내가 사람에게서 받은 것도 아니요 배운 것도 아니요 오직 예수 그리스도의 계시로 말미암은 것이라 내가 이전에 유대교에 있을 때에 행한 일을 너희가 들었거니와 하나님의 교회를 심히 핍박하여 잔해하고 내가 내 동족 중 여러 연갑자보다 유대교를 지나치게 믿어 내 조상의 유전에 대하여 더욱 열심이 있었으나 그러나 내 어머니의 태로부터 나를 택정하시고 은혜로 나를 부르신 이가 그 아들을 이방에 전하기 위하여 그를 내 속에 나타내시기를 기뻐하실 때에 내가 곧 혈육과 의논하지 아니하고 또 나보다 먼저 사도 된 자들을 만나려고 예루살렘으로 가지 아니하고 오직 아라비아로 갔다가 다시 다메섹으로 돌아갔노라 그 후 삼 년 만에 내가 게바를 심방하려고 예루살렘에 올라가서 저와 함께 십오 일을 유할새 주의 형제 야고보 외에 다른 사도들을 보지 못하였노라 보라 내가 너희에게 쓰는 것은 하나님 앞에서 거짓말이 아니로라 그 후에 내가 수리아와 길리기아 지방에 이르렀으나 유대에 그리스도 안에 있는 교회들이 나를 얼굴로 알지 못하고 다만 우리를 핍박하던 자가 전에 잔해하던 그 믿음을 지금 전한다 함을 듣고 나로 말미암아 영광을 하나님께 돌리니라

이 세상의 모든 종교와 기독교가 크게 다른 것이 몇 가지 있는데, 그 중의 하나가 이 세상의 모든 종교는 인간이 노력하고 추구해서 알아가는데 반해 기독교의 진리만은 하나님 편에서 우리에게 보여 주시는 계시의 종교라는 점입니다. 그러니까 기독교는 사람으로서는 생각할 수도 상상할 수도 고안할 수도 없는 진리를 전능하신 하나님이 그의 모든 지혜로 고안하셔서 인생을 구원하신 종교입니다.

사람이 사물을 알아가는 데는 두 가지 방법이 있다고 합니다. 첫째로는 경험하면서 알아가는 것입니다. 하나하나 부딪혀 가면서 알아갑니다. 그런가 하면 경험하기 전에 이미 아는 것들이 있습니다. 이것을 철학의 인식론에서 '아프리오리'(aprion)라고 하는데 그 의미는 '선험적'이라는 뜻입니다. 우리가 경험하지 못했는데 알고 있는 것 중 대표적인 것이 수학입니다. '3 + 7'을 계산할 때 세 개를 갖다 놓고 일곱 개를 덧붙여서 다 세어 보고 10이라고 말하지 않습니다. 경험하지 않았는데 우리 머리 속에서 식별하는 능력으로 '10'이라는 것을 판정해 냅니다. 또 논리학의 법칙도 마찬가지입니다. 사람들이 말을 사용합니다. 언어를 통해 다른 사람에게 의사를 전달합니다. 그런데 그것이 그냥 전해지는 것이 아니라 논리의 법칙을 따라서 전해집니다. 그 논리의 법칙은 사람이 만든 것이 아니라 우리 속에 이미 내장되어 있는 것입니다. 그런데 이 두 가지 방법 이외에 세상 사람들이 잘 모르는 진리를 아는 방법이 하나 있습니다. 그것은 진리의 창시자 되신 하나님께서 알게 해주신 것입니다. 보여 주신 것입니다. 이것을 계시라고 말합니다.

계시의 종교

그래서 기독교는 계시의 종교입니다. 그것을 가장 잘 표현해 주고 있는 곳이 마태복음 11장입니다. 어느 날 예수님께서 제자들에게 물어 보십니다. "사람들이 나를 누구라고 하느냐?" "어떤 사람은 예레미야, 어떤 사람은 엘리야, 또 어떤 사람은 세례 요한이라 하더이다." 그때 예수께서 제자들에게 질문합니다. "너희는 나를 누구라 하느냐?" 그때 시몬 베드로가 대답합니다. "주는 그리스도시요, 살아 계신 하나님의 아들입니다." 이 대답을 듣고 예수님이 몹시 기뻐하십니다. 그러면서 말씀하십니다. "요한의 아들 시몬아, 네가 복이 있도다. 이것을 아는 것은 혈육이 아니다, 네 노력이 아니다, 네 지성이 아니고 네 감각이 아니다. 하늘에 계신 아버지께서 네게 알게 해주셨다." 그렇게 말했습니다. 그렇습니다. 그것은 사실입니다.

하나님께서 알려 주실 때만 아는 것을 제 생애에도 경험해 본 적이 있습니다. 저는 순교자인 외할머니, 그리고 장로인 아버지, 권사인 어머니 밑에서 자랐습니다. 시골 집에 내려가면 새벽에 일어나자마자 예배 드려야 됩니다. 저녁에 잠자기 전에 예배 드려야 했습니다. 그런데 저는 하나님을 몰랐습니다. 아니, 믿는 것이 지겨웠습니다. 당시에는 예수 믿는 사람이 한국에 참 적었는데 유치원 때부터 아이들이 예수꾼이라고 놀립니다. 성경을 가지고 다니면 아이들이 비웃으니까 성경을 떳떳하게 못 내놓고 신문지에 싸서 성경이 아닌 것처럼 가지고 교회를 다녔습니다. 의미도 모르는 신앙생활이 몹시 지겨웠습니다. 그러다가 대학에 입학했는데 삶의 목표도 모르는 채 지내던 어느 날 눈에 번쩍 뜨이는 책 한 권을 발견했습니다. 그것은 20세기의 대학자라고 불리는 버트란트 러셀의 책이었습니다. 이분은 워낙 종합적인 지식을 가진 분이라고 해서 "Universal Man"이라고 말합니다. 레오나르도 다빈치나 괴테나 파스칼과 같은 사람에게 Universal Man이라는 이름을 붙입니다. 그가 쓴 책의 제목이 「Why I am not a Christian?」(왜 나는 예수를 믿지 않는가?)입니다. 제목만 봐도 기분이 좋더라구요. 그래서 읽었습니다. 읽는데 얼마나 은혜스러운지, 구절구절마다 줄쳐 놓고 "아멘!" 했습니다. 토마스 아퀴나스가 천년 전에 「신학대전」이라는 책에서 하나님을 증명하는 다섯 가지 법칙, 놀라운 신 증명의 5대 원리를 설명해 놓았습니다. 그 이후로 천년 동안 서양에서 이것은 움직일 수 없는 논리적인 증명이라고 여겨왔습니다. 아무도 거기에 이의를 달지 않았습니다. 그런데 이 책에서 그 5대 증명을 하나하나 깨뜨리는 것입니다. 줄쳐 가면서 읽고 또 읽고 깊이 생각하며 예수 믿지 않을 근거를 발견한 것이 얼마나 기뻤는지 모릅니다. 참 불쌍하신 우리 부모님들, 몰라도 한참 몰라서 그 예수 때문에 자기 하고 싶은 것도 못하고 평생을 끌려 다닌다고, 부모님을 측은하게 생각해 가면서 나는 새로운 것 알았다고 즐거워했던 날이 있었습니다.

그러다가 1965년 7월 14일, 제 생애에 찾아오신 예수 그리스도를 만났습니다. 그분 속에서 새로운 생애가 시작되었습니다. 목회할 생각은 없었기 때문에 내가 깨달은 이 진리를 젊은 사람들에게 가르쳐야겠다고 생각해서 학생 단체 간사를 자원했습니다. 그런데 학생들과 성경 공부하고 복음전도를 하면 제게 반론하는 질문 중에 간혹 이 버트란트 러셀의 책을 인용한 질문이 있었습니다. 그래서 다시 그 책을 들었습니다. 읽으면서 또 얼마나 은혜를 받았는지 모릅니다. 그분은 노벨 문학상을 받은 대단한 분입니다. 7세 때 라틴어를 마치고 그 다음에 무얼 공부해야 될까를 생각했던 천재입니다. 헬라어의 클래식까지 다 정통한 사람입니다. 그래서 성경 원문을 자기 마음대로 읽는 사람입니다. 그런데 그 많은 지식으로 그처럼 세심하게 깊이 연구한 그분이 모르는 하나님을 내가 알게 되다니요? 만약 그분이 혈육으로 하나님을 알게 되었다면 저보다 천 배나 만 배나 많이 알았을 것입니다. 사람이 생각으로 미쳐서 하나님을 알 수 있다면 그분은 저보다 만 배나 억만 배나 더 하나님을 잘 알아야 됩니다. 그런데 인간의 적은 머리로는 감히 받아들일 수 없고 이해할 수 없는 하나님이 버트란트 러셀에게는 감춰주시고, 멍청하고 볼품없는 내 인생에는 찾아오셔서 자기 모습을 보여주시고 사랑을 고백해 주시고 구원의 선물을 주신 것입니다. 그것을 깨달은 날, 저는 그 책을 놓고 만세를 불렀습니다. 이 하나님에 관한 놀라운 진리는 사람의 머리로 다 알 수가 없습니다. 그래서 그분이 보여주셔야만 압니다.

대부분의 남편들은 아내를 완전히 알지 못합니다. 아내들은 남편을 잘 모른 채 살고 있습니다. 열어 보이지 않으면 모릅니다. 저는 제 아이하고 마음의 대화를 나누면서 그 아이가 한 말을 잊을 수가 없습니다. 자기가 물을 달라고 하면 아빠는 카스테라를 갖다주면서 영양가가 좋다고 입에다 구겨 넣었대요. 제가 제 아이를 모르는 거지요. 우리들은 자식을 착각하여 알고 있습니다. 그 아이가 그렇게 마음을 열 때까지는 모르겠더라구요. 하물며 크신 하나님을 내 머리로 알 수 있다는 것은 기적 중의 기적입니다. 이것은 계시로써만 가능합니다. 그분이 열어 보여주시면 아는 것이 바로 계시입니다. 기독교는 계시의 종교입니다.

바울이 하나님께 직접 받은 복음

사도 바울이 이것을 지금 말씀하고 있습니다. 여기 11절에 그 하나님의 놀라운 계획이 기록되어 있습니다. "형제들아, 내가 너희에게 알게 하노니 내가 전한 복음이 사람의 뜻을 따라 된 것이 아니라." 인간이 고안해 놓은 것이 아니라는 말입니다. 인간이 애쓰고 수고하고 노력해서 도달한 것이 아니라는 말입니다. 세상의 가장 아름다운 소리, 세상에서 가장 복된 소식, 하나님이 나를 위해서 목숨을 버리시기까지한 그 사랑을 알게 된 것은 이것을 만든 하나님이 보여주셨기 때문입니다. 그리고 그 하나님의 엄청난 복음이 그냥 알려진 것이 아니라 계시를 통해서 사도 바울에게 알려졌습니다. 그래서 성경은 계시의 책입니다. 하나님께서 자기를 열어 보여주신 책이라고 말합니다. 그러므로 성경을 보지 않고 하나님을 안다는 것은 불가능합니다. 하나님께서 구약 시대에는 선지자들에게 자기 마음을 열어 보여주셨습니다. 선지자들은 그것을 글로 썼습니다. 그것이 구약입니다. 신약에서는 사도들에게 가장 아름답고 복된 소식을 열어서 보여주셨습니다. 이것이 신약입니다. 그래서 사도라는 말이 중요합니다. 다른 사람이 계시받았다는 것과 사도가 계시를 받았다는 것은 다릅니다.

사도 바울은 하나님께서 만드신 엄청난 복음을 사람에게서 받지 않았다고 말합니다. 누군가를 통해서 받거나, 여러 사람들에게서 모아진 의견을 취합한 것이 아니라 하나님에게서, 주 예수 그리스도에게서 직접 받았다고 그는 말하고 있습니다. 왜냐하면 사도 바울에게 "당신은 진짜 사도가 아니다. 하나님에게서 말씀을 받을 자격이 없어. 왜냐하면 사도는 예수님과 함께 3년 동안 같이 있어야 되고 부활을 목격한 사람들만이 사도인데 당신이 언제 예수님이 이 땅에 계실 때 예루살렘에 같이 있어 본 적이 있었느냐? 당신은 가짜 사도다"는 도전이 있었습니다. 만약 그렇다면 당장 성경의 가장 많은 부분을 차지하고 있는 바울 서신이 모두 빠져야 됩니다. 그는 사람에게서 받은 것이 아니라고 하면서 증거를 대고 있습니다.

예수 믿기 이전의 바울

그는 자기가 예수 믿기 전에 어떤 삶을 살았는가를 13, 14절에서 이렇게 말합니다. "내가 이전에 유대교에 있을 때에 행한 일을 너희가 들었거니와 하나님의 교회를 심히 핍박하여 잔해하고 내가 내 동족 중 여러 연갑자보다 유대교를 지나치게 믿어 내 조상의 유전에 대하여 더욱 열심이 있었으나"라고 말하고 있습니다. 그는 유대인으로 살았습니다. 유대교의 광신자였습니다. 그는 보통 열심 있는 사람이 아니라 자기 연갑자들 가운데 가장 앞선 자라고 말합니다. 그의 스승은 가말리엘이라는 사람입니다. 탈무드에 보면 유대인들 가운데 가장 큰 지혜자는 첫째로 솔로몬이고 둘째는 가말리엘이라고 말합니다. 저는 다니엘, 요셉을 지혜자로 생각할 줄 알았더니 가말리엘을 솔로몬 다음의 지혜자라고 했습니다. 유대의 전승입니다. 그러니까 가말리엘의 제자가 된다는 것은 엄청난 특권입니다. 지금 옥스퍼드 대학을 입학했다, 하버드 대학을 입학했다 하는 것과도 다릅니다. 그 사람들은 도제 교육으로 몇 사람을 지명해서 평생을 제자로 가르쳤습니다.

사도행전이나, 바울 서신에서 보면 바울이 "내가 가말리엘 문하다"라는 말만 하면 누구든지 그 앞에서 얼굴을 못 드는 것을 봅니다. 그 정도로 교육에 있어서만은 비교할 수 없는 대스승이었습니다. 그는 거기서 가장 열심 있는 학도였습니다. 그렇기에 그는 새로 일어난 신흥 종교인 예수 중심의 진리, 사람이 십자가에 달려 돌아가는 것이 구원이 되었다는 이 말을 믿을 수가 없었습니다. "이런 사기가 어디에 있는가? 우리 메시아는 온 세상을 다스리는 승리자이지, 패배자가 아니다. 메시아를 모독하다니!" 하고 그는 몹시 분노했습니다. 그래서 예수 믿는 사람을 죽일 공모를 하는 회의에 참여해서 예수 믿는 사람을 죽이는 데 가담했습니다. 그뿐 아니라 예수 믿는 사람을 잡는 일에 협조했습니다. 그래서 첫 순교자 스데반이 순교를 당할 때 스데반의 옷을 그의 발 앞에 두어 죽는 것을 마땅히 여겼다고 성경은 말하고 있습니다(행 7:58). 그것으로 성이 차지 않은 그는 대제사장의 허가를 받아서 예수 믿는 사람을 죽이기 위해서 다메섹으로 찾아가고 있었습니다. 그랬던 그였습니다. 그것이 예수 믿기 전의 생활입니다. 그는 복음에 대해서 관심이 없었습니다. 관심이 없는 것이 아니라 미워했습니다. 어떤 것도 받아들이지 않았습니다. 그는 "내가, 내가…" 하면서 복음을 철저하게 외면했습니다. 그래서 13장 14절을 보면 "내가 교회를 핍박했고, 내가 교회를 잔해했으며, 내가 유대교의 광적인 열심을 가졌다"고 말하고 있습니다.

하나님의 선택과 예비하심

그런 그가 바뀝니다. 15절부터 16절입니다. "그러나 내 어머니의 태로부터 나를 택정하시고 은혜로 나를 부르신 이가 그 아들을 이방에 전하기 위하여 그를 내 속에 나타내시기를 기뻐하실 때."

바뀌었습니다. 어떻게 바뀌었습니까? 그의 은혜로 나를 부르신 하나님, 모태로부터 나를 택정하신 하나님, 자기 아들을 나타내시기를 기뻐하시는 하나님! '나'로부터 '하나님'으로 그 관심이 바뀌어 있습니다. 그는 놀라운 사실을 고백하고 있습니다. "내가 어미의 태로부터 택정함을 입었다." 무슨 말인가요? 복 중에 있는 야곱과 에서를 하나님께서 말씀하십니다. "내가 에서는 버렸고, 야곱은 사랑하였다." 복 중에 있는 두 아이를 하나님께서는 그처럼 정했습니다. 그것뿐만 아니라 예레미야 1장 5절을 보면 "복 중에서부터 하나님께서 나를 선지자로 지명했다"고 고백하고 있습니다.

그것이 가능할까요? 우리는 인생을 살아가면서 내가 모든 것을 정합니다. 학교도 선택합니다. 결혼도 선택합니다. 직장도 선택합니다. 친구도 선택합니다. 그래놓고 내 살았던 삶을 뒤돌아봅니다. 그러면 내 모든 삶에 하나님께서 함께하신 흔적을 느끼고 깜짝 놀랍니다. 나는 내가 다 결정했다고 생각했는데 뒤돌아보니까 하나님의 놀라운 손길이 있었던 것을 느낀단 말입니다. 저는 아무것도 모르는 채 안 읽으면 견딜 수 없어 책을 열심히 읽었던 때가 있었습니다. 의미가 없었습니다. 목사가 된

후 그것이 엄청난 설교 자료로 쓰입니다. 이미 우리 주님께서는 내 괴로움 가운데에서 준비를 시키고 계셨습니다. 살아가면서 그런 것을 문득문득 발견합니다.

우리 남서울은혜교회가 여기까지 온 것도 생각하면 참 기적입니다. 중동고등학교 강당을 빌려서 예배 드리던 때가 4년 전 일입니다. 교인이 천여 명쯤 모였는데, 삼성이 그 중동학교를 인수해서 저희 교회가 강당을 예배 처소로 사용하지 못하게 되었습니다. 그러던 어느 날 은혜교회 유영기 목사님이 저를 찾아오셨습니다. "홍 목사님, 교회는 다 주님의 교회 아닙니까?" 그래서 제가 "아, 그렇지요." 그러면서도 마음속으로 다음에 무슨 말이 나올까 궁금해 했습니다. 그분이 하는 말씀이 "우리 교회는 80명밖에 안 되는 교인들이 애를 써서 은혜교회 예배당을 지었습니다. 목사님 교회는 교인들은 있는데 예배당은 없습니다. 두 교회를 합치면 안 됩니까?" 그렇게 해서 4년 전에 교회가 합쳐져 남서울은혜교회가 탄생했습니다. 교회가 갈라졌다는 이야기는 많이 들었지만 이렇게 합쳐졌다는 이야기를 들어보신 적 있으십니까? 우리 하나님이 상상 못할 방법으로 희한하게 그의 손길을 우리에게 펼쳐 주셨습니다. 저는 예배 드릴 때마다 이 밀알학교에 서 있으면 그렇게 마음에 감동이 밀려옵니다. 이것은 지어질 수 없는 건물이었습니다. 처음, 기공식을 한다고 왔다가 동네 여자 주민들에게 포위를 당해서 얼마나 혼났는지 모릅니다. 남자면 싸우기라도 하겠는데, 여자분들하고 싸울 수도 없었습니다. 장로님들 중에는 산 위로 도망가다가 할큄을 당한 분도 있었습니다. 그래서 기공식도 못 했습니다. 그러나 우리 주님은 반대가 있으면 그 반대를 통해서 더 좋은 것을 주셨습니다. 말 잘 만드는 우리 교회 목사님 한 분이 하나님 이름 중에 새 이름을 하나 지어드려야 된다고 했습니다. '여호와 희한!' 이라고, 하나님은 희한하시다고요. 안 될 것 같은데 되고, 불가능할 것 같은데 만들어 가신다구요. 남서울은혜교회 교인들은 하나님께서 우리 교회 시작부터 함께하셨다는 사실을 잊으면 안 됩니다. 우리가 했다고 하면 벼락맞아야 됩니다. 하나님이 하셨습니다. 하나님의 마음속에 장애인들을 향한 계획이 있으셨습니다. 그 계획에 우리가 쓰임받은 것에 불과합니다. 정말 하나님의 정하신 뜻은 신묘막측하고 불가사의합니다.

사도 바울은 자기 생애를 뒤돌아보면서 '언제부터 하나님이 나를 사랑했었을까?'를 생각하기 시작했습니다. '가말리엘 문하에 있을 때부터 그분이 내게 관심이 있었을까? 아니다. 그 이전이다. 소년 시절, 다소에서 시나고그(Synagogue)에서 공부하고 있을 때, 그때부터 하나님이 나를 생각했을 것인가? 아니다. 그 이전이다. 그 이전이다.' 그러다가 그는 "오 하나님, 복 중에서부터 하나님은 나를 사랑하셨습니다"라고 고백합니다. 어쩌다가 눈 맞아서 사랑한 것이 아니란 말입니다. 하나님 사랑의 마음이 먼저 있었다고 말합니다. 내가 출생하기 전부터 하나님의 나를 향한 원대한 계획이 있었습니다. 생애를 살아가면서 내 삶 속에 하나님의 계획이 진행되어 가고 있습니다.

내가 예수 믿는 것은 똑똑해서 아닙니다. 잘나서가 아닙니다. 어쩌다가 하나님의 눈에 들어서가 아닙니다. 까닭도 이유도 모르게 하나님께서 내가 이 세상 출생할 때부터 관심을 가지시고 사랑하셔서 불러 주셨습니다.' 사도 바울은 이것을 은혜라고 말했습니다. "내 어머니의 태로부터 나를 택정하시고 은혜로 나를 부르신 이가"라고 말합니다. 은혜가 무엇입니까? 받을 자격이 없는 사람에게 아무런 조건없이 주어지는 사랑의 선물입니다. 사랑의 선물, 은혜, 그것이 바울의 생애에 사실이었습니다. 왜냐하면 이 바울은 예수님 믿을 생각을 안 했습니다. 아니, 믿을 생각을 안 한 것으로 끝난 것이 아니라 예수님 믿는 것을 멸시했습니다.

저주했습니다. 그래서 예수님 믿는 사람들에게 고통을 주기 위해서 다메섹으로 가는 도중에 있었습니다. 그런데 아무것도 한 것 없는 그에게 일방적으로 예수 그리스도가 찾아오셨습니다. 항거할 수 없는 사랑으로 나왔습니다. 자기 앞에 찬란한 빛으로 나타난 예수 그리스도를 만났습니다. 소리가 들립니다. "사울아, 사울아. 네가 어찌하여 나를 핍박하느냐?" "주여, 뉘십니까?" "네가 핍박하는 예수라." 이 말씀으로 주의 큰 위로가 있기를 바랍니다. 사울은 예수님을 본 적이 없었습니다. 예수님을 핍박한 적이 없었습니다. 그런데 예수님은 "왜 네가 나를 핍박했느냐?"고 말합니다. 사울이 핍박한 사람은 누굽니까? 예수님 믿는 사람입니다.

그렇습니다. 성도들이 예수님 때문에 당하는 손해, 예수님 때문에 당하는 핍박, 예수님 때문에 당하는 모든 조롱의 현장에 우리 주님이 계십니다. "네가 핍박하는 예수라." 내가 당하는 모든 아픔에 주님이 앞서 가십니다. 내 모든 손해의 현장에 우리 주님이 계십니다. 내가 주님 위해서 일하면서 당했던 아픔의 기억들에 주님이 함께 계셨습니다. 그런고로 자신있게 손해 보십시오. 그런고로 마음놓고 억울하십시오. 지난 밤에 아무도 모르게 흘렸던 눈물을 우리 주님은 아시고 내 마음의 근심, 걱정, 아무도 못 듣는 그 깊은 한숨을 우리 주님은 들으십니다. 아니, 내 고통과 내 아픔에 앞서 가십니다.

바울은 그 주님 앞에서 눈이 멀었습니다. 그래서 다른 사람의 도움으로 직가라는 곳에 가서 아나니아라는 사람에게 인도를 받습니다. 기도의 사람 아나니아가 기도하는데 주께서 말씀하십니다. "사울이라는 청년을 찾아가라." "아! 그 사람이요? 얼마나 악질인데요. 그 사람 만나기가 무섭습니다." "아니다. 내가 이방인들을 위하여 새로 세운 나의 그릇이다. 그러니 안심하고 저를 만나라." 아나니아가 사울의 머리에 손을 없고 기도할 때 그의 눈이 열려져서 다시 보게 되었습니다. 그러자 그는 "아무것도 한 것이 없는데…"라고 고백합니다. 아무것도 한 것이 없는 것이 아니라 주님을 향해 악의만을 가졌었던 그때 찾아오신 주님을 은혜라고밖에는 말할 수 없었습니다. 근거가 있어야 내 노력이라고 말하지요. 은혜입니다. 그래서 사도 바울은 평생 동안 "나의 나 된 것은 하나님의 은혜로라"고 말합니다.

이방인 사도로의 준비

그런가 하면 하나님은 "자기 아들을 바울을 통해 나타나시기를 기뻐하신다"고 말합니다 그래서 예수 그리스도에 대한 비밀과 영광스러움을 모두 다 가르쳐 주셨습니다. 사도 바울을 반대했던 사람들은 이렇게 말합니다. "너 그때 회심이야 했지. 그 다음에는 다른 사도들에게 배우지 않았느냐? 배워서 가르친 것 아니냐?"라고 질문하는 사람들이 있습니다. 그러니까 그 다음에 그렇게 말합니다. "아니다. 그 다음의 행적을 내가 밝힐게. 알리바이를 댈 테니까 너희들도 생각해 봐라. 내가 아나니아와 함께 기도한 다음 즉시로 3년 동안 아라비아 광야에 가서 혼자 있었다."

이 시기는 사도 바울의 생애에 있어서 신비의 세월입니다. 제자 12명은 예수님을 좇아다니면서 배웠습니다. 그러나 바울은 이방인의 사도로 세워지기 위하여 따로 부름 받아 3년간 주님께 직접 개인 레슨을 받았다고 추측할 수 있습니다. 혼자 있었습니다. 그리고 그 다음 베드로 사도를 만났습니다. "만났지만 15일 잠깐 있었고 그와 함께 야고보를 만났는데 그 15일 짧은 기간에 아무것도 배우지 않았다. 야고보가 증인이고 내가 너희들에게 이것은 진실하게 이야기한다. 한번 너희들이 확인해라. 야고보 사도가 그때 있었기 때문이다." 그런가 하면 그는 그후에 다메섹에서 복음 전하다가 밤에 박해자들을 피해 광주리를 타고 도망가 길리기아 지방 조용한 곳에 은거하면서 14년의 세월을 지냅니다. 14년의 세월 동안 단지 예루살렘의 성도들은 사울이라는 사람이 있는데 그 사람이 과거에는 그처럼 악질적으로 교회를 핍박하다가 이제는 바뀌어서 예수 그리스도를 증거하는 사람이 되었다는 소문을 들었을 뿐입니다.

　복음, 하나님의 구원 계획은 하나님의 계획이었기 때문에 하나님께서 열어 주셔야만 가능합니다. 그런데 그 열어 주시는 첫번째 증인이 바로 사도들이었습니다. 사도들은 다른 사람을 통해 배운 것이 아니라 주님께 직접 받은 것입니다. 그렇기에 바울은 "내가 사람에게서 이 말을 들은 것이 아니라 주께 직접 받았다"고 계속 말하고 있습니다. 그것이 인간의 구원인가, 하나님의 구원인가 테스트하는 가장 중요한 원리이기 때문에 바울은 양보할 수가 없었습니다. 하나님에게서 나와야 하나님의 구원입니다. 인간으로 시작된 것이라면 완전한 것이 아닙니다. 사람의 구원입니다. 원 복음이 하나님에게서 왔고 그 원 복음이 사도들에게 계시되어서 우리들에게 내려왔습니다.

구원의 은혜 앞에 선 우리의 과제

　그렇기 때문에 우리들은 먼저 하나님께 감사해야 됩니다. 하나님께서 알려 주시지 않으면 우리는 아무도 예수님을 믿을 수가 없습니다. 제가 제 삶을 아주 예리하게 단층 촬영해 봐도 저는 예수님을 열심히 안 믿었습니다. 사람들이 지금의 저만 보면 제가 얼마나 예수님 안 믿으려고 몸부림쳤는지를 모릅니다. 아무리 설명해도 안 믿어주더라구요. 그랬는데 어느 날 갑자기 믿게 되었습니다. 설명이 안 됩니다. 안 믿어졌다가 그냥 믿어졌습니다. 어두웠다가 갑자기 환하게 되었습니다. 빛이 온 것밖에는 설명이 안 될 겁니다. 캄캄한 밤에 갑자기 빛이 하나 켜지니까 밝아졌습니다. 그렇게밖에 설명이 안 됩니다. 캄캄했고 어두웠던 생애였습니다.

제가 예수님 안 믿을 때인데, 어떤 세미나에서 한국 철학의 태두이신 박종웅 선생님께 한 사람이 질문하더군요. "당신 예수 믿는 것 어떻게 생각하느냐?" 박종웅 선생님이 "아니, 부러우면 그냥 믿으면 되지 않습니까?" 그러니까 그분이 하는 말이 정말 믿고 싶은데 자기는 평생 생각해도 하나님이 계신가, 계시지 않는가가 헷갈린다는 것입니다.

예수님 믿는 사람들은 하나님과 함께 삽니다. 그분 안에서 우리가 평화를 찾았습니다. 그분 안에서 안심이라는 단어가 무엇인 줄 알았습니다. 그분 안에서 사랑이라는 풍요를 느끼고 있지 않습니까? 그러므로 우리는 첫째로 감사해야 됩니다. 둘째로 "어둠 가운데 있는 사람들에게 주의 모습을 보여 주옵소서. 이 계시를 깨달아 받아들일 수 있는 마음을 주시옵소서"라고 기도해야 됩니다. 이 복음은 사람에게서 시작된 것이 아닙니다. 하나님의 완전하신 지혜 위에서, 그의 전능하심으로 완성한 복음입니다. 그 복음이 내게 머물렀습니다. 그러나 이 일이 답답한 사람을 위해서는 주의 성령의 밝은 빛이 비춰 복음의 영광을 알 수 있게 되기를 위해서 기도해야 합니다. 성령께서 친히 자신을 나타내 주시기를, 돌같이 굳은 마음이 열려서 하나님께 영광 돌리는 인생의 전기가 시작되기를 위해서 기도해야 될 것입니다.

3. 진리의 확증

갈라디아서 2:1-10

십사 년 후에 내가 바나바와 함께 디도를 데리고 다시 예루살렘에 올라갔노니 계시를 인하여 올라가 내가 이방 가운데서 전파하는 복음을 저희에게 제출하되 유명한 자들에게 사사로이 한 것은 내가 달음질하는 것이나 달음질한 것이 헛되지 않게 하려 함이라 그러나 나와 함께 있는 헬라인 디도라도 억지로 할례를 받게 아니하였으니 이는 가만히 들어온 거짓 형제 까닭이라 저희가 가만히 들어온 것은 그리스도 예수 안에서 우리의 가진 자유를 엿보고 우리를 종으로 삼고자 함이로되 우리가 일시라도 복종치 아니하였으니 이는 복음의 진리로 너희 가운데 항상 있게 하려 함이라 유명하다는 이들 중에 (본래 어떤 이들이든지 내게 상관이 없으며 하나님은 사람의 외모를 취하지 아니하시나니) 저 유명한 이들은 내게 더하여 준 것이 없고 도리어 내가 무할례자에게 복음 전함을 맡기를 베드로가 할례자에게 맡음과 같이 한 것을 보고 베드로에게 역사하사 그를 할례자의 사도로 삼으신 이가 또한 내게 역사하사 나를 이방인에게 사도로 삼으셨느니라 또 내게 주신 은혜를 알므로 기둥같이 여기는 야고보와 게바와 요한도 나와 바나바에게 교제의 악수를 하였으니 이는 우리는 이방인에게로, 저희는 할례자에게로 가게 하려 함이라 다만 우리에게 가난한 자들 생각하는 것을 부탁하였으니 이것을 나도 본래 힘써 행하노라 인생을 살아오시면서 언제 가장 큰 반대에 부딪혀 보신 적이 있습니까? 저는 몰랐다가 나중에서야 반대받았던 것을 알게 된 적이 있습니다. 제가 결혼할 때 저의 처가에서 무지무지하게 저를 반대했답니다. 저는 너무 바빠서 반대를 하는지, 안 하는지를 몰랐습니다. 자식 앞에 이기는 부모 없다고 제 아내가 문을 걸어 잠가 놓고 며칠을 굶었더니 허락을 해주셨답니다. 그래서 결혼을 했습니다. 그것을 제가 언제 알았는가 하면 결혼 후에 처갓집을 갈 때마다 저를 보는 눈길이 안 좋아 제가 그런 이야기를 밖에서 했더니 어느 날 저의 장인 어른께서 저를 부르셔서 "홍 목사, 다른 데 가서 내가 반대했다는 말은 절대 하지 말게" 하시는 겁니다.

그리스도인들에게는 반대든, 고통이든, 또 어려운 난관이든 간에 우리의 복을 빼앗을 수 있는 것은 없다고 생각합니다. 오히려 반대와 어려움은 우리의 믿음이 참 믿음인가를 가르쳐 주는 놀라운 잣대가 됩니다. 빛은 어둠 가운데서 나타납니다. 어두움이 없으면 빛은 빛이 아닙니다. 국가가 혼란하지 않으면 충신은 안 나옵니다. 가정 환경이 어렵지 않으면 효자는 생기지 않습니다. 진정한 사랑도 어려움 속에서 드러납니다. 예를 들자면 춘향전을 생각해 보십시다. 남원 부사의 아들 이몽룡이라는 젊은 청년이 아리따운 성춘향이라는 기생의 딸을 사랑해서 결혼해서 잘살았다. 그러면 도대체 그 사랑의 깊이를 알 수가 없습니다. 이 사랑의 깊이를 알기 위해서는 변사또가 반드시 필요합니다. 변사또 없는 춘향전은 정말 앙꼬 없는 찐빵입니다. 아브라함의 신앙이 어느 정도로 성숙했는가를 아는 것은 모리아 산 아니면 안 됩니다. 제가 참으로 보고 싶어했고 존경했던 일본 사람이 한 분 계십니다. 그분은 미우라 아야꼬라는 여자 소설가입니다. 「빙점」이라는 소설을 써서 일본뿐 아니라 한국 사회에도 깊이 영향을 미친 그리스도인 자매님이십니다. 그분은 평생 척추갈이를 했습니다. 당뇨, 신장, 폐, 안 아픈 데가 없었습니다. 자기 말로는 몸 전체가 고름 주머니 같다고 했습니다. 나중에는 파킨슨병으로 자기 몸을 움직이지도 못한 채 늘 벌벌 떨며 사셨습니다. 그런데 놀라운 것은 그분 속에 있는 빼앗기지 않은 행복이 글로 쏟아져 나옵니다. 그 고통 속에 빼앗기지 않은 기쁨이 있었습니다. 그러다가 77세의 일기로 얼마 전에 세상을 떠나셨습니다. 그는 평생 건강해 보지도 못한 분입니다. 그렇지만 그 속에 능력으로 나타나는 구원의 기쁨은 억제할 수가 없었습니다. 그리스도인의 최대 특권은 환경이나 소유나 여건이 우리의 행복을 결정하지 못한다는 것입니다. 이것이 그리스도인의 특권입니다. 복음이 주는 능력입니다. 요즘 한국 교회를 멍들게 하는 것은 성공주의라고 생각합니다. 예수 믿으면 형통하고, 예수 믿으면 건강해야 되고, 예수 믿으면 부자 되어야 되고. 아닙니다. 예수 믿기 때문에 가난한 사람이 있습니다. 예수 믿기 때문에 억울한 사람도 있습니다. 예수 믿었는데도 불구하고 허약한 몸이 낫지 않는 사람이 있습니다. 그것에 정복당하지 않는 것이 크리스천의 진정한 모습입니다.

양보될 수 없는 복음의 본질

사도 바울도 생애 속에 많은 반대를 받았습니다. 오늘 이 2장에는 자기가 반대에 부딪혔던 문제를 설명하고 있습니다. 그는 하나님의 계시를 직접 받았습니다. 그는 하나님의 계시인 예수 그리스도께서 이 땅에 오셨을 때 만나지 못한 사람입니다. 그래서 사도 바울을 험담하는 사람은 "네가 언제 예수님 만났느냐? 네가 어떻게 복음을 확정하는 사람이라고 생각하느냐?"고 반발하면서 그에게 "네가 할례를 이방인들에게 주지 않는 것을 보면 베드로나 요한과 야고보, 다른 열두 사도와 다른 복음을 전하고 있지 않은가?" 이렇게 비난했습니다. 그래서 사도 바울은 예루살렘 공의회의 소집으로 예루살렘에 올라갔습니다. 그리고 자기가 지금까지 주장했던 것과 나타난 열매에 대한 보고서를 제출했습니다. 그런데 같이 간 일행 중에 디도라는 사람이 있었습니다. 이 사람은 헬라 사람이었습니다. 그가 헬라 사람인 줄 안 유대주의자들 중에 어떤 분이 "우리 회중에 들어오려면 우리와 똑같아야 되므로 할례 받으라"고 했습니다. 그때 사도 바울은 "안 된다"고 거절합니다. 그러자 "아니, 베드로도 받았고 요한도 받았고 야고보도 받았고 모두 받았는데 참 크리스천이 되기 위해서는 할례를 받아야 된다"며 마치 그것이 구원의 조건인 양 설명하려고 듭니다. 바울은 끝까지 거절하고 디도가 할례를 받지 않도록 지켜 줍니다. 그것은 그냥 할례 자체의 문제가 아니었습니다. 이 할례를 받아야 한다고 주장하는 사람은 할례 없이 구원 없다는 데까지 나갔습니다.

아닙니다. 구원은 오직 예수 그리스도입니다. 3절에서 이 디도 문제를 사도 바울은 이렇게 설명하고 있습니다. "그러나 나와 함께 있는 헬라 인, 디도라도 억지로 할례를 받게 아니하였으니 이는 가만히 들어온 거짓 형제 까닭이라 저희가 가만히 들어온 것은 그리스도 예수 안에서 우리의 가진 자유를 엿보고 우리를 종으로 삼고자 함이로되." 다시 종으로 삼는다고 말합니다.

이것이 무슨 말인가 하면 복음은 우리에게 자유를 주었습니다. 어디로부터 자유를 누릴까요? 죄의 속박으로부터 우리를 자유케 했습니다. 그런데 율법은 무엇입니까? 죄인 것을 가르쳐 주는 것이 율법입니다. 마치 대한민국의 육법전서(六法典書)가 대한민국 국민에게 무엇이 죄인가를 가르쳐 주는 것처럼 하나님의 율법이 하나님 앞에 어떤 사람이 죄인인가를 가르쳐 주었습니다. 그러나 율법이 죄를 가르쳐 주었다고 해서 율법이 죄의 문제를 해결했다는 말은 전혀 아닙니다. 의사가 암이라는 것을 진단했다고 해서 반드시 치료책이 있는 것은 아니지 않습니까? AIDS환자를 분명하게 발견해 냈습니다. 그렇지만 그 의사가 AIDS를 꼭 치료한다는 말은 아닙니다. 율법이 죄를 지적하고 죄를 발견해 냅니다. 그렇지만 죄 문제를 해결하지 못합니다. 죄 문제는 오직 예수께서 이 땅에 오셔서 십자가에서 해결해 주셨습니다. 그래서 성경은 말합니다. "성경대로 그리스도께서 우리 죄를 위하여 죽으시고 성경대로 사흘 만에 다시 살아나사"(고전 15:3-4). 예수의 죽음은 그냥 죽음이 아닙니다. 죄의 값은 사망입니다. 그 값을, 죽음을 예수님이 대신 당하셨습니다. 그분을 "죄 없는 자"라고 성경은 말합니다. 만약 그분이 죄가 있었다면 자기 죄로 죽는 것이 마땅합니다. 죄 값은 사망이니까요. 그분에게 죄가 없었기 때문에 남의 죄를 대신 지고 십자가에 죽으실 수 있었습니다. 그것을 "성경대로"라고 했습니다. 구약 성경은 "메시아를 보내서 우리의 죄를 속량해 주신다, 대속의 죽음을 죽는다"는 약속을 했습니다. 그냥 죽음이 아닙니다. 예수 그리스도, 그분의 죽음은 우리 모두의 죄를 위한 죽음이요, 나를 위한 죽음이었습니다.

그런고로 이 율법이 지적하는 죄의 얽매임에서 그리스도는 내게 완전한 자유를 주셨습니다. 완전한 구원입니다. 그런데도 불구하고 이 거짓 유대인들, 거짓 그리스도인들은 자기처럼 할례를 받지 않으면 구원의 반열에 들어올 수 없다고 가르치면서 디도에게까지 할례를 받아야 한다고 주장했던 것입니다. 사도 바울은 그들의 지적 앞에 분연히 일어서서 거부했습니다. 복음은 양보되면 안 됩니다. 복음에 어떤 것도 가져다 덧붙이면 안 됩니다. 하늘에서 온 천사라도 그 복음에 덧붙이면 저주를 받으라고 그는 외쳐댔던 것입니다. 그런데 사도 바울의 잘못을 지적하려 했던 사람들의 "당신의 복음과 베드로나 요한과 야고보 등 주님의 제자들이 말하는 복음이 다르지 않은가?"라는 지적에 대해 바울은 지금 자기가 믿는 믿음을 진술하면서 오히려 그 사도들과 만나 교제의 악수를 함으로 베드로와 요한과 야고보의 이름을 빌려서 공격했던 사람들을 무색케 했습니다.

다양하게 역사하는 복음

그러나 다른 것은 있을 수 있었습니다. 무엇이 다를 수 있었는가? 베드로와 요한, 야고보가 유대인들에게 복음을 전했고 사도 바울은 유대인이 아닌 이방인들에게 복음을 전했습니다. 대상이 달랐기 때문에 삶의 스타일도 다를 수 있습니다. 유대인들은 태어난 자녀들에게 자기들의 율법에 따라 할례를 줄 수 있습니다. 그러나 유대인 아닌 사람에게는 할례의 의미가 없기 때문에 안 받아도 되었습니다. 이런 것이야 얼마든지 있을 수 있습니다.

한국에 기독교가 처음 들어와 복음이 능력으로 역사하기 시작하면서 한국 그리스도인들은 몇 가지를 작정했습니다. 그 중의 하나가 첫째로 술을 안 마셨습니다. 1880년대 후반부터 1890년대까지 조선에 와 있던 서양 사람들의 기록을 보면 서울에 왔을 때, 술 취해서 누워 있는 수많은 한국 사람들을 봤다고 합니다. 개처럼 개천에 들어가서 허우적거리며 술 먹고 토하는 모습들이 곳곳에 있었다고 합니다. 장(場)이 한 번 선 다음에는 인부의 1/3 정도는 술에 취해서 개처럼 서로 끌고 다니며 싸우고 다투는 모습을 보았다고 합니다. 그래서 예수 그리스도의 복음을 붙잡고 깨달은 하나님의 사람들은 '우리들은 어떤 경우에도 하나님의 자녀이기 때문에 술의 노예가 될 수 없다'고 술을 안 먹기로 작정했습니다. 이것이 얼마나 귀한 작정인지 모릅니다. 저로 말하면 체질로는 술이 당기는 사람입니다. 과거에 제가 술 마실 때는 보통이 아니라 꽤 많이 마셨습니다. 그런데 어떻게 그 시대에 우리 믿음의 선배들이 술 안 먹기로 작정했는지 모르겠습니다. 그러니까 술을 적당하게 먹을 기준을 어떻게 지킬까 염려 안 해도 됩니다. 안 먹으면 되니까요. 참 잘 정해 놓았습니다. 가짜들은 안 그렇더라구요. 제가 평양 갔다오는데 조선기독교도 연맹에서 제게 선물을 주었습니다. 무엇인지 풀어보니까, 들죽술이에요. 그래서 그후에 제가 조선기독교도 연맹 사람을 북경에서 만났을 때 설명했습니다. "남쪽에서는 목사 아니라 평신도라도 바르게 믿는 사람은 술 안 마신다. 그리고 예수 안 믿는 사람도 예수 믿는 사람이 술 먹으면 가짜라고 생각한다." 아마 그 다음부터는 남쪽 목사에게 술 선물 안 할 겁니다.

담배는 어떻게 안 피우게 했는지 잘 모르겠습니다. 지금은 사람들이 담배 끊으려고 몸살을 해도 못 끊더라구요. 마크 트웨인이라는 사람은 이렇게 말했습니다. "세상에 제일 끊기 쉬운 것은 담배다. 나는 200번이나 끊었다." 한국에 있는 관습 중의 하나가 어른 앞에서 담배를 못 피웁니다. 그런데 하나님은 어디나 계신다고 하니까 어디다 대고 피울 때가 없어서 안 피우지 않았을까 하는 생각을 합니다. 어디나 계신 하나님 앞에 어디다 대고 담배를 피우겠습니까? 하여튼 한국에 와서 복음이 우리 속에 능력으로 역사하니까 그 능력이 당시 사회의 큰 문제였던 술 마시는 문화를 끊어버리기로 결정했습니다.

그런데 중국 그리스도인들은 아편을 안 합니다. 아편으로 나라가 망했거든요. 지금 트라이앵글 지역과 깊은 산지족들에게 아편이 밀매되고 있습니다. 그래서 중국 전역에 아편이 요원의 불길처럼 퍼져나갈 조짐이 보인다고 합니다. 그런데도 놀라운 것은 그리스도인은 절대로 아편을 안 피웁니다. 목숨처럼 지킵니다. 그런가 하면 브라질의 그리스도인들은 어떠한가요? 브라질의 그리스도인들은 커피를 안 마십니다. 브라질에서는 밤 12시쯤 저녁 식사를 합니다. 그래서 새벽 1시 반이나 2시가 넘어서 늦게 자거든요. 아침에 일어나려면 눈이 안 떠집니다. 그러니까 이 사람들은 커피의 원액을 짜다가 마십니다. 제가 유럽에 있으면서 에스프레소라는 커피도 마셔봤습니다만 브라질의 원액 커피에 비하면 아무것도 아닙니다. 그 사람들은 그렇게 강렬한 것이 들어가야 눈이 떠진다고 해요. 그래서 커피에 중독되어 있습니다. 그런데 예수 믿고 나서는 '어떤 것이든지 내가 스스로 조절할 수 없는 것, 그래서 그것이 나를 지배하는 것은 안 하겠다'는 의미로 커피를 안 마십니다. 우리가 커피 안 마시는 것 하고는 좀 다르지요. 또 브라질의 그리스도인들이 안 하는 것 있습니다. 축구를 안 봅니다. 축구는 브라질 사람들의 신앙 같은 것입니다. 그들의 최대의 관심과 기쁨의 대상입니다. 그런데 그것이 하나님을 대신하려고 든다는 생각 때문에 축구 보는 즐거움을 끊어버리겠다고 결심합니다. 그러니까 한 복음이 들어와서 한국에 나타나는 영향과 중국에 나타나는 영향과 브라질에 나타나는 영향이 이렇게 다를 수 있습니다. 그렇지만 복음은 틀리지 않습니다. 사도 바울은 자기들이 가졌던 문화행태를 가지고 복음을 훼손하려고 했던 거짓된 사람들에게 대항하고 있습니다.

입증된 바울의 복음

그 반대 속에서 사도 바울은 큰 열매를 하나 얻습니다. 그것은 다른 것이 아니라 사도 바울에게 계시하여 주셨던 복음과 예수님과 3년을 함께 산 제자들이 눈앞에서 예수님이 십자가에 못박히고 사흘 만에 부활한 것을 보고도 다 깨닫지 못하여 성령 하나님이 오셔서 깨닫게 하심으로 확증시킨 그 복음이 동일하다는 것입니다. 열두 사도에게 준 복음이나 아라비아 광야에서 사도 바울에게 주님께서 직접 준 복음이나 똑같다는 것을 그 반대 속에서 입증하게 되었습니다. 복음은 외롭지 않습니다. 복음은 다른 사람들에게도 인정을 받고 다른 그리스도인들에게도 똑같이 능력으로 역사합니다. 스타일은 다를 수 있고 각각의 문화 영역 속에서 영향력은 다를 수 있습니다. 그렇지만 복음은 달라지지 않습니다. 이 사실을 깨닫게 되었습니다. 그리고 이 일로 말미암아 사도 바울이 이방인에게 복음 전파를 위해 세움 받은 자료 예루살렘 교회가 공식적으로 인정하게 되었습니다. 과거에는 안디옥교회의 파송을 받아서 안디옥교회 선교사였습니다. 그러나 이제는 사도 바울이 전 교회의 관심 속에서 새로운 사역을 시작하게 되었던 것입니다. 반대 속에 주신 하나님의 복입니다.

은혜가 필요한 곳으로 넘쳐 흐르는 복음

그런가 하면 이 반대 속에서 이방인에게 복음을 전하는 사람이나 유대인에게 복음을 전하는 사람이 같이해야 될 것을 확인하게 되었습니다. 그것은 10절에 기록되었습니다. "다만 우리에게 가난한 자들 생각하는 것을 부탁하였으니 이것을 나도 본래 힘써 행하노라."

"너하고 나하고 다른 것이 하나도 없다. 예루살렘에 하나님의 사람들이 확증해 주었다. 단지 우리들의 전도 대상자가 다르다. 그리고 우리가 전도해서 전해 준 복음으로 말미암아 문화를 따라서 다른 모습을 나타낼 수 있다. 그렇지만 복음을 받은 너희나 우리가 똑같이 해야 될 것이 있다면 가난한 사람을 향해서 계속 관심을 가져주는 것이다. 우리가 하나님의 은혜로 구원을 받고 하나님의 은혜가 내게 넘친다면 그 넘쳐 흐름이 하나님의 은혜가 필요한 사람을 향해서 나가야 되는, 이것만은 변치 않는다" 열두 사도의 가르침입니다. 이 베드로의 말 앞에 사도 바울은 이것은 우리가 과거에도 힘써 했던 것이라고 합니다. 그리고 이미 예루살렘 공의회에 가기 전에 사도 바울은 천하가 흉년이 들었을 때 유대에 사는 형제들이 너무 고생한다는 말을 듣고 힘대로 부조해서 저들을 돕기까지 했습니다.

　자세히 보니까 하나님의 은혜가 넘치는 곳에는 항상 돕는 손길이 있는 것을 봅니다. 제가 남북나눔운동을 통해 북한을 도우면서 여러 시민단체들과 천주교, 불교, 타종교들과 연합으로 모금을 해봅니다. 그러면 개신교가 70% 모금합니다. 남은 세 단체가 30%를 모금합니다. 그것뿐만 아니라 탈북자를 여러 곳에서 돕습니다. 그런데 추리고 추려보면 법륜이라는 젊은 스님 한 분이 탈북자들에 대해서 관심이 많아 열심히 돕습니다. 그분을 제쳐놓고는 대부분 그리스도인들입니다. 98%를 그리스도인들이 나섭니다.

　작년에 터키에 지진이 났습니다. 나중에 터키에서 선교사 한 분이 오셨길래 "터키 지진 현장에 도우러 누가 가장 많이 왔느냐"고 물으니 98%가 크리스천들이라고 합니다. 그리고 지금도 계속 물건을 뒷받침해주는 사람들은 크리스천이라고 합니다. 우리 한국 교회가 터키에 100채 정도의 간이주택을 짓기로 결정하고 지금 추진 중에 있습니다. 터키라는 나라는 이상한 나라입니다. 자기들이 6.25 때 참전하여 우리를 위해서 많은 사람들이 피흘려 전사했습니다. 그래놓고는 그 다음부터 한국은 우리 형제라고 합니다. 피를 나눈 형제라고 합니다. 터키 사람처럼 우리를 짝사랑하는 민족은 세상에 없습니다. 이번에 동아일보에서 터키 돕는 일을 했습니다. 그 다음날부터 터키 방송, 신문에서는 동아일보가 자기들을 돕는다고 매일 기사가 나온답니다. 김대중 대통령은 몰라도 오명 동아일보 사장은 다 안답니다. 그런데 더 웃기는 것은 독일에서 우리보다 20배, 30배 더 많이 도와주는데 그것은 큰 도움으로 생각지 않고 "우리 한국, 우리 형제국이 우리를 돕는다"고 한다는 것입니다. 참 일방적으로 사랑받는 것도 곤란할 때가 있습니다. 아마 터키 여

행해 보신 분들은 아시겠지만 한국에서 왔다고 하면 많은 경우에 운전 기사가 택시비를 안 받습니다. 그래서 한국 교회에서 100채의 집을 지어주고 마을 입구에 "당신들의 사랑과 은혜를 우리가 기억하고 감사한다" 는 표시의 팻말을 붙일 생각을 하고 있습니다. 주의 은혜가 넘치면, 넘치는 은혜는 은혜가 필요한 곳을 향해서 나아가도록 되어 있습니다. 복음은 은혜로 우리에게 주어졌습니다.

베드로와 바울을 만나게 한 복음

그리고 사도 바울이 가졌던 복음이나 베드로가 받았던 복음이 같은 복음인 것을 확인하게 되었습니다. 복음은 마음과 마음을 만나게 해줍니다. 기독교 이단들은 이렇게 말합니다. "너희들, 교회에서 이런 말 못 들어봤지?" 우리만 깨달았다는 것은 이단입니다. 정말 그것이 복음이고 바른 진리라면 모든 사람에게 주는 보편성이 있어야 됩니다. 이 복음은 바울이 받은 복음을 확증할 뿐 아니라 바울과 베드로를 만나도록 했습니다. 복음의 영향은 여러 모습으로 다르게 나타날 수 있습니다. 그러나 그 다른 삶을 복음 안에서 서로 만날 수 있게 해줍니다.

특별히 복음의 본질은 안 변해도 앞으로 21세기에는 부모세대와 우리 자녀들의 신앙의 스타일이 많이 달라지지 않을까 싶습니다. 제가 속상했던 일 중의 하나가 제 둘째 아들이 머리를 길렀습니다. 지금은 남자들도 머리를 많이 기릅니다만, 그때는 머리 긴 남자가 없을 때였습니다. 학교 졸업하면서 음악발표회 한다고 머리를 기르더니 안 깎는 것입니다. 처음에는 몹시 불쾌했습니다. 요즘은 머리를 많이 기르니까 저도 그러려니 합니다. 그때 제가 "야, 너 꼭 머리만 예수님 닮았다. 마음도 닮아야지!"하고 편잔을 준 적이 있습니다. 지금은 아담하게 머리를 잘 잘랐습니다. 젊은 아이들이 우리와 다릅니다. 예수 믿어도 머리에 노랑물들일 수 있어요. 요즘은 춤도 이상하게 춥니다. 그렇게 춤추면서도 예수 믿을 수 있습니다. 그러나 복음의 본질은 바뀌지 않습니다. 그 복음은 부부 사이를 만나게 해줍니다. 부부가 만나는 장소가 없는 경우가 많습니다. 기호도 취미도 다릅니다. 그러나 복음 안에서 만납니다. 베드로와 바울이 만난 것처럼, 부모와 자식이 세대를 뛰어넘어서 복음 안에서 만납니다. 앞으로 우리 자녀들은 신앙이 없으면, 부모하고 만날 마음의 공간이 없어질 것입니다. 복음은 우리 자녀들을 만나게 해줍니다.

사도 바울에게 계시된 그 복음은 반대를 통해 예루살렘 공회의에서 확실한 복음인 것을 확인받았습니다. 반대가 앞섰고, 고통스러웠습니다. 그리고 디도가 할례 받아야 된다는 위협은 몹시 화나는 일이었습니다. 그렇지만 그 고통을 통해서 복음은 입증되었습니다. 사도 바울에게 하나님께서 직접 주셨던 계시의 복음입니다. 그 복음은 변하지 않습니다. 영원히 변치 않습니다. 21세기가 되어도 변치 않습니다. 그렇지만 그 복음의 영향은 여러 모습으로 나타날 수 있습니다. 그 여러 모양의 신앙의 영향력이 복음 안에서 다시 만날 수 있습니다.

그러므로 복음에 굳게 서십시오. 복음 외에 인생에게 구원 줄 다른 능력은 없습니다. 오직 복음입니다. 사도 바울이 전파했던 그 복음, 성경대로 그리스도께서 우리 죄를 위하여 죽으시고 장사지낸 바 되었다가 성경대로 다시 살아나신 그 복음, 죽음의 결박까지 끊어버린 이 복음 위에 든든히 설 때, 우리들은 계속 좋은 그리스도인 공동체로 마음의 만남을 가질 것입니다. 복음 안에서 부부가 만나고 복음 안에서 부모와 자식이 만나는 복을 누릴 것입니다. 그리고 이 복음은 우리에게서 넘칠 것입니다. 반드시 넘칩니다. 복음이 있으면서 넘치지 않는다는 것은 있을 수가 없습니다. 가난할 수 있습니다. 우리 몸이 병약할 수 있습니다. 인간적으로 실패한 모습으로 인생을 살 수도 있습니다. 그러나 복음은 하나님께로 오는 것인 고로 우리의 심령은 넘칩니다. 넘치는 심령은 반드시, 하나님의 은혜가 필요한 사람을 향해서 찾아 나갑니다. 높은 곳에서 하나님의 은혜는 낮은 골짜기를 향해 물이 쏜살같이 흐르는 것처럼 흐를 것입니다. 이 복음을 붙잡으십시오. 이 복음 위에 서십시오. 그리고 복음의 충만함을 경험하십시오. 확신합니다. 가난이 우리를 정복 못 합니다. 참으로 복음을 가진 사람은 시련이 내 인생을 무너뜨리지 못합니다. 이 복음을 가진 사람이라면 복음이 없는 심령을 향해서, 가난한 심령을 향해 도울 수 있는 은혜가 넘칠 것입니다. 이 복음의 역사가 우리 속에 충만하기를 우리 주 예수 그리스도의 이름으로 축원합니다.

4. 율법과 생명

갈라디아서 2:11-21

　게바가 안디옥에 이르렀을 때에 책망할 일이 있기로 내가 저를 면책하였노라 야고보에게서 온 어떤 이들이 이르기 전에 게바가 이방인과 함께 먹다가 저희가 오매 그가 할례자들을 두려워하여 떠나 물러가매 남은 유대인들도 저와 같이 외식하므로 바나바도 저희의 외식에 유혹되었느니라 그러므로 나는 저희가 복음의 진리를 따라 바로 행하지 아니함을 보고 모든 자 앞에서 게바에게 이르되 네가 유대인으로서 이방을 좇고 유대인답게 살지 아니하면서 어찌하여 억지로 이방인을 유대인답게 살게 하려느냐 하였노라 우리는 본래 유대인이요 이방 죄인이 아니로되 사람이 의롭게 되는 것은 율법의 행위에서 난 것이 아니요 오직 예수 그리스도를 믿음으로 말미암는 줄 아는 고로 우리도 그리스도 예수를 믿나니 이는 우리가 율법의 행위에서 아니고 그리스도를 믿음으로서 의롭다 함을 얻으려 함이라 율법의 행위로서는 의롭다 함을 얻을 육체가 없느니라 만일 우리가 그리스도 안에서 의롭게 되려 하다가 죄인으로 나타나면 그리스도께서 죄를 짓게 하는 자냐 결코 그럴 수 없느니라 만일 내가 헐었던 것을 다시 세우면 내가 나를 범법한 자로 만드는 것이라 내가 율법으로 말미암아 율법을 향하여 죽었나니 이는 하나님을 향하여 살려 함이니라 내가 그리스도와 함께 십자가에 못 박혔나니 그런즉 이제는 내가 산 것이 아니요 오직 내 안에 그리스도께서 사신 것이라 이제 내가 육체 가운데 사는 것은 나를 사랑하사 나를 위하여 자기 몸을 버리신 하나님의 아들을 믿는 믿음 안에서 사는 것이라 내가 하나님의 은혜를 폐하지 아니하노니 만일 의롭게 되는 것이 율법으로 말미암으면 그리스도께서 헛되이 죽으셨느니라 기독교는 생명의 종교입니다. 이 세상의 모든 종교는 계율의 종교입니다. 기독교 안에서도 생명의 종교가 계율의 종교로 전락할 위험성이 내포되어 있습니다. 오늘의 성경 본문이 그것을 우리에게 말합니다.
　아시시의 프란시스가 어느 날 제자들과 함께 금식수련회를 했습니다. 저는 가톨릭의 장점이 몇 가지 있다고 생각하는데 그 중의 하나는 깊이 자아성찰하는 훈련이라고 생각합니다. 개신교가 빼앗겨 버린 복이 아닌가 생각합니다. 개신교는 기도원을 만들어서 떠들고 고함지르고 하나님 앞에 울부짖습니다. 거기에 비해 가톨릭 교도들은 조용히 하나님 앞에서 자기 삶을 하나하나 생각해 보는 피정의 시간을 갖습니다. 이 프란시스가 특별히 제자들과 함께 금식하면서 수련을 하고 있을 때였습니다. 그냥 했으면 좋을 텐데 가운데다 팥죽을 잘 쑤어놓고 금식을 합니다. 아마 에서의 정욕을 이기자는 뜻일 것입니다. 이틀 지나고 사흘 지나고 나흘이 지납니다. 사람들에게 생리적인 욕구는 대단한 것입니다. 그런데 수련생 중에 들어온 지 며칠 안 된 젊은 수도승이 너무 배가 고파 팥죽을 퍼서 먹었습니다. 그때 프란시스는 참 안됐다고 생각을 합니다. 그런데 그 주위를 둘러보니까 함께 수련회에 참가했던 제자들이 이 실패한 사람을 향해서 잔인하게 모멸감으로 꽉 찬 눈으로 쳐다보는 것입니다. 그것을 본 프란시스는 더 당황했습니다. 그러고는 얼른 가서 자기도 같이 떠 마셨습니다.
　여기에 두 종교가 부딪치고 있습니다. 하나는 계율의 종교입니다. 율법의 종교입니다. 이것을 지키고 저것을 하지 말라는 문자에 매여 있습니다. 그리고 또 다른 종교가 있습니다. 사람을 생명으로 대우하는 종교입니다. 한 영혼의 곤고함을 아는 종교입니다. 하나님의 풍성하신 은혜와 자비를, 그 본 뜻을 잊지 않는 종교입니다. 우리들은 하나님께서 함께하시는 귀한 진리의 뜻을 붙잡지 못하고 몇 가지 계율을 만들어 놓고 자꾸 그 계율 속에 안주하려는 경향이 있습니다.

율법의 유혹에 빠진 베드로

그런 일이 위대한 사도 베드로에게도 있었습니다. 그래서 베드로가 바울에게 꾸중을 듣는 장면이 오늘의 성경 본문입니다. 11절입니다.

"게바가 안디옥에 이르렀을 때에 책망할 일이 있기로 내가 저를 면책하였노라 야고보에게서 온 어떤 이들이 이르기 전에 게바가 이방인과 함께 먹다가 저희가 오매 그가 할례자들을 두려워하여 떠나 물러가매 남은 유대인들도 저와 같이 외식하므로 바나바도 저희의 외식에 유혹되었느니라"

이 말은 요즘 이 시대에 살며, 유대인이 아닌 우리에게는 설명이 필요한 구절입니다. 유대인들의 율법에 음식 먹는 규례가 있습니다. 먹어서는 안 될 음식이 있습니다. 그것뿐만 아니라 먹는 음식 가운데서도 특별한 도축과정을 거친 다음에 먹는 음식이 있습니다. 그들은 소와 양을 먹을 수 있습니다. 그런데 이 소와 양을 그냥 도축하는 것이 아니라 심장에 구멍을 뚫어서 모든 피를 다 쏟아낸 다음에 고기를 먹습니다. 지금도 보수적인 유대인들 중에는 세계 여행할 때 생선을 먹든지 채식 음식을 먹거나 식당에 먼저 전화를 걸어 자기가 먹을 음식을 따로 주문하는 사람들이 있습니다. 그렇기 때문에 유대인들은 믿지 않는 사람들이 만든 음식을 함부로 먹는 것이 힘들었습니다. 그 율법을 따르다 보니까 자기와 똑같은 음식을 먹지 않는 이방인들을 지옥의 땔감처럼 멸시하며 음식을 같이 먹지 않았습니다. 그랬는데 예수께서 오셔서 이 모든 차이를 완전히 부셔 놓았습니다. 그렇지만 아직도 자기 습관에 젖어 있던 유대인들은 이것을 고치기가 어려웠습니다.

그런 어느 날 베드로에게 하나님께서 환상을 보여 주십니다. 하늘에서 보자기가 내려옵니다. 그 보자기에 자기들이 부정하다고 생각하는 음식들이 가득 놓여 있습니다. 하나님께서 이 보자기에 든 음식들을 먹으라고 말합니다. 베드로는 대답하기를 "하나님, 나는 부정한 것을 과거에도 먹지 않았고 지금도 먹을 수 없습니다"하고 거절했습니다. 하나님께서 말씀하십니다. "내가 거룩케 한 것을 네가 속되다 하지 말아라." 세 번 이 환상이 나타난 다음에 문 밖에 사람이 찾아왔습니다. 그것은 가이사랴 빌립보에서 이방인 고넬료가 사환을 보낸 것입니다. 그렇게 해서 고넬료의 초청을 받았는데 주님의 가라는 명령에 순종하여 그 집에 갔습니다. 베드로가 가이사랴 빌립보 고넬료 집에서 말씀을 증거할 때, 성령께서 저들에게 임하셨습니다. 놀라운 것은 오순절 다락방에 임했던 성령의 임함을 저들이 똑같이 경험합니다. 사도 베드로는 그때부터 이방인과 유대인의 차이가 완전히 없어진 사실을 알았습니다. 그래서 예루살렘에서 교제하면서 이방인들과 똑같이 식사를 나누었습니다. 예루살렘에서 같이 개종한 유대인들과 차별을 두었던 그 마음이 완전히 무너진 것입니다.

그랬던 베드로가 지금 안디옥을 방문했습니다. 많은 이방인들이 매일매일 모여들고 하나님의 말씀을 배우고 있습니다. 그는 처음 예수 믿는 이방인들의 사랑스러운 모습을 보면서 몹시 기뻐하며 좋은 교제를 나누었습니다. 그런데 유대에서 야고보의 제자들, 즉 골수 유대인으로 있다가 예수 믿게 된 사람들이 오게 되었습니다. 아직도 그들은 자기 습관에 젖어서 이방인들과 함께 식사하거나 교제하지 않았습니다. 그랬기에 이 이방인들과 함께 앉아 교제하는 베드로와 일행을 향해서 아니꼬운 눈으로 쳐다봅니다. 그러자 사도 베드로가 이방인과 교제하지 않는 것처럼 딴청을 부렸습니다. 성경에도 나오지 않고 주석을 아무리 찾아봐도 설명이 안 되지만 왜 이런 일이 있었겠나 생각을 해봅니다. 예루살렘에서 교제할 때에는 대부분이 유대교를 신봉하다 예수 그리스도를 영접했기 때문에 이미 할례도 받았고 또 예루살렘이라는 거룩한 도성에 살고 있었습니다. 그렇기에 그들은 한 번도 예루살렘에도 못 가보고 몸에 선민의 표인 할례를 받지 않은 이방인들과는 격이 다르다고 생각했는지 모릅니다. 그래서 유대에서 온 사람들이 아니꼬운 시선으로 보자 베드로가 외식하게 된 것입니다. 그랬더니 먼저 함께 와서 거기서 신앙생활 하던 유대인들도 모두 자리를 피해 버립니다. 심지어는 사도 바울에게 있어서 가장 절실했고 신앙의 선배였고 은인이었던 바나바마저 외식하게 되었다고 말합니다. 이것은 그냥 신앙의 표현으로 끝나는 것이 아닙니다. 기독교 본질의 문제였습니다.

바울의 질책

그랬기 때문에 사도 바울은 자기 믿음의 대선배인 베드로를 질책하고 나서고 있는 것입니다. 기독교 본질의 훼손을 그는 묵과할 수가 없었습니다. 그래서 베드로에게 말합니다.

"당신 예수 믿은 다음에 예루살렘에서 살 때에도 정통 유대인과 다른 삶을 살지 않았소? 이방인들과 교제하며 살지 않았소? 그런데 이제 와서 어떻게 당신이 여기 이방인들에게 유대인 된 다음에 예수 믿으라고 합니까?"라고 질책을 합니다. 그러면서 그는 기독교의 가장 중요한 교리를 거론합니다.

"기독교의 가장 위대한 교리는 예수 그리스도께서 하나님의 아들 되신 메시아로 이 땅에 오셔서 나의 죄를 위하여 죽으시고 나를 얽매었던 그 사망의 사슬을 끊어주신 것입니다. 이것이 기독교의 본질입니다. 이것은 누구든지 아는 것입니다. 이것은 나도 알고 사도 베드로도 알고 이방인도 알고 유대인도 아는 것입니다. 이것을 베드로 당신도 믿었고 바나바도 믿었고 그리고 나도 다메섹 도상에서 그 예수님을 만나 믿었습니다. 이 진리는 모든 세상을 향해 주신 것입니다. 하나도 예외가 없습니다. 그런데 어째서 당신은 하나님 앞에 의롭게 되기 위해 율법을 지켜야 된다는 유대인들에게 동의하십니까?" 감히 믿음의 선배를 면책하는 모습을 보여 줍니다.

당시에 이렇게 질문하는 사람들이 있었습니다.

"예수께서 나의 죄를 위하여 십자가에 죽으시사 과거의 죄와 현재의 죄와 그리고 앞으로 지을 모든 죄를 다 해결해 주셨다. 만약 그렇다면 내가 마음대로 죄를 지어도 되지 않는가? 내 죄에 대해서 나는 책임이 없지 않은가? 그러므로 죄를 지어도 괜찮지 않은가?" 중세시대에 몇 차례 나타난 이 도덕 폐기론자의 질문이 사실은 그 유대인들에게 있었습니다. 그렇기 때문에 예수 믿기는 믿되 성경의 여러 계율을 똑똑히 지켜야 된다고 이 사람들이 주장했던 것입니다. 그런 주장을 향해서 바울은,

"아니다. 주께서 우리를 구속해 준 것은 사실이다. 그리고 그 죄를 다시 짓는 것은 내가 못나고 내가 잘못한 것이지, 우리 주님께는 잘못이 없다. 그 율법 앞에 나는 죽은 자 되었다"고 고백하고 있습니다. 누구든지 율법의 모든 계명을 지킬 수가 없습니다. 그 율법 앞에 죽었다고 말합니다. 언제 죽었다고 말합니까? 그는 "예수 그리스도께서 십자가 지실 때 그 십자가에 내가 못박혔다"고 말합니다.

그리스도와 함께 십자가에 못박혔나니…

기독교는 계율 몇 개를 지키는 종교가 아닙니다. 기독교는 우리 주님과 함께 십자가에 죽은 종교입니다. 예수께서 2천 년 전에 나의 죄를 위하여 죽으셨다는 그 사실은 내 모든 죄가 율법의 정죄에 따라 예수 그리스도께서 십자가 지실 때 같이 못박혔다는 것을 의미합니다. 이 고백을

하는 것이 진정한 그리스도인의 삶입니다. 여기에 능력이 있습니다. 예수 믿는 삶은 참 어렵습니다. 오른 뺨을 때리면 성경은 왼 뺨까지 대라고 말했습니다. 겉옷을 달라고 하면 속옷까지 주라고 말씀했습니다. 5리를 가자고 하면 10리를 가야 된다고 가르쳤습니다. 원수를 미워하지 않는 것만 해도 대단하게 생각되는데 원수를 사랑하라고 말합니다. 그것도 감정적으로 노력해 보려고 애쓸 수 있습니다. 그런데 성경은 한 걸음 더 나아갑니다. "원수를 사랑하고 위하여 기도하라." 누가 이것을 다 할 수 있습니까? 성경의 요구대로 우리 주님의 말씀대로 살 수 없는 것이 인생입니다. 기독교는 사람의 노력으로는 불가능한 종교입니다. 어려운 정도가 아닙니다. 아무도 성경이 말하는 그런 삶을 살 수가 없습니다. 그런데 삽니다. 어떻게 삽니까? 내가 그리스도와 함께 십자가에 못 박혀서 죽었으면 부활의 주님께서 나를 다시 살리십니다. 우리의 생애에 있어서 크리스천의 참다운 능력이 없는 이유는 내가 죽지 않았기 때문입니다. 십자가에 못박아지지 않았기 때문에 가장 큰 권능인 부활의 권세가 나타나지 않습니다.

죠지 뮬러에게 어떤 사람이 물었습니다. "선생님은 어떻게 그렇게 능력 있는 크리스천의 삶을 삽니까?" 그때 죠지 뮬러가 대답하기를 "나는 내 생애에 내가 죽었던 날이 있었습니다." 못된 내가 튀어나와서 실패하고 좌절하고 넘어집니다. 그런 내가 죽었습니다. 내가 죽으면 나를 살리신 주님께서 부활의 주로서 내 인생 속에 함께하십니다. 내가 할 수 없는 일을 그분은 하십니다. 나는 상상도 못 할 일을 그분은 해내십니다. 이제는 내가 산 것이 아니라 나를 사랑하사 나의 죄를 위하여 십자가에 죽으시고 부활하신 그 주님이 내 생애 속에 사십니다. 이런 놀라운 삶을 우리 속에 주셨습니다.

부활의 능력

제가 그렇게 사는 한 증거를 여러분에게 보여 드리겠습니다. 1999년 10월 21일입니다. 중앙일보 기사에 사회면 톱으로 이런 기사가 났습니다.

『21일 성수대교 참사 5년, 무너진 다리에 희망을 실은 모정. 그로부터 5년. 그녀는 사랑으로 다시 살아왔다. 부실 한국의 상징처럼 성수대교가 무너진 94년 10월 21일 아침. 출근길, 등교길에 다리를 건너다 숨진 32명 가운데는 서울교대 3학년에 재학중이던 21세의 李승영(사진)씨도 포함돼 있었다. 서울 동대문구 장안동의 한 초등학교로 교생 실습을 나간 지 5일째 되는 아침이었다. 3일 뒤 李씨의 시신은 고려대 부속 안암병원 해부학 교실에 기증됐다. 만약 내게 무슨 일이 생기거든 필요한 이들을 위해 꼭 장기를 기증해 달라던 평소의 부탁에 따른 것이었다. 승영 씨의 아버지 李정식(육사 26기)대령이 육군 군수사령부 작전처장으로 일하던 중 47세의 나이로 부대 내에서 과로로 숨진 지 약 1년 만의 일이었다. 12개월 사이를 두고 남편과 딸을 가슴에 묻은 金영순(50)씨. 심장을 도려내는 듯한 아픔이었다. 무엇으로도 보상할 수 없고 어떤 말로도 위로받을 수 없었다. 金씨는 그러나 독실한 기독교 신자요, 희망에 찬 예비 교사였던 딸의 죽음을 헛되게 하지 않으리라 마음먹었다. 시신 기증은 그 첫번째 실천이었다. 그리고 평소 글쓰기를 좋아했던 딸의 유품을 정리한 어머니는 딸의 유작시 1백20여 편을 모아 참사 이듬해 여름 시문학사에서 「연기는 하늘로」라는 시집을 펴냈다. 어머니는 또 딸의 비망록에서 '내가 일생 동안 하고 싶은 일'이라는 제목의 14가지 소원을 발견했다. 신앙심을 갖고 봉사하는 인생을 살겠다고 늘 되뇌던 딸은 ▶장학금 제도를 만든다▶이동도서관을 강원도에 만든다』

군인의 딸로 강원도를 전전하며 자랐던 어린 기억에 놀 것도 없고 읽을 책도 없는 것을 가슴 아프게 생각해서 그런 꿈이 생겼다고 합니다.

『…▶한 명 이상 입양한다…』

이것은 제가 설교할 때 우리 한국 사람은 사랑이 너무 커서 작은 사랑은 못 한다고 비꼰 적이 있습니다. 민족과 국가는 사랑하고 온 인류를 사랑해도 가까이에 있는 내 주변의 구체적인 결점을 수용하지 못한다고, 그 중의 하나 꼭 집으라면 우리는 입양을 안 하는 민족이라고 설교를 몇 차례 했었습니다. 사실 그 일로 말미암아 당시에 많은 남서울교회 교인들이 입양을 했습니다. 저는 사실 그것을 몰랐습니다. 형제 교회가 개척되면서 많은 젊은이들이 흩어져서 교회 개척에 헌신하고 있는데 그 중 어느 집에 초대를 받아 식사를 하러 갔습니다. 그런데 그 집 아이가 부모와 얼굴이 너무 다르길래 "야! 이 집은 아이가 부모와 영 딴판으로 잘생겼다!" 농담삼아 칭찬으로 그랬더니, 그 아이가 멀리 간 다음에 그 부모가 하는 말이 "목사님 저 아이는 입양한 아이입니다"라고 하는 것입니다. 깜짝 놀랐습니다. 그러면서 하는 말이 그 설교를 듣고 자기 동기들 가운데 입양한 사람이 그렇게 많다는 것입니다. 그 설교를 들었던 승영이 마음속에도 한 명 이상 입양해야겠다는 결심이 섰나 봅니다.

『▶맹인을 위해 무언가를 한다▶재활시설을 포함한 복지마을을 만든다는 등의 삶의 목표를 만들었던 것이다. 딸의 소망을 대신 이루기로 결심한 어머니는 8평짜리 아파트에 살면서도 국가보상금 2억 5천만 원 전액을 기부해 승영장학회를 만들었다. 봉사의 삶을 살려는 가난한 신학도들을 교단·교파를 초월해 지원하는 이 장학회의 도움으로 지금까지 모두 38명의 목회자가 탄생했고 그들은 또 다른 봉사를 실천하고 있다. 내년에는 승영 씨가 꿈꾸던 또 하나의 소원이 이뤄진다. 강원도 산간 곳곳을 돌며 어린이들에게 꿈을 심어줄 승영 이동도서관이 만들어진다. 승영 씨가 떠난 지 5주년이 되는 21일 저녁엔 서울 남서울교회에 38명의 승영장학생들과 가족이 모여 헌신예배를 올린다. 믿음과 나눔이라는 고귀한 희망의 씨앗을 남기고 간 딸, 그 딸의 뜻을 이루기 위해 모든 것을 바친 어머니, 아름다운 한 모녀의 사랑으로 싹튼 희망의 나무는 오늘도 세상을 향해 무성한 가지를 뻗어가고 있다.』

이분들이 남서울교회에서 신앙생활을 했습니다. 저는 성수대교 무너지던 그 날, 아침에 이승영이라는 자막의 이름을 봤습니다. 그러면서도 우리 승영이인 줄 몰랐습니다. 왜냐하면 제가 그날 아침 새벽기도 인도했는데, 그날도 자기 엄마와 똑같이 앞에 앉아 있었습니다. 제가 7:00쯤 교회에서 나갔는데 제 앞에 승영이와 그 엄마가 나가는 것 봤거든요. 그리고 승영이의 학교가 서울교대입니다. 반포에서 교대는 가깝습니다. 그런데 어떻게 성수대교에서 무너졌느냔 말이에요. 그래서 저는 우리 승영이가 아니고 동명이인이겠거니 그랬습니다. 저녁에 일을 마치고 집에 돌아왔더니 수십 차례 제게 연락을 했는데 연락이 안 되었다고 합니다. 그때서야 제가 알고 차를 몰고 갔습니다. 1년 전에 남편이 세상 떠날 때 그렇게 가슴 아파했던 것이 눈에 선한데 이제 승영이마저 세상을 떠났으니 그 엄마가 얼마나 가슴이 무너질까, 무슨 말로 위로해야 될까 생각하며 찾아갔습니다. 그런데 거기 가서 보게 된 놀라운 장면은 같이 가족을 잃은 사람들을 위로하고 있는 김영순 집사님의 모습이었습니다. 3일 후에 장례식이 끝났습니다. 밤에 큰 보따리 하나를 들고 제게 찾아왔습니다. "목사님, 이것이 이번의 부의금입니다. 봉투까지 들어서 저는 얼마인지도 모릅니다. 이것을 가장 소중한 데 써주세요." 그래서 그것을 가장 소중한 데 보내주었습니다. 몇 달 후입니다. 또 찾아왔습니다. "국가에서 보상금이 2억 5천만 원이 나왔습니다. 이것으로 승영이의 뜻을 살려주세요." 그래서 장학재단을 만들었습니다. 지난 목요일 밤에 그 장학생들과 함께 같이 예배를 드렸습니다. 그 가정의 비극이 사실은 그것으로 끝난 것 아닙니다. 몇 달 뒤에 아들 상엽이가 전국을 자전거로 일주하고 돌아왔는데 자기 집에서 얼마 멀지 않은 곳에서 자동차 사고를 만났습니다. 뒤의 자동차가 자전거를 박았는데 몸이 튕겨 나가니까 맞은편에서 오던 자동차에도 또 부딪쳤습니다. 다리는 부서졌고 머리는 깨졌고 그런데 목숨은 다행히 건졌습니다. 제가 그 소식 듣고 그 병상에 찾아갔을 때도 믿음으로 주의 평화를 누리고 있는 우리 김영순 집사님을 보게 되었습니다.

어떻게 이런 일이 가능합니까? 인간 김영순은 못 합니다. 제가 그 여자를 잘 압니다. 연약하기 짝이 없는 여자입니다. 그런데 그분은 할 수 있습니다. 어떻게 합니까? 그 안에 살아 계신 예수님이 있기 때문입니다. 그가 사랑하는 딸의 시집을 내면서 그 시집 서문에 이렇게 기록하고 있습니다.

"나는 1년 사이에 남편과 딸을 한꺼번에 잃었습니다. 사람들이 차지했던 자리가 컸던 만큼 내 슬픔과 절망도 컸습니다. 하지만 그 모든 슬픔을 이길 수 있었습니다. 그것은 내 안에 계셔서 함께하시겠다는 약속을 신실하게 지켜주신 하나님 때문입니다. 나는 이 일을 통해 하나님께서 자신의 약속을 신실하게 지키시는 분인 것을 다시 한 번 확인하고는 나 자신도 놀라고 있습니다."

기독교는 계율의 종교가 아닙니다. 기독교는 교훈의 종교가 아닙니다. 오늘도 내 안에 살아 계시는 우리 주님입니다. 새로운 생명입니다. 그분이 내 안에서 사십니다. 그분이 나로 하여금 새 생명으로 인생을 살게 해주십니다. 우리가 예수 그리스도를 믿었을 때는 처음 감격과 기쁨, 넘치는 생명, 주께서 주신 평화, 사랑의 감격이 충만했는데, 세월이 흐르니까 몇 가지 교회 예배와 모임에 참석하는 것, 그리고 헌금 얼마 내는 것, 교회 봉사 스케줄 몇 개 수행한 것 가지고 나는 신앙생활 다했다고 착각하고 있지 않습니까? 주께서 내 생명 속에 들어오셔서 왕으로, 주인으로 살고 계십니까? 그렇지 않으면 못난 내가 튀어나와서 우리 주님의 영광을 먹칠하고 있지는 않습니까? 기독교는 생명의 종교입니다. 오늘도 그 삶이 나를 지배합니다. 김영순 씨 생애 속에 살아 역사하신 주님은 나의 구주이십니다. 그분은 나의 주님이십니다. 그분은 내 속에 오늘도 능력으로 살아 내 생명을 생명 되게 하십니다. 이 은혜가 우리 심령 속에 충만하게 역사하시기를 바랍니다.

5. 오직 믿음

갈라디아서 3:1-9

어리석도다 갈라디아 사람들아 예수 그리스도께서 십자가에 못박히신 것이 너희 눈앞에 밝히 보이거늘 누가 너희를 꾀더냐 내가 너희에게 다만 이것을 알려 하노니 너희가 성령을 받은 것은 율법의 행위로냐 듣고 믿음으로냐 너희가 이같이 어리석으냐 성령으로 시작하였다가 이제는 육체로 마치겠느냐 너희가 이같이 많은 괴로움을 헛되이 받았느냐 과연 헛되냐 너희에게 성령을 주시고 너희 가운데서 능력을 행하시는 이의 일이 율법의 행위에서냐 듣고 믿음에서냐 아브라함이 하나님을 믿으매 이것을 그에게 의로 정하셨다 함과 같으니라 그런즉 믿음으로 말미암은 자들은 아브라함의 아들인 줄 알지어다 또 하나님이 이방을 믿음으로 말미암아 의로 정하실 것을 성경이 미리 알고 먼저 아브라함에게 복음을 전하되 모든 이방이 너를 인하여 복을 받으리라 하였으니 그러므로 믿음으로 말미암은 자는 믿음이 있는 아브라함과 함께 복을 받느니라

서울시 내부 순환 도시 고속도로를 달려보신 적이 있습니까? 그 도로는 동부간선도로 옆으로부터 시작해서 청계 7가를 지나 미아리로 해서 성산대교로 빠집니다. 제가 그 길을 달려본 경험이 있습니다. 외국 친구 한 분을 치료해 주기 위해서 미아리에 있는, 우리 교회 성도님이 운영하는 병원을 찾아가고 있었습니다. 오전 9:30에 진료 약속을 했습니다. 그 아침 러시 아워의 복잡한 길을 뚫고 내부 순환도로에 들어섰습니다. 차가 별로 없었습니다. 잘 달렸습니다. "길음"이라는 표지판이 나오면 거기서 빠져 나가 찾으라고 했는데 제가 보니까 거기서 빠져 나가면 상당히 많이 가야 될 것 같았습니다. 그래서 조금 더 가다가 어디 U-Turn 하거나 빠져 나오는 길이 있으리라 생각을 하고 갔습니다. 갔는데 U-Turn 하는 길이 없습니다. 빠져 나가는 길도 없습니다. 그래서 결국 수색까지 갔습니다. 그런 이상한 길을 저는 처음 봤습니다. 제게 가르쳐 준 사람 말을 믿었으면 길음동에서 내려 조금 복잡해도 찾아갈 수 있었는데 서울 북동쪽을 찾아가려다가 서쪽 끝까지 갔습니다. 길을 잘못 들어서면 그렇게 되는 경우가 있습니다. 도무지 상상할 수 없었습니다. 도중에 한 번도 쉬지도 못하고 미아리에서 수색까지 가버리다니… 저는 도시 고속도로로 들어서서 너무 빨리 도착해 30분을 어떻게 무료하게 기다리나 했는데 30분은커녕 1시간을 더 늦게 도착했습니다. 자기 감각으로 생각하지 말고 가르쳐 준 대로 믿고 내려가 길을 찾아야 되었습니다.

율법주의자들의 꼬임에 빠진 갈라디아 성도

신앙의 길도 마찬가지입니다. 지금 사도 바울이 처음에는 잘 가다가 완전히 딴 길로 가버린 갈라디아 성도들을 향해서 한탄하고 있습니다. 갈라디아 성도들이 그런 엉뚱한 길에서 허우적거리고 있는 모습을 보고 안타까워하는 사도 바울의 외침, 꾸중입니다.

"어리석도다. 갈라디아 사람들아, 예수 그리스도께서 십자가에 못박히신 것이 너희 눈앞에 밝히 보이거늘…."

우리가 믿는 것은 우리 주님의 충고를 믿는 것 아닙니다. 주님께서 이 세상에 동정녀 마리아를 통해 탄생하신 것, 그것을 믿는 것 아닙니다. 우리 주님께서 수많은 기적 행하신 것을 믿는 것 아닙니다. 우리 믿음의 본질은 예수 그리스도의 십자가입니다. 인간에게 최대의 문제가 있다면 '어떻게 인생이 하나님 앞에 설 수 있는가?' 입니다. 이 말을 다른 말로 바꾸면 '이 누추한 인생이 어떻게 하나님 앞에 옳다고 인정을 받겠는가' 하는 것입니다. 하나님 앞에 옳다고 인정받으려고 보니까 무서운 것이 죄입니다. 죄의 문제로 신음합니다. 그리고 신음하다 신음하다 결국 십자가를 의지하는 것 외에는 다른 길이 없는 것을 확인하게 됩니다. 예수 그리스도의 십자가를 통해서 우리가 구속받은 것입니다.

율법은 우리에게 "이것을 행하여야 된다"고 말합니다. 복음은 그렇게 말하지 않습니다. "행하여야 의로워지는 것이 아니라 주께서 이미 다 이루셨다"고 말합니다. 율법은 "너는 그것을 성취하기 위해서 노력하고 애쓰고 수고해야 된다"고 말합니다. 복음은 "하나님께서 다 이루었으니까 너는 그것을 믿기만 해라"입니다. 다 이루신 현장이 십자가입니다. 그것보다도 더 귀한 것이 없었습니다. 믿음이란 나를 믿는 것이 아닙니다. 믿음의 가장 중요한 요소는 믿음 자체에 있는 것이 아니라 믿음의 대상에 있습니다. 믿음의 대상이신 하나님이 중요합니다. 어떤 사람은 자기의 믿음을 믿는 사람이 있습니다. 그래서 열심히 믿으려고 노력합니다. 아닙니다. 우리 믿음이 위대한 것은 우리 믿음의 대상이신 하나님이 위대하시기 때문입니다. 그래서 믿음이 소중합니다. 그 하나님께서 나의 죄를 단번에 속량해 주시고 십자가 위에서 죽으심으로 나를 의롭다고 여겨 주셨습니다. 이것을 갈라디아 성도들이 믿었었습니다. 이것을 갈라디아 성도들이 소중하게 생각했었습니다.

그랬던 사람들이 이제는 그 믿음에서 떨어져서 자기를 믿는 믿음으로 바뀌어져 있습니다. 성경은 믿음의 대상이신 하나님이 소중하다는 것을 강조합니다. 그런데 언제부터인가 사람들이 믿음으로 구원받은 이후에 하나님께서 주신 은사를 더 믿는 경우가 생겨났습니다. 과거에 행했던 자기 경험을 믿는 경우가 있습니다. 어떤 경우에는 자기 감정을 믿기도 합니다. 아닙니다. 오로지 하나님께서 행하신 것을 믿는 것이 바른 믿음입니다. 그렇게 믿을 때 하나님께서는 의로 여기신다고 말하고 있습니다. 강조는 하나님입니다. 내 힘으로는 의롭게 될 수가 없습니다. 하나님 앞에 옳다 인정받을 수가 없습니다. 내 노력과 수고는 내가 얼마나 약한 인간인가를, 하나님 앞에 쓸모없는 존재인가를 깨닫게 하는 것에 불과합니다.

지금 예수 그리스도 십자가에 의지해서 구원받은 갈라디아 성도들이 다시 자기에게로 돌아가고 있습니다. 파리가 평생을 날아도 수원까지 못 날아갑니다. 그런데 파리가 미국에 가더라구요. 대한항공 비행기 안에 붙어 있으니까 파리가 미국을 왕복하더라구요. 날아서는 못 갑니다. 그러나 한 조건이 형성되면 갑니다. 파리의 실력으로는 미국까지 날아갈 수가 없습니다. 불가능합니다. 그런데 비행기 안에만 들어가 붙어 있으면 날갯짓을 할 필요도 없습니다. 힘껏 노력할 필요도 없습니다. 그 안에 조용히 있기만 하면 미국까지 그 큰 비행기가 데려다 줍니다. 하나님께서 우리에게 구원을 그렇게 주셨습니다. 나로서는 절망할 수밖에 없습니다. 나로서는 하나님 앞에 얼굴을 들 수 없는 죄인입니다. 내게는 하나님의 영원한 저주밖에 퍼부어질 조건이 없습니다. 그런데 그것을 주께서 십자가에서 완전히 해결해 주셨습니다. 그리고 완성한 다음에 주께서 구원을 선물로 주십니다. 주시는 그것을 그냥 받아들이는 손, 이것이 바로 믿음입니다. 믿음은 기독교의 시작입니다. 그리고 믿음은 기독교의 끝입니다. 믿음으로 시작해서 믿음으로 이룹니다. 다시 말합니다. 믿음은 믿음 자체가 강조되는 것이 아니라 믿음의 대상인 우리 주님이 강조됩니다. 십자가에 달리신 주님입니다. 그것이 갈라디아 성도들에게 처음에는 밝히 드러났었습니다. 그러다가 교회에 율법주의자들이 나타났습니다. "그래? 하나님께서 믿음으로 구원 주신 것은 사실이다. 그렇지만 너도 뭘 좀 해야 돼. 할례를 받아야 그래도 하나님의 백성으로 조금 더 나아지지 않겠니?" 하나님께로부터 자기에게로 시선을 돌리게 하는 율법주의자들의 요구에 저들은 그대로 넘어갔습니다. 기독교는 무엇을 하라는 종교가 아닙니다. 하나님께서 다하셨다는 종교입니다. 그 하나님이 행하신 것을 믿는 것이 바로 믿음입니다.

약속을 의지한 성령의 임재

2절에서 사도 바울은 기독교의 믿음은 시작일 뿐 아니라 모든 과정이 함께 있다고 말합니다. "내가 너에게 다만 이것을 알려 하노니 너희가 성령을 받은 것은 율법의 행위로냐? 듣고 믿음으로냐?" 즉, "성령 받은 것, 네가 노력해서 받았느냐? 네가 계명 지키니까 하나님께서 주시더냐? 그렇지 않으면 그냥 너희가 믿을 때 주시더냐?" 하는 질문입니다.

오순절 다락방에 성령이 임하셨습니다. 그때 성령님께서는 약속을 의지해서 역사하셨습니다. 주께서 말씀했습니다. "너희가 이 성을 떠나지 말고 여기에 유하라. 몇 날이 못 되어서 성령이 너희에게 임할 것이다. 성령이 너희에게 임하면 너희가 권능을 받고 예루살렘과 온 유대와 사마리아와 땅 끝까지 이르러 네 증인이 되리라." 그들은 가만히 기다렸습니다. 성경에 금식했다는 구절도 없습니다. 약속된 성령이 그 약속을 믿는 저들에게 권능으로 임하셨습니다. 불의 혀처럼 갈라지는 놀라운 권능을 저들은 체험했습니다.

그런데 그 성령은 이방인인 고넬료 가정에 임할 때도 약속을 의지해서 임합니다. 하나님께서 천사를 고넬료 집에 보냅니다. 고넬료에게 말합니다. "너는 욥바로 사람을 보내어 피장 시몬의 집에 우거하는 베드로를 데려다가 복음을 받으라." 이 경건한 고넬료는 온 집안으로 더불어 잘 준비하고 영접했습니다. 그리고 주께서 십자가에 죽으시고 부활하신 그 영광의 대속의 사실을 듣습니다. 듣고 저들이 영접합니다. 그때 오순절 다락방에 임했던 것과 똑같이 성령이 임하십니다. 그때까지 사도 베드로는 '구원을 받아도 유대인들과 이방인들이 차이가 있을 것이다. 성령님께서 임하셔도 이방인들과 유대인들 사이에는 차이가 있을 것이다' 라고 생각했다가 똑같이 임하는 것을 보고 큰 소리로 외쳐 말하기를 "성령께서 이미 저들 마음속에 세례를 주셨으므로 내가 물 세례 주는 것을 금할 수가 없다"고 했습니다. 그렇게 해서 최초로 이방인이 세례를 받습니다. 그때도 성령님께서 믿는 심령에게 임했습니다.

성령 충만을 강조하는 교단에서 잘못 강조해 내 몸을 고생시킨다든지, 금식하는 등 애쓰고 수고해야 성령이 임하는 줄로 아는데 그렇지 않습니다. 성령님께서는 주의 약속을 의지해서 우리에게 임합니다. 갈라디아 성도들에게도 임했습니다. "너희가 믿음으로 성령을 받지 않았느냐? 성령께서 너희 삶 속에 능력으로 임했던 그 사건은 오로지 믿음을 선물로 받았기 때문이 아니냐? 성령으로 시작했고 그의 능력으로 신앙이 시작되었는데 이제는 네 힘으로 마치려고 드느냐? 시작은 하나님이고 지금은 네 실력이냐?" 묻고 있습니다. 예수 믿는 것, 내 노력 아닙니다. 어느 날부터 믿어지기 시작한 것입니다. 그렇게 안 믿어지던 예수가 믿어졌습니다. 주께서 시작하신 것입니다. 그런데 이제와서는 내 노력으로 믿는다구요? "어리석은 갈라디아 사람들아, 너희 속에 이 신앙을 시작하신 분이 하나님이시라. 그리고 지금도 네 속에 역사하시는 분이 하나님이다. 너희들이 십자가를 믿어서 얼마나 멸시를 받았느냐?"고 말씀합니다.

지금은 십자가가 많은 사람들에게 목걸이로 사용되어 사랑을 받고 있지만 로마 시대의 십자가는 저주였습니다. 형벌이고 치욕이었습니다. 사람을 죽이는 사형틀이었습니다. 사형틀을 목걸이로, 귀고리로 사용한다는 것이 얼마나 끔찍한 일입니까? 그렇기 때문에 당시 사람들이 예수 믿을 때 가장 어려웠던 점이 십자가였습니다. 십자가는 유대인에게는 거리끼는 것이었습니다. 이방인들에게는 미련한 것이었습니다. 십자가가 그들에게 처음 전파되고 그 십자가를 믿을 때 많은 사람들이 조롱했습니다. 그러나 그 사람들은 끝까지 이겼습니다. "그러면 너희들이 십자가를 믿어서 당했던 그 고통이나 멸시는 헛되게 받았느냐? 너희들이 잘못 생각해서 그 조롱을 당했느냐?"고 사도 바울은 묻고 있습니다. 그것뿐만 아니라 "성령께서 너희 속에 임하셔서 그 어려움 가운데서 기적 같은 능력을 행하신 것이 네가 율법을 믿었기 때문이냐? 그 고통을 이기게 하신 분이 네 믿음의 대상인 성령님이시냐?"고 묻고 있습니다.

지금까지 살아오면서 부딪치는 어려움을 어떻게 이깁니까? 이를 악물어 오기를 부리니까 이겨집니까? 제 생애에 가장 어려웠던 때를 회상해 보면 천지가 아득했습니다. 예수 그리스도를 영접한 후 평생 학생들에게 복음 전하겠다고 결심하고 스스로 모든 가능성을 차단한 채 오직 학생운동에만 열중하고 있던 어느 날 갑자기 속했던 단체에서 쫓겨났습니다. 기가 막혔습니다. 넉 달 동안 폐인처럼 살았습니다. 생애 목표가 무너지니까 의욕이 생기지 않습니다. 일어나도 피곤하고 누워도 피곤하고 음식을 먹어도 모래 씹는 것 같았습니다. 제가 그때 63 kg이었습니다. 머리에 두통이 그치지 않습니다. 머리에다 쇠못 하나를 박아 놓은 것 같습니다. 아침마다 세수하면 코피가 쏟아집니다. 그냥 그대로 세상이 무너져 녹아 없어져 버렸으면 좋겠고, 내 존재가 완전히 사라져 버렸으면 좋겠더라구요. 제가 너무 고통스러워하니까 친구들이 옆에서 무협지를 읽으라고 권해서 무협지를 읽는데 무협지의 사건과 내 머리의 의식이 겉돕니다. 집중이 안 됩니다. 제가 책 읽을 때는 집중력이 꽤 좋은데 그때는 집중이 안 됩니다. 미움과 오기가 꽉 찼습니다. 또 그 전에는 너무 피곤하면 배낭 하나 메고 설악산 가서 내설악으로, 천왕봉 올라갔다가 오색약수터까지 3박 4일 정도 여행하고 나면 피곤이 풀렸었습니다. 그런데 그렇게 아름다운 설악산의 경치하고 내 마음의 비참함이 도무지 엇갈려서 지나가고 맙니다. 아름다운 경치를 보면서도 이를 악물고 있습니다. 사람 미워하는 것이 지옥입니다. 음식도 맛이 없고 그처럼 좋았던 경치들도 내게서 떠났고 음악을 들어도 그 음악의 리듬이 오히려 아픈 머리를 두드리는 것 같습니다.

그때 제가 목사 안수받은 지 얼마 안 되었기 때문에 그래도 목사가 성경은 읽어야 된다고 생각해서 일어나 성경을 읽었습니다. 읽는데 로마서에서 "원수를 사랑하고 위하여 기도하라"고 하면서 "원수 갚는 것이 내게 있다"(롬12:19)고 말씀하시더라구요 원수 갚는 것의 주권이 하나님의 것입니다. 내가 원수를 갚고자 하면 하나님의 주권 침해입니다. 깜짝 놀랐습니다. 하나님은 심판하는 하나님이었습니다. 그때 제가 성경을 읽다 그대로 일어났습니다. 그리고 "오! 하나님 감사합니다. 만약 하나님께서 심판하시지 않는다면 이 세상에서 진실하게 살면서 억울하게 비명에 죽어간 무수한 인생들은 다 바보 같은 삶을 산 실패한 사람들이고 사람들 앞에서 위선으로 살고 가짜로 살면서도 멋지게 쇼한 사람들은 성공한 사람들입니다. 그러면 히틀러가 성공했고 김일성이 성공했겠네요?" 하나님이 심판자라는 말씀이 제게 물밀 듯 밀려오기 시작했습니다. "하나님은 모든 것을 아신다. 이 사건의 시작도 알고 끝도 알고 높이도 알고 깊이도 아신다. 하나님 당신은 심판주이시다. 사랑의 하나님은 심판주 하나님이셔야 된다"고 외쳐댈 때가 있었습니다. 제 힘으로는 이기지 못했습니다. 그나마 제게 위로가 된 것이 그때 태어난 첫째 아이가 제가 집에 돌아올 때마다 저를 참 반겼습니다. 그것 외에는 소망이 없었습니다. 그런데 성령께서 제 마음속에 믿음을 주시니까 이겨지기 시작합니다. 그리고 그 다음부터는 억울한 일 당해도 '우리 아버지께서 다 아신다, 고통스러운 사건을 당해도 우리 아버지는 이 모든 것을 다 기억하고 계신다' 고 생각합니다. 어떤 사람은 저를 상당히 너그러운 사람이라고 합니다. 너그럽지 않습니다. 너그러운 분은 따로 계십니다. 우리 아버지 하나님이 너그러우십니다. 제가 그분을 믿는 것뿐입니다. 믿음으로 그 어려운 시간을 이길 수 있었습니다.

믿음으로 말미암은 아브라함의 의

우리가 하나님 앞에 의롭게 되는 것은 오직 십자가를 믿음으로입니다. 우리가 성령을 받은 것도 오직 믿음으로 받았습니다. 우리가 어려움을 당할 때에 성령께서 내 속에 권능으로 역사하신 것도 내 힘이 아니었고 그분의 은혜였습니다. 단지 나는 믿은 것에 불과합니다. 신뢰의 대상이 나에게서 그분에게로 옮겨지는 것이 믿음입니다. 이것이 초대 교회 사도 바울에게만 있었던 것이 아닙니다. 이것이 오늘날 여러분과 저에게만 해당되는 것이 아니라 그 율법주의자들이 신주단지처럼 모셨던 아브라함에게도 동일했었습니다.

아브라함은 율법이 없을 때 산 사람입니다. 그가 하나님 앞에 의롭다고 여김을 받았던 것은 할례받기 전입니다. 할례는 17장에 나오는데

15장입니다. 그가 자기 사랑하는 조카 롯을 구하기 위해서 북쪽의 다섯 왕을 격파했습니다. 엉겁결에 기습을 해서 큰 승리를 거두고 조카 롯과 다른 포로들을 데리고 전리품을 많이 가지고 돌아왔습니다. 그러나 그에게 근심이 있었습니다. 걱정이 있었습니다. 다섯 왕이 정신 차리고 다시 군대를 규합해서 쳐들어오면 어떻게 할까 하는 염려였습니다. 그 밤에 또 다른 염려가 그의 마음을 사로잡고 있었습니다. 그것은 자기가 지금까지 90 평생을 살아왔는데 자식이 없이 하나님의 복에서 제외되었다는 자괴감이었습니다.

그런 그를 향해 하나님이 찾아오셨습니다. "아브라함아, 나는 너의 방패요, 너의 지극히 큰 상급이니라." 천사를 보내어 보호해 주겠다는 것이 아니라, 큰 성을 주어서 든든한 환경으로 지켜주겠다는 것이 아니라 하나님 자신이 방패라고 말합니다. 이 말은 엄청난 소리입니다. 생각해 보십시오. 하나님께서 방패 되시면 하나님을 뚫지 못하고는 절대로 내 머리털 하나 상하게 할 수 없습니다. 하나님께서 친히 방패 되어주신 인생을 이길 세력이 어디 있습니까? 그리고 다른 것 다 받았지만 자식의 상급은 못 받았다고 말하는 아브라함을 향해 "아브라함아, 내가 너의 지극히 큰 상급이니라." 말씀하십니다. 우리들은 하나님께서 주시는 선물을 좋아합니다. 하나님의 사랑도 좋아하고 하나님의 은혜도 좋아하고 하나님의 복도 좋아하고 하나님께서 주시는 은사도 좋아합니다. 그런데 하나님은 안 좋아합니다. 아닙니다. 하나님을 인격으로 만난 사람은 하나님보다도 더 귀한 것이 없습니다. "주 예수보다 더 귀한 것은 없네. 세상 명예와 바꿀 수 없네, 내 진정 사모하는 그 예수, 새벽별 보다 더 아름다운 예수…"라고 찬송하는 믿음의 사람들에게는 하나님이 상급입니다. 다른 상급은 다 나를 떠납니다. 그러나 하나님이 상급인 사람은 영원히 그 상급의 복을 누립니다. 하나님께서 그 밤에 아브라함에게

"내가 너의 상급"이라고 말씀하십니다.

옛날에 어떤 왕이 자기를 위해서 평생을 봉사한 궁녀들에게 여러 물건을 갖다놓고 "너희들에게 자유를 준다, 너희들이 무엇이든지 하나씩만 가지고 가라. 제일 보배로운 것을 가지고 나가라"고 했습니다. 어떤 사람은 비취비녀를 가지고 나갔습니다. 어떤 사람은 왕의 옷을 가지고 나갔습니다. 어떤 사람은 왕의 모자를, 어떤 사람은 왕비가 가지고 있던 비취반지를 가지고 나갔습니다. 그러나 한 시녀만 아무것도 안 가지고 안 가고 있습니다.

"너는 뭐하니?"

"뭐든지 가져갈 수 있다고 하셨습니까?"

"그렇다."

"그러면 폐하, 업히시지요."

다른 것은 몰라도 그 여자가 몹시 지혜로운 여자입니다. 다른 사람은 몇 가지 것에만 눈이 팔려 있습니다.

아브라함은 말합니다. "하나님, 내가 무자합니다. 내가 자식이 없습니다. 그래서 하나님 상급을 못 누렸는데, 다메섹의 엘리에셀을 데려다가 후사로 삼겠습니다. 제가 하나님 좀 도와드릴게요. 상급의 형식을 갖추겠습니다." 그때 하나님은 말합니다. "아니라. 네 몸에서 날 자라야 된다"고 말하면서 그에게 하늘을 가리킵니다.

"네가 하늘의 별을 보라. 네 후손이 이와 같으리라."

하나님께서 약속하십니다. 그가 90세가 되어서 자기 몸이 죽었음에도 불구하고 사라의 태가 이미 닫혔음에도 불구하고 믿음의 대상이신 전능하신 하나님을 믿었습니다. 그렇게 믿을 때 하나님께서 의로 여기셨다고 말합니다. 우리에겐 의가 없습니다. 대신 의로운 하나님을 믿을 때, 그 의가 내 것이 됩니다. 아브라함의 생애에서 이것은 사실이었습니다. 그리고 누구든지 믿음으로 말미암는 사람들은 아브라함의 후손이며 또 이 아브라함이 믿을 때 받았던 복을 모든 이방이 받는다고 8절에서 말하고 있습니다. 그리고 마지막으로 아브라함이 믿은 그 믿음을 보시고 아브라함이 받은 복을 나눠 주신다고 9절에서 말씀합니다.

의인은 믿음으로 말미암아 살리라

그렇습니다. 의인은 오직 믿음으로 삽니다. 작년 종교개혁 기념주일 즈음에 기독교 역사에 있어서 가장 위대한 화해의 순간이라고 생각되는 사건이 있었습니다. 로만 가톨릭과 루터교가 "오직 구원은 하나님의 은혜로만 받을 수 있다"고 처음으로 같은 신앙고백을 했습니다. 이것은 중세 때 하나님 말씀과 반해서 만든 많은 계명들을 부정하는 것입니다. 예를 들자면 성 베드로 성당을 짓는 일에 헌금을 낼 때 은화가 그 연보궤에 떨어지는 순간, 먼저 돌아가신 선조의 죄가 사해진다고 가르쳤습니다. 또 거룩을 위해서 고행을 해야 된다고 했습니다. 고행을 하되 거룩한 곳을 찾아가 봐야 한다고 했습니다. 그러나 당시 오스만 투르크가 예루살렘과 터키 전역을 장악했기 때문에 사도행전의 배경이 된 터키나 예수님이 활동했던 예루살렘은 가볼 수가 없었습니다. 그래서 사람들은 로마를 갔습니다.

빌라도가 예수님을 심문할 때 그 앞에 계단이 있었는데 예수님께서 기진해서 맨발로 거기를 올라가셨다는 전설이 내려오고 있습니다. 그 빌라도의 계단을 콘스탄틴 황제가 로마에 갖다 놓고 거기다 예배당을 지었습니다. 그러니까 그곳은 예배드리는 곳이 아니라 예배당 안에 빌라도의 계단만 있는 교회입니다. 많은 사람들이 예수님이 가신 길이라고 그 계단을 올라갑니다. 걸어서 올라가지 않고 무릎으로 올라갑니다. 맨 살을 내놓고 무릎으로 기어서 올라가면 몸 체중에 의해서 무릎이 깨집니다. 그러면 사람들은 "아멘, 할렐루야! 내가 거룩해졌고 은혜를 받았다"고 기뻐합니다. 한 계단 올라갈 때마다 그 계단에 입맞춤을 합니다. 그래서 그 높은 계단을 다 올라간 다음에 "나는 거룩해졌도다"라고 외쳤습니다. 젊은 수사 루터도 다른 사람과 똑같이 빌라도 법정의 계단을 올라가고 있었습니다. 다른 사람이 하니까 옷을 걷어 정강이로 올라갑니다. 한 칸 올라가서 키스합니다. 두 계단 올라가서 키스합니다. 거의 다 올라갔는데 자기 마음속에서 성경말씀이 우레소리처럼 크게 들립니다. "오직 의인은 믿음으로 말미암아 살리라!" 그는 그 말씀이 속에서 번개처럼 들려오자 "아멘" 하고 일어섭니다. 그는 계단 한두어 개를 남겨 놓고 그대로 내려왔습니다. 그리고 의롭게 된 것은 이 계단을 올라감으로 인해서가 아니라 나의 구속주 되신 주님을 믿는 믿음으로 말미암아서라며 지금 우리가 잘못 믿고 있는 95가지의 비신앙적인 요소에 대한 자기의 견해를 작성하고, 로마 교황청이나 누구든지 이것에 대해서 이견 있는 사람은 말하라고 당시 자기가 가르치고 있던 비텐베르그 대학에 방을 써서 붙여 놓았습니다. 이것이 종교개혁의 시작이었습니다.

믿음은 들음에서 나고

우리는 믿음으로 신앙을 시작했습니다. 이 믿음이라는 말은 대상이 바뀌는 것을 의미합니다. 사람은 간사해서 계속 자의식 속에 빠집니다. 내 것 믿습니다. 내 지식, 내 경험, 나에게로만 집중합니다. 심지어 자살하는 사람도 자기 시체가 좀 예쁘게 보이길 원합니다. 자기로 꽉 차 있는 인생을 우리 주님께 그대로 내어 맡기면 하나님께서 나를 의롭다고 여기십니다. 그때 나를 묶고 있는 모든 사슬이 풀어지는 자유를 경험합니다. 그리스도 예수로 말미암아 내 머리 위에 누르고 있는 무거운 짐이 내게서 주님께로 옮겨집니다. 우리에게는 늘 십자가가 있어야 됩니다.

신앙생활이 어디까지 왔는가 살펴보고 십자가로 다시 돌아가십시오. 십자가에서 나를 향한 그 구속을 보십시오. 나를 향한 그 사랑을 보십시오. 그것만이 구원의 시작이고 구원의 마지막입니다. 내 죄가 동이 서에서 멀리 옮겨진 것, 이 놀라운 특권을 십자가에서 누리십시오. 주님을 믿을 때 성령은 내게 임하시고, 주님을 신뢰할 때 성령님께서 능력으로 내 삶을 붙잡고 계속해서 은혜를 베푸십니다. 여기 공식이 하나 있습니다. 2절에 이렇게 기록되었습니다. "내가 너희에게 다만 이것을 알려 하노니 너희가 성령을 받은 것은 율법의 행위로냐 듣고 믿음으로냐" 5절입니다. "너희에게 성령을 주시고 너희 가운데서 능력을 행하시는 이의 일이 율법의 행위에서냐 듣고 믿음에서냐?" 이 믿음은 나를 믿는 것 아닙니다. 듣고입니다. 이 말씀을 로마서 10장 17절은 또 이렇게 말합니다. "그러므로 믿음은 들음에서 나며 들음은 그리스도의 말씀으로 말미암았느니라" 믿음이 어디서 어떻게 자라는가, 믿음의 본질이 무엇인가를 가르쳐 주는 말씀입니다. 자의식을 아무리 키워도 믿음이 생기지 않습니다. 내 신앙의 대상인 우리 주님은 성경을 읽음으로, 말씀을 들음으로 더 알게 됩니다.

제가 성경을 읽지 않았더라면 하나님을 사랑해 주시는, 용서해 주시는 하나님으로만 알았지 심판하시는 하나님인 것은 모를 뻔했습니다. 성경 읽을 때 그분을 알게 되었습니다. 그분을 믿습니다. 그런고로 우리의 믿음은 늘 말씀에 뿌리를 두고 자라납니다. 이 말씀이 내 신앙의 기초입니다. 믿음은 그리스도의 말씀으로 말미암습니다. 그런고로 성경공부하지 않으면 아무리 교회를 왔다갔다해도 신앙이 주는 진리를 모릅니다. 믿음을 갖는 자에게 주시는 성령의 역사를 경험할 수가 없습니다. 그분의 말씀에 깊이 뿌리를 둘 때, 믿음은 비로소 내 속에서 능력으로 역사할 것입니다. 내 믿음의 대상이신 하나님은 내 삶 속에서 권세로 임하실 것입니다. 내 삶을 능력으로 붙잡으셔서 하나님이 원하시는 생애로 펼쳐 주실 줄로 믿습니다.

6. 행위와 은혜

갈라디아서 3:10-14

무릇 율법과 행위에 속한 자들은 저주 아래 있나니 기록된 바 누구든지 율법책에 기록된 대로 온갖 일을 항상 행하지 아니하는 자는 저주 아래 있는 자라 하였음이라 또 하나님 앞에서 아무나 율법으로 말미암아 의롭게 되지 못할 것이 분명하니 이는 의인이 믿음으로 살리라 하였음이니라 율법은 믿음에서 난 것이 아니라 이를 행하는 자는 그 가운데서 살리라 하였느니라 그리스도께서 우리를 위하여 저주를 받은 바 되사 율법의 저주에서 우리를 속량하셨으니 기록된 바 나무에 달린 자마다 저주 아래 있는 자라 하였음이라 이는 그리스도 예수 안에서 아브라함의 복이 이방인에게 미치게 하고 또 우리로 하여금 믿음으로 말미암아 성령의 약속을 받게 하려 함이니라 대우에 다니시던 한 분을 만나 대화를 나누는데 이런 이야기를 합니다. IMF로 구조조정을 시작해서 직원을 감축시키고 명예퇴직시킬 때 부하직원 한 사람 한 사람 잘라내는 것이 그렇게 힘들었답니다. 전심전력으로 헌신하고 봉사하던 회사에서 쫓겨났다는 울분으로 어떻게 할 줄 모르는 것을 볼 때마다 너무나 안타까웠다고 했습니다. 그런데 지금은 오히려 그분들이 부럽다고 합니다. 회사가 앞으로 어떻게 될지, 퇴직금이나 받고 물러날지를 걱정하는 대우 식구들을 볼 때 참 마음이 아팠습니다. 우리 눈으로는 어느 것이 더 좋은지 모르겠습니다. 구조조정할 때는 남은 사람들이 "나는 살았다!"고 했습니다. 쫓겨난 사람들은 울면서 나갔습니다. 그런데 지금은 오히려 먼저 나간 사람이 부러운 자리에 있습니다. 어느 것이 더 복이고 불행인지를 도무지 모르겠습니다.

율법과 행위에 속한 자들

오늘의 본문은 확실한 선택이라고 말할 수 있는 선택을 보여 줍니다. 두 가지의 선택 내용이 있습니다. 하나는 '율법으로' 입니다. 하나는 '하나님의 은혜를 믿음으로' 입니다. 첫번째 사람을 향해서 이렇게 말합니다.

"무릇 율법의 행위에 속한 자들은 저주 아래 있나니 기록된 바 누구든지 율법 책에 기록된 대로 온갖 일을 항상 행하지 아니하는 자는 저주 아래 있는 자라."

인생에 있어서 최대의 문제는 '내가 정말 구원받을 수 있을까?' 하는 문제입니다. 다른 말로 고친다면 '내가 하나님과 바른 관계를 가질 수 있을까?' 입니다. 하나님과 바른 관계를 가지려고 할 때 가장 큰 문제는 죄의 문제입니다. 사람들은 죄를 벗어 버리고 하나님과의 바른 관계를 위해서 두 가지 길을 선택할 수 있습니다. 하나는 율법을 지킴으로, 선행을 함으로 하나님을 만나는 것입니다. 이것이 지상 모든 종교의 과제입니다. 인생을 진지하게 살려고 하는 사람들이라면 누구든지 선행함으로, 좋은 계율을 지킴으로 신과의 바른 관계를 가지려고 합니다. 그런데 여기 이런 사람들을 향해서 성경은 말합니다. "무릇 율법의 행위에 속한 자들은 저주 아래 있나니…" 율법으로 애쓰고 수고하고 노력하는 그 사람이 저주 아래 있다고 합니다. 왜냐하면 "기록된 바 누구든지 율법책에 기록된 대로 온갖 일을 항상 행하지 아니하는 자는 저주 아래 있는 자라 하였음이니라." 아무도 온전하게 그 율법을 지킬 수 없다는 말입니다. 우리들은 십계명을 압니다. 하나님의 계명 가운데 가장 큰 계명, 우리가 반드시 지켜야 될 10개의 계명을 하나님께서 주셨습니다. "네 앞에 다른 신을 두지 말라. 우상을 만들지 말라. 하나님의 이름을 망령되이 일컫지 말라. 안식일을 기억하여 거룩하게 지키라. 네 부모를 공경하라. 살인하지 말라. 간음하지 말라. 도적질하지 말라. 이웃을 해하거나 탐내지 말라." 무수한 계명 가운데 "나는 이 계명에 대해서 완전히 지켰다"고 말할 사람이 있습니까? 최선을 다했다고 말할 수 있는 사람이 있습니까? 그런데 성경은 "네가 최선을 다했느냐?"고 묻고 있지 않습니다. 말하기를

"누구든지 율법 책에 기록된 대로 온갖 일을 항상 행하지 아니하는 자는 저주 아래 있는 자다."

"아니, 내가 그때는 그래도 잘 지키고 살 때가 있지 않았습니까?"

이렇게 말할 수 있습니다. 그런데 주께서는 일정 시기에만 잘한 것에 대해 말하지 않고 "누구든지 율법 책에 기록된 대로 온갖 일을 항상…"이라고 말합니다. 그때만 잘했냐가 아니라 항상 잘했냐고 묻고 있습니다. 모든 순간, 모든 시간에 하나님의 율법에 충만한 순종자냐고 묻고 있습니다. 어떤 사람은 이렇게 말할 수 있습니다.

"하나님, 내가 그래도 이것만은 끝내주게 잘하지 않았나요? 물론 어떤 부분은 잘못한 것도 사실입니다. 그러나 이 부분은 참 잘했지 않아요? 그런데 하나님 나를 버리십니까? 그래도 내게 저주가 있다는 말입니까?"

그런데 성경은 우리에게 말합니다.

"누구든지 율법 책에 기록된 대로 온갖 일을…."

어느 것은 잘했고, 어느 것은 못했느냐를 구별하지 않고 온갖 일입니다. 이 계명만 잘 지켰는가뿐 아니라 저 계명도 잘 지켰느냐까지입니다.

그런가 하면

"우리 동네에서는 그래도 내가 괜찮은 사람이라고 말합니다. 그래도 내가 덕 있는 사람이라고 하는데 하나님, 내가 저주받아야 됩니까?"

성경은 말합니다.

"…누구든지…."

덕이 있든지 없든지, 사람들에게 좋은 평판을 가졌든지 갖지 못했든지 간에 모든 온갖 일에 항상 주의 율법대로 행하지 않는 자는 저주 아래 있다는 것입니다.

우리들은 십계명의 표면적인 내용만 갖고도 머리가 숙여집니다. 나는 그렇게 행하지 못했습니다. 그런데 주께서 이 말씀을 다시 깊이 풀어주시기를 "네가 살인하지 않았다. 그렇지만 네가 마음으로 살인했으면 살인이야. 네가 간음하지 않았다고? 마음으로 간음했으면 간음한 거야." 사람은 겉모습밖에 못 봅니다. 그러나 하나님 눈에는 보이는 것이 있습니다. 뭐가 보입니까? 마음이 보입니다. 그런고로 누구든지 율법 책에 기록된 대로 온갖 일을 항상 행하지 아니하는 자는 저주 아래 있습니다. 율법으로는 하나님 앞에 온전히 나아갈 수가 없습니다. 율법의 모든 행위는 우리 머리 위에 저주를 쌓을 수밖에 없습니다. 그것뿐만 아니라 율법으로는 하나님 앞에 온전히 나아갈 수 없습니다. 11절에 이렇게 말합니다. "또 하나님 앞에 아무나 율법으로 말미암아 의롭게 되지 못할 것이 분명하다. 세상에 가장 분명한 사실이 있다면 그것은 하나님 앞에 의롭게 되기 위해서 나가고 나가도 그분께 도달할 수 없다는 것이다." 그런고로 율법을 바로 지키는 사람들은 결국 절망할 수밖에 없습니다. '나는 안 된다. 내 한계는 여기까지다. 내가 하나님과 바른 관계를 가질 수 없고 그 구원은 나와 상관이 없다. 그 대신 저주가 내 머리 위에 있다'고 절망합니다.

나무에 달린 자마다 저주 아래 있는 자라

이런 절망하는 인생을 향해서 하나님께서 해답을 주셨습니다. 그것이 하나님의 약속이고 십자가입니다. 12절에 이렇게 말합니다. "율법은 믿음에서 난 것이 아니라 이를 행하는 자는 그 가운데 살리라 하였느니라." 아무도 자기 삶을 벗어나지 못합니다. 그런데 그리스도께서 우리를 위하여 저주받은 바 되사 율법의 저주에서 우리를 속량하셨습니다. 내가 받을 저주를 주님께서 다 받으셨다고 말합니다. 그리고 주께서 그 저주의 값을 지불하시고 우리를 다시 살리셨습니다. 언제 그랬습니까?

"기록된 바 나무에 달린 자마다 저주 아래 있는 자라 하였음이니라."

동양에서 사람들을 나무에 다는 경우가 있었습니다. 크게 국가를 더럽히고 어지럽힌 사람들, 민란이나 국란을 일으켰던 사람들의 목을 베어 효수(梟首)를 했습니다. 목을 장대에 높이 꽂아서 못되고 나쁜 놈, 저주받은 사람의 상징으로 매달아 놓았습니다. '이런 사람의 삶을 따라서는 안 된다'는 뜻입니다. 효수(梟首)라는 것은 목만 베어 매달아 놓는 것이고 효시(梟示)는 사람을 곤장으로 쳐서 죽으면 목을 베지 않고 그 사람 목을 맨 채 나무에 달아 오가는 사람들로 하여금 보도록 하는 것입니다. 언제부터 시작되었는지 모르겠는데, 요근래까지 내려왔습니다. 그러다가 개화기 임오군란, 갑오경장 때 젊은 청년들이 법을 고치면서 어떤 경우에도 그냥 목을 매달아 교수대에서 처형하는 것은 안 된다고 못을 박았습니다. 그렇게 해서 지금은 사람 목을 매달아 사람들로 보게 하는 경우가 없습니다. 하여튼, 나무에 높이 달려 있는 시신을 보면 저주받은 인생이라는 사실을 동양의 모든 국가가 동일하게 알았습니다.

성경에도 그런 일이 있었습니다. 율법을 범하면 돌로 쳐서 죽이고 그 다음, 하나님의 진노받기에 마땅한 사람이라고 생각되는 사람은 목을 나무에 매달아 놓았습니다. 그의 일그러진 몰골을 보면서 "하나님의 저주가 마땅히 이 사람에게 임했지 않느냐? 이를 본으로 여겨 죄를 미워하고 주의 율법을 따라야 한다"고 가르쳤었습니다.

그랬는데 로마에서는 죽고 난 다음 목을 베어 매다는 것이 아니라 아예 나무에 사람을 매달아 죽이는 무지무지한 십자가라는 사형대가 있었습니다. 원래 이 십자가는 카르타고에서 민족 반역자를 죽이는 데 사용한 사형도구입니다. "이 친구는 땅에 묻힐 자격이 없는 사람이다. 이 사람은 시체라도 누워 있어서는 안 될 못된 놈이다"는 의미입니다. 대개 십자가에 못을 박을 때 손바닥에 못을 치지 않습니다. 손바닥에 못을 치면 사람의 체중에 의해서 손이 찢겨 버리든지 빠진답니다. 그래서 손 뼈가 모두 모여 있는 손목에 못을 칩니다. 만져 보면 못을 칠 만한 자리가 있습니다. 그것도 사람을 그냥 오징어 말리듯이 팔, 다리를 쫙 펴서 못을 박아 놓으면 평균적으로 힘이 분산되기 때문에 고통이 덜하답니다. 그런데 이것을 느슨하게 쳐놓으니까 손에 힘을 주면 발에 힘을 줄 수 없고 발에 힘을 주면 손에 힘을 줄 수 없어서 의식이 있는 동안에는 이리 꿈틀 저리 꿈틀하고, 너무 아파서 기절했다가 또 의식이 돌아오면 꿈틀 꿈틀거립니다. 며칠이고 그 사람이 죽을 때까지 그대로 놔두었습니다.

로마가 카르타고를 점령한 다음, 이 이상한 사형제도를 받아들이면서 이렇게 정했습니다. "아무리 극악무도해도 로마 시민권을 가진 사람만은 십자가에서 죽을 수 없다." 그래서 시세로의 글을 보면 "십자가라는 것은 치욕이고, 십자가는 저주고, 십자가는 형벌이고, 십자가는 패배이고, 십자가는 어둠이다. 십자가 문양은 로마 사람들과 영원히 상관없다"고 했습니다. 그래서 똑같은 죄를 지었는데도 로마 시민권자인 사도 바울은 참수형을 당했습니다. 지금도 사도 바울이 참수당했다는 예배당이 로마에 있습니다. 그 목이 떨어져서 네 번인가 다섯 번 굴렀다는데 굴러 떨어지는 곳마다 표식이 있다고 합니다. 그것이 사실인지 아닌지는 잘 모르겠습니다만 그렇게 관광객들의 호기심을 일으키는 예배당이 있습니다. 그런데 로마 시민권을 갖지 못했던 사도 베드로는 그 극악무도한 십자가 형틀을 확정받습니다. 그는 사형 집행인에게 말합니다. "나 같은 못된 놈이 어찌 우리 주님과 같은 모습으로 죽을 수 있습니까? 십자가를 거꾸로 매달아 주세요." 그래서 베드로는 거꾸로 십자가에 못박혔습니다. 그 동생 안드레는 십자가에 못박힐 때 사형 집행인에게 "나도 감히 우리 주님처럼 그 영광의 십자가에 달릴 수가 없습니다. 어떻게 인생으로 주님 모습을 흉내낼 수 있나요? 십자가를 엇비슷하게 뉘어주세요." 그래서 X자가 되었습니다. 지금도 X자 십자가를 St. Andrew's Cross, 성 안드레의 십자가라고 이야기합니다.

예수 그리스도의 십자가로 옮겨진 저주

그 십자가에 우리 주님이 달리셨습니다. 초대 교회의 예수 믿는 사람들에게 이 십자가는 사실 부끄러운 것이었습니다. 우리가 지금 십자가를 목에도 걸고 사방에서 장식으로 보니까 그렇지, 사형 집행 틀을 자기 종교의 상징으로 삼는 사람이 있을 수 있습니까? 그래서 이 십자가가 어떤 사람에게는 미련한 것이었습니다. 어떤 사람들에게는 꺼리는 것이 되었습니다. 그것은 패배와 저주의 상징이었습니다. 우리 주님께서 저주의 상징에 못이 박혔습니다. 그런데 그 저주는 그냥 저주가 아니라고 말합니다. 여기 13절은 다시 말합니다.

"그리스도께서 우리를 위하여 저주를 받은 바 되사 율법의 저주에서 우리를 속량하셨으니 기록된 바 나무에 달린 자마다 저주 아래 있는 자라 하였음이니라." 즉, "나무 아래 있는 자는 저주를 받는 자다, 주께서 저주를 받으셨다, 그 저주는 그냥 저주가 아니다, 십자가는 주님께서 우리 죄를 위하여 저주를 받으신 틀이다"는 것입니다.

우리 주님께서 십자가를 지러 올라가실 때 로마 군인들의 무서운 채찍이 그의 등을 할퀴었습니다. 성경은 말합니다.

"그가 상함은 우리의 죄악을 인함이라(사 53:5)."

주께서 십자가에서 못이 박혔습니다. 손과 발에 찔림이 있었습니다. 그리고 그 머리 위의 가시관이 힘껏 눌려서 가시 끝이 박힌 곳에서 피가 주르르 흘렀습니다.

"그가 찔림은 우리의 허물을 인함이요(사 53:5)."

율법의 행위로는 구원받을 수 없고, 몸부림치고 바르게 하려고 하면 할수록 내게 하나님의 저주밖에 없다고 절망할 수밖에 없는 인생의 죄를 우리 주님께서 십자가 위에서 다 해결해 주셨습니다. 하나님께서 죄를 처치하는 완전한 방법을 고안하셨습니다. 그리고 십자가 위에서 완성하셨습니다. 누구든지 그 십자가가 나를 위해 하나님께서 약속하신 저주의 시행처라고 믿으면 내 저주는 예수 그리스도의 저주로 옮겨집니다. 지금까지 살아오면서 '왜 나는 이처럼 재수없는 인생인가, 내 삶에서는 저주의 저주가 계속되는가? 한번도 내 마음에 유쾌한 날이 있었던가? 내 마음의 어두운 그늘을 한 번도 헤쳐 본 적이 없지 않았던가?' 하고 마음속에 깊은 저주의식을 가지신 분 있으십니까? 그 모든 저주를 예수 그리스도의 십자가에 옮겨 놓으시기 바랍니다. 주께서 나의 저주가 되셨습니다. 행위는 나를 믿는 것입니다. 나를 믿는 결론은 절망입니다. 온전히 구원에 이를 수가 없습니다. 내 저주에서 내가 벗어날 수 없습니다. 마치 늪에 빠진 사람이 혼자 그 늪을 빠져 나오기 위해서 몸을 움직이면 움직일수록 늪 속 깊은 곳으로 더 깊이 빠져 버리는 것과 같습니다. 그러나 밖에 있는 사람이 큰 막대기를 주어서 그 막대기를 붙잡으면 올라올 수 있습니다. 이처럼 인간은 내 저주에 빠져서 허우적거립니다. 아침에 일어나도 유쾌함이 없습니다. 저녁에 자면서도 기쁨과 평안이 없습니다. 인생을 살아가면서 잘되는 것 같지 않습니다. 무거운 억눌림이 있습니다. 내일 어떤 불길한 일이 나를 뒤덮을까하는 저주의식으로 우리가 살고 있습니다.

아닙니다. 예수 그리스도의 십자가를 바라보면서 내 모든 저주가 그 십자가에서 시행되는 것을 믿으시기 바랍니다. 내 저주는 옮겨졌습니다.

그래서 성경은 말하기를
"그리스도께서 우리를 위하여 저주받은 바 되사…"입니다.
죄 없으신 분이셨습니다. 저주받을 이유가 없으신 분이셨습니다. 그렇기 때문에 남의 저주를 대신 지실 수 있었습니다. 만약 그분이 죄인이어서 자기 저주를 스스로 받을 인생이었다면 그는 자기 저주를 자기가 당한 것입니다. 그러나 우리 주님은 흠 없는 분으로, 저주와 상관없는 분으로 이 땅에 오셨습니다. 그래서 디모데전서 1장 15절은 이렇게 말합니다. "미쁘다 모든 사람이 받을 만한 이 말이여 그리스도 예수께서 죄인을 구원하시려고 세상에 임하셨다." 이 말을 믿으십니까? 나를 믿는 데서 그리스도를 믿는 데로 그 믿음이 바뀌어야 됩니다. 이제까지는 항상 나였습니다. 나 중심이었습니다. 그 중심이 하나님께서 나의 죄를 위하여 완성하신 해결책, 그 약속을 믿는 믿음으로 옮겨집니다.

하나님의 은혜를 믿는 자들

아브라함은 몸이 늙어서 도무지 자녀를 낳을 수 없는 조건이 되었는데도 불구하고 하나님께서 약속하시니까 믿었습니다. 그것이 그에게 복이 되었습니다. 그런데 내가 받을 무시무시한 저주가 이미 우리 주님께 시행되었습니다. 그것을 내가 믿음으로 수납하는 것입니다. 그때 내 저주는 옮겨지고 그리스도께서 내게 주시는 의로 옷을 입습니다. 주님의 의가 내게 전가됩니다. 내 죄는 던져집니다. 하나님과 막혔던 장벽을 주께서 제거하셨기 때문에 하나님과의 아름다운 사귐이 시작되었습니다. 그리고 하나님 앞에 아바, 아버지라고 부르는 새로운 인생을 삽니다. 하나님의 자녀가 되었습니다. 나의 저주가 되신 주님, 십자가를 바라보십시다. 나의 죄를 바라보지 마시고 나의 저주를 바라보지 마시고 내 저주가 실현된 십자가를 바라봅시다. 그 안에 내 구원이 있습니다. 그 안에 내 생명이 있습니다. 그 안에 내 인생의 영광이 있습니다. 이것이 복음입니다. 내가 애쓰고 수고해서 얻은 것, 내 노력의 대가이지 복음이 아닙니다. 그런데 나는 아무것도 한 일이 없는데 내 대신 우리 주님이 십자가에서 나의 모든 저주를 해결해 주셨습니다. 그 놀라운 약속을 내 것으로 믿을 때 성령께서 내 마음속에 인쳐 주십니다. 하나님의 자녀인 것을 증거해 주십니다. 그리고 내 인생이 새로운 생애로 펼쳐집니다. 내 저주가 십자가에 달렸고, 그리고 내 안이 그리스도의 영으로 채움 받고, 하나님을 아버지라고 부르는 믿음의 삶! 이것이 그리스도인의 삶입니다.

둘 중의 하나를 선택해야 됩니다. 내 노력으로, 내 믿음으로 하나님 앞에 나아가고자 하는 내 열심에서 내 죄의 모든 저주를 해결하신 하나님의 열심, 하나님의 완전하심, 하나님의 선하심과 그 은혜를 의지하는 믿음으로 인생의 방향을 옮기십시오. 이 두 생애가 평생 우리 그리스도인의 삶 속에서도 내재합니다. 어떤 것을 택하시겠습니까? 나는 지금 어디 있습니까? 그리고 어느 편으로 가길 원하십니까? 이미 내 저주가 주님께 퍼부어져서 내 모든 죄가 주님께 전가된 것을 믿으신다면 중심으로 할렐루야, 찬송하십시오. 그 저주는 나와 상관없습니다. 지금 고통스럽습니까? 그건 저주가 아닙니다. 아빠의 사랑의 채찍일 수 있습니다. 그리고 인생이 고통 없이 크고 아름다운 인생이 된 적이 없습니다. 문제는 저주가 없어야 됩니다. 저주가 없으면 아파도 좋습니다. 저주 의식만 없다면 실패도 괜찮습니다. 다시 일어날 것입니다. 하나님이 나의 산성 되실 것을 믿기 때문입니다. 사람이 나를 어찌하지 못합니다. 왜냐하면 내 저주는 이미 물러갔기 때문입니다. 하나님의 저주는 나와 상관이 없습니다. 요즘 책 중에 엉터리 책이 있습니다. 「가계에 흐르는 저주를 끊어라」는 책은 복음을 모르고 하는 소리입니다. 율법에 갇혀 있습니다. "그리스도 안에 있으면 이전 것은 지나갔으니 보라 새것이 되었도다"(고후 5:17). 무슨 가계에 저주가 있습니까? 지금 그 사람들이 말하는 유전적인 고통은 우리에게 전달됩니다. 그러나 근본적인 저주는 나와 상관없습니다. 복음을 모르면 그렇게 헛된 데 마음을 뺏깁니다. 내 저주는 사라졌습니다. 우리는 하나님을 찬양해야 됩니다. 십자가를 바라보십시오. 내 저주는 끝났습니다. 이미 내 저주는 처형되었습니다. 그 하나님을 영원토록 찬양해야 됩니다. 그래서 우리들은 천국에 가서도 "죽임 당하신 어린 양, 힘과 영광과 권능이 다 주께 있습니다" 하고 찬송으로 우리 주님 앞에 영광을 돌려야 합니다.

7. 언약과 율법

갈라디아서 3:15-22

형제들아 사람의 예대로 말하노니 사람의 언약이라도 정한 후에는 아무나 폐하거나 더하거나 하지 못하느니라 이 약속들은 아브라함과 그 자손에게 말씀하신 것인데 여럿을 가리켜 그 자손들이라 하지 아니하시고 오직 하나를 가리켜 네 자손이라 하셨으니 곧 그리스도라 내가 이것을 말하노니 하나님의 미리 정하신 언약을 사백삼십 년 후에 생긴 율법이 없이 하지 못하여 그 약속을 헛되게 하지 못하리라 만일 그 유업이 율법에서 난 것이면 약속에서 난 것이 아니리라 그러나 하나님이 약속으로 말미암아 아브라함에게 은혜로 주신 것이라 그런즉 율법은 무엇이냐 범법함을 인하여 더한 것이라 천사들로 말미암아 중보의 손을 빌어 베푸신 것인데 약속하신 자손이 오시기까지 있을 것이라 중보는 한편만 위한 자가 아니니 오직 하나님은 하나이시니라 그러면 율법이 하나님의 약속들을 거스리느냐 결코 그럴 수 없느니라 만일 능히 살게 하는 율법을 주셨더면 의가 반드시 율법으로 말미암았으리라 그러나 성경이 모든 것을 죄 아래 가두었으니 이는 예수 그리스도를 믿음으로 말미암은 약속을 믿는 자들에게 주려 함이니라

인격이 바탕된 약속

한국 근세사에 가장 인격자로 존경받는 민족의 어른을 꼽으라면 도산 안창호 선생이라고 자신있게 말할 수 있습니다. 인격자라는 말은 공부를 많이 했다는 이야기가 아닙니다. 인격자라는 말은 사회적으로 신분이 상승했다는 뜻이 아닙니다. 돈이 많아졌고 성공했다는 의미도 아닙니다. 인격자는 자기 말에 책임을 지는 사람입니다.

도산 안창호 선생님의 생애에 많은 일화가 있습니다만 그의 생애 마지막 때, 상해에서 임시 정부 대표로 있을 때였습니다. 지금도 상해를 가보면 블록마다 이태리 식으로 건물이 지어졌고 또 불란서식으로, 독일식으로, 영국식으로 지어졌습니다. 그래서 블록마다 국가별로 건물의 모습이 다릅니다. 이것을 조계(租界)라고 했고 그 안에서는 각국에서 온 외국인들이 마치 자기 나라에서처럼 살 수 있도록 자치주와 같은 법적 장치가 되어 있었습니다. 안창호 선생님이 계셨던 장소는 그렇게 안전한 장소였습니다. 일제가 그분을 해할 수 없는 장소에 있었습니다. 그런데 어린 한 소년과 "내가 너를 찾아가겠다"고 약속을 합니다. 찾아가려고 할 때 주변의 사람들이 반대했습니다.

"거기 가면 위험합니다."

그러니까 안 선생님이 말하기를

"약속은 생명처럼 지켜야 됩니다."

"아니, 다 큰 어른도 아니고 아이하고 한 약속 아닙니까?"

그때 안 선생님은

"어린아이에게 약속한 약속도 똑같은 약속의 효력이 있습니다."

그렇게 약속을 지키러 가셨다가 일경에게 체포되어 한국으로 압송되어서 감옥에 갇혀 결국 죽을 지경이 다 되어서 출옥한 다음 세상을 떠났습니다. 그는 생명으로 자기 약속을 지켰습니다.

비달이 쓴 「아브라함 링컨」이라는 소설책이 있습니다. 아브라함 링컨의 생애를 그처럼 잘 기록한 책이 없다고 합니다. 내용 중에 아브라함 링컨이 다른 사람들이 자기에게 한 말을 이렇게 냉소적으로 표현했다고 합니다. 링컨에게 사람들이 담배 한 대를 권합니다. 그러면 "나, 담배 필 줄 모릅니다." 식사하다가 술을 권합니다. "나, 술 마시지 않습니다." 그러면 대부분, 열이면 아홉 명은 이렇게 이야기한다고 합니다. "당신, 담배도 못 피우고 술도 못 먹고 거짓말도 안 하고 남에게 해 입히지도 않고 도대체 무슨 재미로 사오?" 이것이 그의 평생에 가장 많이 들었던 이야기라고 합니다. 그렇다면 그가 어떻게 술을 마시지 않을 수 있었는가? 그것은 사랑하는 어머니가 세상 떠날 때 어머니에게 평생 술을 먹지 않겠다고 서약했습니다. 그는 시골 무지렁이 나무꾼으로 있을 때부터 시작해서 우체국 직원을 거쳐서 우체국장을 하고 상원의원으로 지낼 때도 그리고 심지어 대통령으로 있을 때까지 자기 어머니와의 약속을 평생 동안 지켰습니다. 그래서 그분을 온 세상 사람들이 존경합니다.

이처럼 인격이라는 것은 소중합니다. 인격은 진실이 그 밑바탕이 되어야 합니다. 그 원천은 하나님이십니다. 하나님은 인격자이십니다. 하나님이 하신 말씀을 돌이킬 수 없다고 성경은 말합니다. 우리 하나님은 어제나 오늘이나 동일하신 하나님입니다. 하나님 입에서 한 번 그 말씀이 나가면 그 다음에는 돌이킬 수가 없습니다. 그 말은 반드시 시행됩니다. 하나님의 말씀은 인격일 뿐 아니라 능력이었기에 "빛이 있으라" 말하매 캄캄한 곳에서 그 능력 따라, 그의 인격의 신실한 약속 따라 빛이 생겼습니다. "물과 뭍이 나뉘지라"고 명령하니까 그처럼 출렁거리던 세상의 모든 물결이 뭍을 만들어 내고 말았습니다. 그분의 신실하신 약속의 명령을 따라서 지금도 온 세상이 든든히 서 있고 우주의 삼라만상이 부딪침 없이 운행하고 있습니다. 우리 하나님은 인격의 하나님이십니다. 우리가 하나님을 믿는다고 말할 때 그 인격을 믿는다는 말입니다. 인격을 믿는다는 다른 표현은 그의 말을 믿어준다는 것입니다.

그래서 우리가 갈라디아서 3장 1절부터 9절까지 읽으면 "십자가가 너희 앞에 밝히 보이는데 너희가 어떻게 십자가를 그렇게 쉽게 떠나느냐?" 한탄했던 사도 바울이 "듣고 믿음으로, 듣고 믿음으로, 듣고 믿음으로 너희가 구원을 받았다"고 반복해서 말하고 있습니다. 그리고 10절부터 14절까지 내용은 바로 율법이 지적하는 모든 죄, 그 저주가 예수께서 나무에 달려 십자가에 못박히심으로 그에게 옮겨졌고 우리가 그 죄의 형벌에서 자유롭다는 선언이었습니다. 이것이 우리 앞에 밝히 보인 십자가의 모습입니다.

불평등한 하나님의 약속

그런가 하면 오늘 읽은 이 성경 본문 15절부터 22절에서 우리 하나님께서 우리를 구원하신 것은 그의 분명한 약속 때문이라는 것을 강조하고 있습니다. 그 약속은 율법을 만들기 전 아브라함 때부터 시작되었다고 말합니다. 하나님께서 아브라함에게 약속하신 것은 네 가지 특성을 가졌습니다.

그 약속은 불평등한 약속입니다. 우리 한국말에도 약속이라는 말과 언약이라는 말이 다릅니다. 약속이 두 사람 사이에 평등하게 맺어진 것이라면, 언약은 불평등하게 맺어진 일방적인 약속이라는 뜻입니다. 성경이 말하는 약속은 불평등 약속입니다. 사실 한국과 미국이 국가적으로 한 약속은 불평등 조약입니다. 그래서 얼마 전까지만 해도 미국 사람이 한국 땅에서 범죄하고 한국 사람에게 못된 짓을 해도 치외법권이 있어서 처벌하지 못했습니다. 그뿐만 아니라 외국 사람이 남의 나라 땅을 사용할 때는 땅값을 지불하고 매입하든지 그렇지 않으면 월세나 연세를 내야 되는데 미국은 우리 땅을 사용하면서 월세나 연세를 내지 않고 사용하고 있습니다. 그것은 6.25전쟁 당시, 우리 나라가 화급할 때 아쉬워서 맺은 불평등 조약 때문입니다. 힘센 미국이 아쉬운 우리를 향해서 불평등 조약을 맺었는데 성경은 그렇지 않습니다. 아무 부족함 없으신 그분이 불평등한 조약을 스스로 맺어주십니다.

무조건적인 하나님의 약속

두 번째로 하나님께서 우리와 맺은 조약은 무조건적인 조약입니다. 항복할 때 조건부 항복이 있습니다. "당신이 이러이러한 법대로 해주면 당신에게 항복하겠다." 한편으로는 "그냥 내가 졌으니까 완전히 손들고 당신 자비만 바랍니다"하는 무조건적인 항복도 있습니다. 약속도 조건적인 약속이 있고 무조건적인 약속이 있습니다. 그런데 하나님께서 우리와 맺은 약속은 무조건적인 약속입니다. 아무 조건이 없습니다. 내게 그 약속을 받을 만한 자격이 없는데도 무조건적으로 약속했습니다.

일방적인 하나님의 약속

또 이 약속에는 쌍무적인 약속이 있는가 하면 일방적인 약속이 있습니다. 쌍무적으로 두 사람이 서로 합의하고, 붙잡을 것 붙잡고, 놓을 것 놓고, 깎을 것 깎고, 붙일 것 붙여서 평균되게 서로 깊이 의논해서 하는 약속이 있는가 하면 그냥 혼자 일방적으로 선언하는 약속이 있습니다. 그런데 하나님께서 우리에게 하신 약속은 일방적인 약속입니다. 그리고 만약 약속을 파기하면 약속을 범한 자가 그 약속의 위배에 해당되는 벌을 받습니다. 그런데 하나님께서 우리에게 그 약속 위배를 묻지 않고 그 모든 약속의 위배의 값을 스스로 그 몸에 당하셨습니다. 그 사건이 바로 십자가입니다.

이런 약속이 있을 수 있습니까? 있습니다. 어디에 그런 약속이 있습니까? 부모가 자식을 향해서 약속할 때 무조건적이고 일방적입니다. 저는 제 아들로부터 가장 좋은 우유를 먹여 달라는 부탁도 안 받았지만 태어난 후 가장 좋은 음식을 준비했습니다. 조건이 없습니다. 내 아들이 앞으로 멋지게 자랄 것을 기대하면서 공부시키지 않았습니다. 내 마음으로 약속합니다. '너희들이 공부 끝날 때까지는 무슨 수를 써서라도 뒷받침해 준다. 아빠가 남겨줄 유산은 없지만 아빠 책임으로 해야 될 것이 있는데 그것은 너희가 공부한다면 그 공부는 끝까지 뒷받침해 줄 것이다.' 이것이 제 두 아이에게 한 약속입니다. 그 아이들이 그렇게 해달라고 요청하지 않았습니다. 제가 그렇게 했습니다. 그리고 지금까지 그 약속을 신실하게 지키고 있습니다. 앞으로도 신실하게 지킬 생각입니다. 보니까 큰아이가 피아노 치기 싫어했는데도 엄마는 일방적으로 알밤을 먹여가면서 가르칩니다. 일방적인 약속입니다. 그런 약속이 하나님께서 우리에게 해주신 약속입니다.

아브라함에게 하신 하나님의 약속

하나님이 아브라함을 만나십니다. 아브라함과 교제하십니다. 아브라함에게 일방적입니다. 아브라함이 하나님을 몰랐을 때 하나님 편에서 찾아가십니다. 아브라함은 세상에 어떤 땅이 가장 좋은 땅인지 모르는데 하나님께서는 아브라함에게 놀라운 복을 약속하십니다. "내가 너로 복 주고 너로 복의 근원을 삼겠다." 그 하나님께서 아브라함을 축복하시던 어느 날, 아브라함은 다섯 연합군 왕을 밤에 기습해서 격파했습니다. 그 연합군은 어디서 내려온지 모를 적군 앞에서 우왕좌왕하다 수많은 군대가 서로 치고 받아 죽었습니다. 아브라함은 포로로 잡혀간 자기 조카 롯과 그리고 빼앗겼던 모든 물건을 찾아가지고 돌아왔습니다. 그런데 그 밤에 잠을 이룰 수가 없습니다. 다시 군대의 힘을 결집한 다섯 연합군의 왕이 자신을 치지 않을까 걱정이 됩니다. 이제까지는 원수 걱정 없이 살았는데 다섯 왕국과 원수를 맺었으니 앞으로 어떻게 살 것인가를 깊이 염려했을 것입니다. 창세기 15장에 아브라함이 잠을 못 이루고 애타고 있을 그때 하나님이 나타나십니다. 그리고 하나님께서 일방적으로 약속하십니다. "아브라함아, 내가 너의 방패다, 두려워 말라. 그리고 내가 너의 지극히 큰 상급이다." 하나님께서 아브라함에게 약속하셨습니다. 아브라함은 그 약속을 받고 이렇게 말합니다. "세상 사람들은 모든 상급 가운데 자식이라는 상급이 가장 큰 상급이라고 하는데 내게는 자식이 없습니다. 그러므로 다메섹의 엘리에셀이라는 조카를 데려다가 대신 양자 삼아서 하나님의 그 큰 상급을 실현할까요?"

하나님께서 말씀합니다. "아니다, 네 몸에서 날 자라야 된다. 그리고 네 후손을 통해서 내가 이 땅에 큰 복을 주리라." 그리고는 하나님께서 밤중에 저를 데리고 나갑니다. "네가 밤하늘의 별을 보아라. 네 후손이 이와 같을 것이다. 네 발 밑에 펼쳐질 모래를 보아라. 네 자손이 이와 같이 많을 것이다. 그리고 동서남북을 살펴 보아라. 그 넓은 땅을 보이는 대로 다 네게 주겠다." 그때 아브라함이 말합니다. "하나님, 이 땅을 내게 줄 징표는 무엇입니까?" 하나님께서 말씀하십니다. "지금, 제물을 준비해라." 제물을 준비했습니다. 3년 된 암소, 3년 된 암염소, 그리고 새와 비둘기를 잡아 놓았습니다. 암염소와 암소의 배를 갈라 놓았습니다.

이것이 중요한 의미일 것이라 생각은 했지만 1966년까지는 이것이 도대체 무엇을 의미하는지를 똑똑히 몰랐습니다. 불란서의 고고학자들이 큐리스라는 지역을 탐사하기 시작했습니다. 거기서 수메르(Sumer) 문명이라는 큰 문명 하나를 발견합니다. 이제까지는 모두 바빌로니아

문명인 줄 알았는데 바빌로니아 문명 이전에 수메르라는 큰 문명이 있었던 것을 발견합니다. 거기서 3천 여 장의 토판을 발견합니다. 그냥 흙으로 빚어서 상형문자를 찍어 놓고 초벌구이 했습니다. 그것이 지하에 오랫동안 묻혀 있다가 이제 그 모습을 드러낸 것입니다. 거기에 보니까 이런 이야기가 있습니다. 두 사람이 중요한 약속을 할 때는 제물을 잡습니다. 그리고 제물의 배를 가릅니다. 그리고는 두 사람이 마주 서서 손을 잡고 그 제물을 같이 지나갑니다. 만약에 이 약속이 깨지면 우리가 지나간 이 제물의 배 갈라짐처럼 죽어야 된다는, 참혹한 저주를 받겠다는 맹세의 의미로 지나갔습니다.

그런데 놀라운 사실은 그 밤에 하나님께서 아브라함과 맹세하시면서 아브라함을 반대편에 세우신 것이 아니라 하나님의 불기운이 제물 한가운데로 통과합니다. "내 생명을 걸고 내가 이 일을 이룰 것이다." 하나님께서 일방적으로 약속하시고 일방적으로 이루실 것을 선언한 것입니다.

사람의 구원은 바로 여기서 시작되었습니다. 아브라함에게 큰 복을 약속하십니다. 그 약속대로 하나님께서는 이집트에서 이스라엘을 큰 민족으로 만들어 내십니다. 그 큰 민족을 만들어 내서 광야 길을 갑니다. 그런데 가는 무리 중에는 이집트에서 교육을 받은 이들이 섞여 있었습니다. 이제까지 하나님과 아름다운 교제를 누렸던 이스라엘 백성들이 이 사람들과 지내면서 자꾸 못된 짓을 합니다. 그래서 하나님께서 전 회중을 모아 놓고 모세를 통해 말씀합니다. "내가 너희들이 지키고 살아야 될 율법을 만들겠는데 율법 제정함을 너희들이 승인하겠느냐?" 그러니까 모두 일어나서 "하나님이시여, 여호와 하나님이시여, 당신이 우리에게 그 율법을 주시면 우리가 성실히 지키겠습니다"하며 서약합니다. 그 다음에 하나님께서 율법을 주십니다. 그러나 그 율법이 아브라함을 통해 우리를 사랑하시며 축복하겠다고 하신 언약을 우선하지는 않는다고 성경은 말합니다. 이 말이 바로 15절에 기록되어 있습니다. "형제들아 사람의 예대로 말하노니 사람의 언약이라도 정한 후에는 아무나 폐하거나 더하거나 하지 못하느니라." 이 언약이라는 말을 쓸 당시에는 유언이라는 말을 썼습니다. 모든 약속 가운데 변개가 안 되는 약속이 있습니다. 그것은 유언입니다. 다음에 덧붙여서 훼손시킬 수 없다는 말입니다. 그리고 하나님께서 아브라함에게 하신 그 구원의 약속을 그의 후손을 통해서 완성하겠다고 말씀했습니다. 이것이 16절 말씀입니다. "이 약속들은 아브라함과 그 자손에게 말씀하신 것인데 여럿을 가리켜 그 자손들이라 하지 아니하시고 오직 하나를 가리켜 네 자손이라 하셨으니 곧 그리스도라." 연약한 인생을 위해서 하나님께서 최소한의 계명을 주셨습니다.

우리가 자식들을 그처럼 일방적으로 사랑해서 약속합니다. 그랬다가도 자식들이 너무 잘못하면 이런 약속을 합니다. "너 10시 이후에 집에 들어오면 안 된다. 만약 10시 이후에 들어오면 10분마다 매 한 대야. 50분 늦으면 매 크게 다섯 대 맞아." 또 아이들은 가만 놔두면 TV를 '동해물과 백두산이…' 부터 시작해서 '동해물과 백두산이 마르고 닳도록…' 까지 봅니다. 그러니까 아이에게 계율을 줍니다. 모든 것을 다 주고 싶어하는 사랑의 아빠는 "네가 정해라. 네가 원하는 한 시간만 약속해서 봐." 이런 계율을 줍니다. 이것이 바로 우리에게 준 시내 산의 율법입니다. 하나님과 인격적으로 만나고 그 약속의 말씀을 신뢰함으로 살아야 될 인생이 그 말씀을 바로 순종하지 못하자 하나님께서는 최소한의 계율을 주었다는 말입니다. 그렇지만 하나님이 일방적으로 맺은 구원의 약속이 무너지는 것은 아니라는 말입니다. 부모가 자식에게 계율 몇 개를 주었지만 그 계율을 지켰기 때문에 사랑하고, 계속 좋은 것을 준다는 뜻은 아닙니다. 못 지킬 때도 있습니다. 그러나 무엇보다 중요한 것은 아빠, 엄마의 끊임없는 사랑, 중단할 수 없는 사랑입니다. 자식이 잘못될 때, 자식이 어려울 때 부모들은 중단할 수 없는 사랑의 쏟아짐을 경험합니다. 잠시 몇 가지 준 계율을 지키는 것으로 구원받은 것이 아니라는 말입니다. 하나님의 일방적인 약속이라고, 아브라함 때도 그랬다는 말이 18절에 기록됩니다. "만일 그 유업이 율법에서 난 것이면 약속에서 난 것이 아니리라 그러나 하나님이 약속으로 말미암아 아브라함에게 은혜로 주신 것이라." 그러면서 "율법이 범법함을 인하여 더한 것이라. 천사를 통해서 중보자를 세워서 그 율법을 시내산에서 받은 것이다. 그 율법은 하나님께서 약속하신 모든 약속의 마침인 예수 그리스도가 올 때까지 있을 것이다"라고 말씀합니다. 그리스도는 하나님의 약속의 완성이십니다.

약속의 의미

한 젊은 청년이 있었습니다. 이 청년은 몸이 약해서 한 외딴 섬으로 요양을 갔습니다. 그는 자기 몸을 돌보다가 해변에서 늘 맑고 깨끗한 소녀를 마주치곤 했습니다. 그 동네 사람들은 거짓말하고 서로 속이기를 잘했습니다. 그런 곳에서 한 떨기 백합화처럼 세속에 물들지 않은 깨끗한 소녀를 만난 것입니다. 드디어 그 소녀를 사랑하게 되었습니다. 그런데 그 청년이 이 소녀하고 결혼하고 싶은데 부모님의 승낙을 받아야 됩니다.

이 청년이 몸이 건강해졌기 때문에 그 섬을 떠나야 되는데, 떠나기 전에 이 소녀에게 '약속'이라는 것이 무엇인지를 가르칩니다. 둘이 게임을 합니다. 그리고 진 사람이 10대 맞기로 합니다. 그 처녀가 지면 어김없이 그 팔뚝에 새빨간 손자국이 나도록 힘껏 때립니다. 8대만 때리고 2개 감해 달라고 아무리 애걸해도 소용없습니다. 꼭 10대를 때립니다. 또 자기가 맞을 때도 꼭 맞습니다. 괜찮다고, 감해 주겠다고 해도 막무가내로 10대를 때리게 했습니다. 어떤 때는 게임에서 지면 절벽에 올라가서 절벽에 피어 있는 꽃 한 송이를 소녀 머리에 꽂아 준다고 약속하고 게임에 집니다. 올라갑니다. 처음에 이 소녀는 그냥 쉽게 생각했다가 올라가면서 그 청년의 팔꿈치가 상하는 모습, 피 흘리는 모습을 보고 "나, 그 꽃 갖기 싫다"고 내려오라고 합니다. 그래도 그 청년은 기어코 올라가서 그 꽃을 따다가 머리에 꽂아 줍니다. 초겨울입니다. 내가 이 게임에 지면 바닷물 속에 들어가서 1시간을 있겠다고 합니다. 아마 여름부터 훈련했겠지요. 초겨울까지 왔습니다. 여름에야 30분 있을 수 있지만 초겨울에는 힘듭니다. 그런데 그 날은 이 게임에 지면 1시간 동안 바닷 속에 들어가 있겠다고 약속을 했습니다. 이 남자가 졌습니다. 일부러 졌습니다. 그리고는 한 시간 동안 그 물 속에서 덜덜 떱니다. 물 밖에 있는 소녀는 괜찮으니까 나오라고 애걸합니다. 그래도 그 시간을 다 채우고 나와서 기절까지 합니다. 약속은 반드시 지키는 것이라는 것을 훈련시켰습니다. 그리고 이 청년은 그 섬을 떠나면서 약속합니다. "내가 반드시 우리 부모님의 허락을 받고 너를 데리러 오겠다."

다음 주부터 그 소녀는 선창가에 나가서 배가 오기를 목을 빼고 기다립니다. 사람들은 "섬 사람이 나가면 돌아오는 것 봤냐? 그런데 육지 사람이 들어와서 여기 다시 기어 들어올 것 같냐? 믿지 말아라. 너 속이려고 그런 거야." 빈정댑니다. 그러나 이 소녀는 "아니다. 그 사람은 약속은 철저히 지킨다"고 고집을 피우면서 계속 나와 있습니다. 나중에는 사람들이 돌았다고 거들떠 보지도 않습니다. 이제 2년, 3년, 4년이 흐릅니다. 소녀는 성숙한 처녀가 되고 노처녀가 될 나이에 이르렀습니다. 이 처녀가 거기에 나와 있는 것이 사람들에게 아무런 관심거리도 되지 못할 그 어느 날 배 한 척이 도착했습니다. 여느때처럼 이 처녀는 계속 선창가에서 기다립니다. 사람들이 모두 내렸습니다. 그때도 자기가 사랑하는 사람이 오지 않은 것 같아서 돌아서려고 하는데 저 뒤에서 사람 목 하나가 보입니다. 보니까 양쪽에 큰 짐 두 개를 붙잡고 끙끙거리면서 오는데 자기가 사랑하는 그 사람입니다. 이 청년은 자기 아버지에게 결혼 상대자를 발견했다고 말했습니다. 대개 '내 자식은 잘났고 남의 자식은 못났다는 것' 이 모든 부모들의 대법칙입니다. 그래서 부모님이 찾아준 짝이 아니면 반드시 반대하도록 되어 있습니다.

"그 처녀, 가문이 어떠냐?"고 물으니,

"뱃사람입니다."

"그거, 말도 꺼내지 말아라. 공부는 어디까지 했는데?"

"그 섬에는 학교가 없습니다."

얼마나 기가 막히겠어요. 자식들이 무엇으로 버티는가 하니 시간으로 버팁니다. 결국 이제는 다른 데 마음 둘 수 없다는 판단이 서서 부모님이 항복했습니다. 그래서 가라고 해서 지금 이 총각은 부모님이 마련한 그 많은 혼수감을 가지고 배에서 낑낑거리며 내려오는 것이었습니다. 이 여인은 사랑하는 그 남자를 향해 힘껏 달려가 그 품속에 안겼다는 이야기입니다.

역사를 통해 신실하게 지켜진 하나님의 약속

그런데 그런 일이 성경에 있습니다. 하나님께서는 일방적으로 사랑하십니다. 약속하시고 그 약속을 이루시고 이 약속이 얼마나 신실한가를 보이기 위해서 나이가 100세 되고 이미 기능이 끝나버린 이 늙은 두 사람을 향해서 자식을 주겠다고 말씀합니다. 사람으로는 할 수 없는 일입니다. 전능하신 하나님께서 진실한 약속을 행사하셨습니다. "봐라.

나는 약속하면 불가능한 가운데도 지키는 하나님이다." 이것이 아브라함의 생애입니다. 그런가 하면 그 약속대로 자녀들이 이집트에서 많아져서 종 노릇 하고 있습니다. 사실 역사상 노예가 노예의 사슬을 스스로 푼 예는 단 한 번도 없습니다. 모든 노예 반란은 실패로 끝났습니다. 그런데 단 하나의 예외가 있습니다. 문명의 4대 발상지 중의 하나인 이집트에서 이스라엘 민족이 그 사슬을 풀어 버렸습니다. 할 수 없는 일이었습니다. 어떻게 가능했습니까? 전능하신 하나님께서는 10가지 재앙을 내리고 바다를 역사상 한 번도 보지 못했던 신작로로 만들어 주심으로 하나님의 약속의 신실하심을 보여 주셨습니다. 일방적으로 하나님이 하셨습니다. 될 수 없는 일을 또 하나님이 하셨습니다. 베들레헴의 어린 소년에게 말씀하시기를 "내가 너로 왕을 삼을게." 그때는 이미 사울이라는 왕이 있었습니다. 그 왕에게 쫓겨서 죽을 고비를 얼마나 많이 겪었는지 모릅니다. 안 될 것 같던 어느 날 하나님의 정한 때 이 어린 소년을 유대의 통일 이스라엘 왕국의 왕으로 삼아 주십니다. 하나님은 약속하시고 이루시고, 약속하시고 이루시고,… 그러면서 가장 큰 약속으로 "내가 메시아 예수 그리스도를 보낸다. 너희 죄에서 구원할 메시아를 보낸다"고 하십니다. 이것이 가장 큰 약속입니다. 마지막 약속입니다. 그리고 그 메시아는 십자가에서 자기 몸을 드려서 모든 인류의 죄를 대속했습니다. 우리 하나님, 약속대로 예수를 보내셨고 약속대로 십자가에 못박으셨습니다. 하나님의 모든 약속의 결론입니다. 그리고 그 구원은 하나님께서 보내신 예수 그리스도의 구속을 믿을 때 내 것이 됩니다. 구원은 그렇기 때문에 십자가입니다. 그것 외에는 없습니다. 이 놀라운 하나님의 약속은 아브라함에게 임했고 예수 그리스도에게서 완성되었습니다. 율법은 이 약속을 피할 수가 없습니다. 율법은 범법자들에게 잠시 동안만 줬던 것입니다. 이 율법은 하나님의 약속을 거스릴 수 없다고 말합니다. 그 예수 그리스도 안에서 구원의 노래를 부릅니다. 그렇기 때문에 믿는 자는 한마디 할 뿐입니다. "감사합니다." 내가 뭘 한 것이 있으면 폼 낼 수 있을 텐데 내가 한 것이 없거든요. 폼 잡을 수가 없습니다. 자랑할 수가 없습니다. 그냥 그분이 일방적으로 주신 선물을 받으면서 감사합니다. 이것이 믿음입니다.

미국 땅에서 처음 감사절을 맞이했던 청교도들은 그들의 많은 수확 때문에 감사하지 않았습니다. 넓은 땅 가진 것 때문에 감사하지 않았습니다. 건강해졌던 것 때문에 감사하지 않았습니다. 인디언들에게 옥수수 얻어서 열심히 심었는데 기껏해야 3개월 먹을 식량을 가지고 있을 뿐이었습니다. 102명이 갔는데 반 이상이 죽었습니다. 그들은 이 뉴잉글랜드 지방의 조그마한 땅만 가졌을 뿐입니다. 그 외에는 모두 인디언 땅이었습니다. 그렇지만 그들은 감사했습니다. '하나님의 일방적인 약속으로 우리를 구원해 주셨다. 그 하나님은 반드시 복 주신다. 그 하나님은 어느 때나 사랑이시다' 며 그들은 감사했습니다. 오늘날 추수감사절의 감사는 추수 때문이 아니라 놀라운 하나님의 복의 약속을 우리 생애에 이루어주신 예수 그리스도 때문에 감사해야 됩니다. 우리의 시선은 예수 그리스도입니다. 그때에만 우리의 감사는 마르지 않습니다. 십자가에 달리시고 밝히 보이신 예수 그리스도, 하나님의 약속의 완결이었습니다. 사도 바울은 십자가를 바라보라고 말합니다. 놀라운 구원의 역사, 주께서 거저 주시는 은혜를 감사해야 됩니다. 율법이 아니라 은혜입니다. 일방적인 사랑, 은혜입니다. 내가 나를 사랑하기를 포기할 때도 그분은 일방적으로 나를 사랑하십니다. 내가 내게 싫증날 때도, 나를 향해 절망할 때도 그분은 나를 향해 소망을 두시고 기대하시면서 사랑하십니다. 믿습니까? 이 하나님을 찬양하십시다. 그 하나님의 신실한 약속의 실현은 십자가에서 이미 이루어졌습니다. 더 이상 증거가 필요 없습니다.

"자기 아들을 아끼지 아니하시고 우리 모든 사람을 위하여 내어 주신 이가 어찌 그 아들과 함께 모든 것을 우리에게 은사로 주지 아니하시겠느뇨"(롬 8:32)?

8. 율법의 요구와
   그 완성자 예수 그리스도

갈라디아서 3:23-29

믿음이 오기 전에 우리가 율법 아래 매인 바 되고 계시될 믿음의 때까지 갇혔느니라 이같이 율법이 우리를 그리스도에게로 인도하는 몽학선생이 되어 우리로 하여금 믿음으로 말미암아 의롭다 함을 얻게 하려 함이니라 믿음이 온 후로는 우리가 몽학선생 아래 있지 아니하도다 너희가 다 믿음으로 말미암아 그리스도 예수 안에서 하나님의 아들이 되었으니 누구든지 그리스도와 합하여 세례를 받은 자는 그리스도로 옷 입었느니라 너희는 유대인이나 헬라인이나 종이나 자주자나 남자나 여자 없이 다 그리스도 예수 안에서 하나이니라 너희가 그리스도께 속한 자면 곧 아브라함의 자손이요 약속대로 유업을 이을 자니라

비슷하지만 전혀 다른 것들이 우리 주변에 많습니다. 뱀과 뱀장어는 비슷합니다. 그러나 하나는 파충류이고 다른 하나는 물고기입니다. 고래와 상어는 비슷합니다. 그렇지만 하나는 포유류이고 하나는 물고기입니다. 같이 하늘을 날지만 참새와 박쥐는 다릅니다. 하나는 조류이고 하나는 동물입니다. 종교와 기독교는 비슷합니다. 그렇지만 본질적으로 전혀 다른 부분들이 많습니다. 율법은 종교적입니다. 그래서 우리가 붙잡은 이 복음과 근본적으로 다른 부분들이 있습니다. 율법은 인생을 향하신 하나님의 최저 요구를 담은 문서입니다. 그래서 율법은 하나님 앞에서 우리 자신이 얼마나 잘못되었는가를 보게 만듭니다. 이 율법은 우리로 하여금 소망 없음을 알게 할 뿐 아니라 그 소망의 진정한 대상이신 그리스도를 바라보게 합니다.

율법 아래 매인 바 되고

오늘 이 성경본문은 율법을 두 가지로 비유하고 있습니다. 첫째로 감옥에 비유하고 있습니다. 23절에 "믿음이 오기 전에 우리가 율법 아래 매인 바 되고 계시될 믿음의 때까지 갇혔느니라." 믿음이 오기 전에 율법은 우리를 가두어 놓았다고 말합니다. 이 '매였다'는 말은 우리를 지킨다는 뜻입니다. 외부의 적으로부터 지킬 뿐 아니라 또한 성 안에 있는 사람들이 밖으로 나가지 못하도록 지키는 것입니다. 그리고 우리를 지키는 것으로 끝나지 않고 가두어 놓았다고 말하고 있습니다. 우리의 잘못을 깨닫게 하고 그 잘못의 형벌이 아직도 끝나지 않은 상태를 우리에게 보여 주고 있습니다. 율법은 인생의 잘못을 깨닫게 만드는 기능을 가졌습니다.

율법이 그리스도에게로 인도하는 몽학선생이 되어

그런데 또 다른 두 번째 비유로 율법의 기능을 몽학선생이라고 말합니다. 하나는 잘못된 것을 깨닫게 하는 데 있다는 뜻을, 또 하나는 아직 어리기 때문에 장성할 때까지 훈육을 시킨다는 뜻을 담고 있습니다. 24절에 이렇게 기록되어 있습니다. "이 같이 율법이 우리를 그리스도에게로 인도하는 몽학선생이 되어 우리로 하여금 믿음으로 말미암아 의롭다 함을 얻게 하려 함이니라."

몽학선생이라는 말은 한국 개념입니다. 옛날 양반 집에서는 자녀들을 어릴 때부터 서당에 보내서 공부시켰습니다. 그런데 양반 집 자녀들은 서당 가면서 다른 아이들이 자치기하고 제기 차고 즐겁게 뛰노는 모습이 그렇게 부러웠습니다. '다른 아이들은 이처럼 즐겁게 노는데 나만 의미도 없는 한자를 외워야 되는가? 하늘 天, 땅 地, 가물 玄, 누루 黃….' 그리고 매를 맞으면서 배우는 것이 싫었습니다. 아이들은 자연히 그대로 놔두면 동네 아이들과 함께 공부하지 않고 도망 다녔습니다. 그래서 지체 높은 가문에서는 똑똑하고 영리한 하인을 꼭 그 서당까지 함께 가도록 했습니다. 자녀에게는 "너를 서당까지 데려가는 이분도 너의 스승이다"라고 부모가 가르쳐 줍니다. 그리고는 서당 가는 문제에 있어 서만은 마음껏 꾸중하고 훈계하고 때릴 수 있는 권한을 주었습니다. 어릴 때에는 아이를 업어서 서당까지 갔습니다. 나중에는 손잡고 갔는데 아이가 서당에 가지 않을 때는 마음껏 때려도 되는 권한이 있었습니다. 이 선생은 공부를 가르치는 선생이 아니라 서당까지 가게 만드는 선생입니다.

서양에서는 같은 개념으로 튜터(Tutor)가 있었습니다. 로마시대에는 부권(父權)이 얼마나 강했던지 심지어 22살 된 자녀를 때리다가 그 자녀가 죽어도 국법에 걸리지 않았습니다. 자기 자녀인 경우에는 아이가 아버지에게 맞아 죽어도 당연하게 생각했습니다. 엄격했습니다. 군국주의 나라였습니다. 좋은 무사를 만들고 전사를 키우는 것이 로마 자녀들을 키우는 큰 목적이었습니다. 그랬기 때문에 좋은 군사로 키우기 위해서 어렸을 때부터 갖은 훈련을 다 시켰는데 어릴 때 가르쳤던 선생이 영어로는 tutor입니다. 이들에게 신분은 하인이었지만 자녀들을 마음대로 때리고 훈련시킬 권한을 주었습니다. 아이들이 한 시간 이상 달릴 수 있도록 훈련시키려면 얼마나 힘들었겠습니까? 이 튜터는 추운 겨울에 아이들의 옷을 벗긴 채 한나절을 활동시키도록 하기 위해 매를 들었습니다. 그래서 이 성경이 말하는 튜터를 그림으로 그린 것을 보면 언제나 손에 매를 들고 있습니다. 그 사람은 바로 몽학선생이라는 튜터였습니다. 아이들을 일정기간 엄격하게 훈련시켰습니다.

현재로서 가장 쉬운 개념으로 말한다면 군대의 조교와 비슷합니다. 조교들이 육군 사관학교 입학한 학생들을 열심히 훈련시킵니다. 그리고 마지막에 모든 훈련을 끝낸 다음 임관할 때에는 자기의 상전으로 인정하는 거수 경례를 함으로 끝냅니다. 그 훈련시키는 역할이 율법의 직무였습니다. 율법은 우리로 하여금 잘못된 길로 가지 않도록 하는 하나님의 최저 요구였습니다. 율법은 우리로 하여금 절망하게 만들고 예수 그리스도를 향해 나가도록 훈련시키는 교사였다는 말입니다.

믿음으로 말미암아 하나님의 아들이 되었으니

믿음이 오기 전에 이 율법은 우리를 주장했습니다. 그렇지만 믿음이 온 후는 어떻게 되었습니까? 우리를 때리고 고통 주었던 이 몽학선생 아래 있지 않다고 말합니다. 그리고 그 다음, 하나님의 약속을 믿는 믿음으로 말미암아 그리스도 안에서 하나님의 자녀가 되었다고 말합니다. 새로운 신분입니다. 그 자녀는 보통 자녀가 아닙니다. "누구든지 그리스도와 합하여 세례를 받은 자는 그리스도로 옷 입었느니라."

내적으로는 예수 그리스도를 개인의 구세주와 주님으로 영접합니다. 그때 우리 주님께서 내가 받을 그 저주의 모든 요구를 완성하셨습니다. 그 율법의 모든 요구가 그리스도 안에서 이루어진 것을 믿는 믿음으로 하나님의 자녀가 됩니다. 그런데 자녀가 될 때 그리스도로 옷 입었다고 합니다. 무슨 말입니까? 당시에는 성년이 될 때, 22살 된 생일날에 아이에게 어른이 입는 로마 시대의 정복(正服)을 입혔습니다. 이 정복은 몸 전체를 천 하나로 다 두를 수 있는 옷입니다. 이 옷은 천 하나로 잘 묶어야 되기 때문에 점잖게 있어야 됩니다. 까불고 장난치다가는 옷이 한 줄로 모두 벗겨집니다. 그러므로 그때부터는 천천히 품위를 잡아야 되고 다른 사람들도 그를 인격적으로 대우하게 되었습니다. 복음 안에서 우리가 하나님의 아들이 되었다는 것은 아직도 매를 든 교사가 필요한 어린아이가 아니라 하나님과 얼굴로 얼굴을 마주보면서 인격적인 대화를 할 수 있는 신분이 되었다는 의미인 것입니다. 하나님의 자녀 됨, 이것은 기독교인의 영광입니다. 하나님 안에서 우리가 축복을 누렸다, 은사를 받는다, 하나님의 놀라운 은총을 누린다, 영원한 유업을 받는다. 이 모든 것은 그 다음입니다. 하나님의 자녀 되었으면 그 안에 모두 감추인 비밀로 안겨집니다.

하나님의 자녀가 된다는 사실이 제 생애에 있어서는 놀라운 충격이었고 감격이었습니다. 저는 예수 믿는 집안에서 태어났기 때문에 어렸을 때, 하루에 두 차례 예배 드렸습니다. 아침에 일어나자마자, 저녁에 자기 전에 가정 예배를 드렸고 주일날에는 못을 박지 못합니다. 왜냐하면 그것은 목수의 일이기 때문에 안 되었습니다. 주일날 단추가 떨어져도 길쌈 일이었기 때문에 단추를 달지 않았습니다. 그런 분위기의 가정에서 자랐습니다. 모든 것이 고통스러웠습니다. 의미도 모르는 채, 유일하게 노는 주일날 다른 아이들과 함께 원없이 뛰놀지도 못하고 교회 가서 아침부터 저녁까지 있어야 되었습니다. 귀찮았습니다. 믿음이 오기 전에 이 모든 것이 나를 아프게 했고 내가 얼마나 미성숙한 인격인가를 보여주는 것들이었습니다. 그러다가 1965년 예수 그리스도를 개인의 구세주와 주님으로 영접하고 나니 내게 주신 그 풍요함을 알게 됩니다. 하나님의 자녀 된 자유 속에서 모든 얽매였던 것이 끊기고 자발적으로 하나님을 사랑하고 헌신하는 삶으로 바뀌어집니다. 과거에 성경은 의미 없는 글이었는데, 이제는 하나님께서 사랑하고 나를 돌보고 나에게 은혜를 베푼다는 축복으로 가득 찬 책으로 바뀌어졌습니다. 얼마나 큰 감격이었는지 모릅니다.

지금 서울 신대 교수로 있는 제 친구 하나가 예수님을 처음 믿었을 때의 이야기입니다. 그 친구가 예수 그리스도를 개인의 구세주와 주님으로 영접할 때 전도했던 친구가 마지막 대목에서 요한복음 1장 12절 말씀을 들이대면서 "너, 예수 그리스도를 개인의 구세주와 주님으로 믿는다고 그랬다. 그러면 이 글을 읽어봐라. 영접하는 자, 곧 그 이름을 믿는 자들에게는 하나님의 자녀가 되는 권세를 주셨다고 말했다. 그러면 너는 뭐냐?" 그러니까 "나야… 이 성경구절에 의하면 하나님의 자녀지, 영접하는 자, 곧 그 이름을 믿는 자들에게는 하나님의 자녀가 되는 권세를 주셨으니…." 그리고는 2주일 동안 그 친구가 '하나님 아버지' 라는 생각 때문에 얼마나 즐겁게 지냈는지 몰랐습니다. 그랬는데 마음속에 갑자기 "헛소리 마. 너같이 매일 거짓말하고 못된 놈이 무슨 하나님의 자녀야?" 하는 음성이 들리며 불안해졌습니다. 그래서 학교에서 공부하다가 그냥 뛰어나가서 집으로 갔습니다. 집에 가서 자기 친구가 예수님 영접할 때 줬던 성경을 찾아 줄 쳐 놓은 곳을 읽었습니다. 요한복음 1장 12절입니다. "내가 실수하고 잘못했지만 성경은 내가 하나님의 자녀라고 그런다. 우리 아버지께 잘못한 것을 내가 회개한다. 아버지, 내가 이 일 잘못했습니다. 하나님의 자녀인 것을 망각했습니다." 그리고 또 안심을 했답니다. 한 달이 지났는데 종로에서 무슨 일 하다가 생각하니까 자기가 하나님 자녀 같지 않은 것입니다. 그래서 종로에서 전철을 타고 안암동 자기 집까지 급히 갔습니다. 가서 또 한 달 동안 안 보던 성경책을 찾아서 요한복음 1장 12절을 봅니다. 이 구절을 보니까 '나 홍성철이가 하나님의 자녀다.' 그렇게 한 열 번쯤 하니까 귀찮아졌습니다. 방법이 없나 생각하다 성경책 찾아보지 말고 아예 외워버리자 싶어 외웠습니다. 그 다음부터는 '네가 무슨 하나님의 자녀야?' 하는 마음의 소리들, 자기 삶의 느낌들 앞에서 "웃기는 소리 마. 요한복음 1장 12절에 '영접하는 자, 곧 그 이름을 믿는 자들에게는 하나님의 자녀가 되는 권세를 주셨으니 이것은 혈통으로 되는 것이 아니고 육정으로 되는 것도 아니고 사람의 뜻으로 된 것도 아니다. 하나님의 뜻으로 그때 나를 낳아주셨다' 아멘." 그 다음부터는 자기 속에 외워진 말씀을 가지고 사탄의 유혹을 이겼다는 간증을 했습니다.

  주께서 하신 그 약속의 말씀을 믿습니다. 믿을 때 내가 하나님의 자녀인 것을 확신하게 됩니다. 하나님의 자녀이면서 하나님의 자녀라는 확신을 갖지 못하는 경우가 참 많습니다. 우리를 구속하신 우리 주 예수 그리스도의 은혜는 나를 하나님의 자녀로 삼으시되 감옥의 간수나 잘못할 때마다 꾸중하는 몽학선생으로 만나는 하나님이 아닙니다. 내 얼굴로 얼굴을 맞대는, 인격적인 아바 아버지로 만나는 놀라운 은총입니다. 만약 하나님이 내 아버지라는 믿음만 가진다면 생애 엄청난 변화가 올 것입니다. 그 안에서 나는 모든 것을 갖습니다. 그 안에서 나는 능치 못할 일이 없습니다. 그 안에서 하나님의 각종 귀한 것이 내 것인 것을 믿으십니까? 우리가 자녀를 향해서 무엇을 아낍니까? 주고 또 주고 또 주어도 아깝지 않은 자녀 아닙니까? 하나님께서 나를 그렇게 만나주셨다고 성경은 말하고 있습니다. 하나님을 향해서는 아버지라고 부릅니다.

유대인이나 헬라인이나

그 다음에 우리들은 이런 새 모습을 갖게 됩니다. 우리에게 민족적인 차별이 없는 형제, 자매를 만납니다. "너희는 유대인이나 헬라인이나…" 이제까지 종족이 다를 때 우리들은 적대시했습니다. 그래서 서양 사람들은 양코배기이고 중국 사람들은 되놈이고 일본 사람은 쪽발이라고 했습니다. 사실 생각해 보면 우리도 잘난 것 없으면서 다른 민족을 멸시하는 재미로 살았던 것 같습니다. 그런데 그 차별이 예수 안에서 무너졌습니다.

1999년 12월 28일에 터키에서 한국 교회가 지어준 간이 주택의 1차 입주식이 있었습니다. 한국 교회가 지진이 난 터키에 간이 주택 100채를 지어주기로 결정하고 열심히 모금했습니다. 터키에는 우리 개신교도들이 한 600명 됩니다. 그 중에 쿠르드 족들 또 외지인들을 합해서 한 400명은 터키인이 아니라고 합니다. 그러니까 터키인 중에서 예수 믿는 사람은 100명이나 200명 정도 될까요? 그것밖에 안 됩니다. 그런데 이제까지 모슬렘 정권인 터키 당국이 그 몇 명 안 되는 터키 그리스도인들을 몹시 핍박했습니다. 그런데 이번에 터키 지진 복구 사업에 참석한 사람들 중 85%가 개신교도들이었습니다. 그러니까 터키 정부에서 이 600명밖에 안 되는 개신교도들을 처음으로 상대해 주면서 "너희들 참 수고했다, 그리고 앞으로도 우리 나라 재건에 많은 도움을 주도록 노력해달라"고 했답니다. 처음으로 단체를 인정했습니다. 그래서 우리 한국의 선교사들이 터키에 130명 정도 나가 있는데 그분들에게 도움을 요청했다고 합니다. 어떻게 하다 보니까 제가 책임을 맡아서 모금을 하는

데 돈이 좀 많이 모아지기 시작했습니다. 돈을 주면 문제가 생길 것 같아 걱정되었습니다. 돈이 있으면 힘이 실립니다. 힘이 실리면 사람들 마음이 갈라집니다. 우리 6.25 때도 구호물자 때문에 우리 한국 교회가 마음이 얼마나 갈라져서 싸웠는지 모릅니다. 또 옷을 보냈더니 현지까지는 1/3밖에 도착 안 했더라구요. 그래서 저희들이 도와주면서 투명하게 도와주자 싶어 간이 주택을 짓기로 결정했습니다. 그래서 100채를 지으면 좋은 마을이 하나가 탄생됩니다. 아직 다 완공이 안 되었었는데 비가 오고 날씨가 추워지니까 노지에서 자던 사람들, 천막 치고 있던 사람들이 견디지 못하기에 할 수만 있으면 입주식을 빨리 해달라고 터키 당국에 졸라서 터키 정부에서 50채 지으면 입주식을 하자는 요청이 왔습니다. 그러면서 그때 터키의 모든 TV가 입주식을 중계하겠고 정부 관계자들도 직접 나와서 인도 인수식에 참관하겠다고 한답니다. 그 600명의 그리스도인들 대표가 간절하게 부탁했습니다. 터키 개신교가 처음으로 터키 역사에 얼굴을 드러내는 날이니 한국에서 한 사람이라도 더 와달라고요. 다른 사람들한테 전화하니까 아무도 못 간다고 합니다. 한해의 마지막 주간이고 또 Y2K가 1월 1일에 걸리기 때문에 걱정을 합니다. 송구영신 예배 때까지는 돌아와야 하기에 어렵게 시간표를 짰습니다. 내 사랑하는 형제에게 도움이 된다니까 가지 않을 수가 없었습니다. 그리스도 안에서 형제입니다. 그리스도 안에서 민족적인 담이 무너졌습니다.

터키의 어려움을 호소할 때는 형제라고 생각하며 마음으로 고개를 끄덕거렸습니다. 그렇다면 옆에 있는 분들은 형제 아닙니까? 한 교회 다니면서 남남처럼 다니는 예가 많습니다. 교회 오는 유일한 목적은 집에 빨리 가기 위해서인 듯 예배만 끝나면 집으로 가기가 바쁩니다. 교제가 없습니다. 그리스도 안에서 우리 주님께서 우리에게 차별이 없도록 해주셨는데도 우리는 담을 쌓고 삽니다. 민족적인 담이 무너졌습니다.

종이나 자주자나 남자나 여자 없이

두 번째로 신분의 차별이 무너졌습니다. "종이나 자유자나…" 이것은 옛날 이야기가 아닙니다. 지금도 신분의 차이가 대한민국에 엄연히 존재합니다. 대한민국의 재벌들이 누구하고 결혼했는가 보면 자기네들끼리만 결혼합니다. 그래서 최근에 재벌들이 개혁의 대상이 되어 어려움 당하는 것을 다 통쾌하게 생각합니다. 그것뿐입니까? 교육이 우리를 차별시켜 놓습니다. 고등교육 받은 사람과 그렇지 못한 사람과의 차별이 있습니다. 성의 차별이 있습니다. 지역간의 차별이 있습니다. 그런데 예수 그리스도께서는 이 모든 차별을 무너뜨리셨습니다. 누구든지 사랑으로 만납니다. 하나님의 사랑이 우리 속에 풍성히 임할 때 그 사랑은 종족을 넘어섭니다. 그 종족은 신분을 넘어섭니다. 그리고 그 사랑은 성별을 넘어섭니다. 소크라테스는 이렇게 말했습니다. "여자에게 말하지 말라. 여자는 생각이 없는 존재들이다." 소크라테스는 자기 자신만 알았지 다른 것은 몰랐던 것 같습니다. 쇼펜 하우어는 "여성에게는 영혼이 없다"고까지 헛소리를 했습니다. 이런 차별들과 편견들이 오랫동안 있어 왔습니다. 사실 지금도 아프리카에 가면 여성들이 소 15마리에 팔립니다. 물건으로 취급되어집니다. 가축보다 조금 더 나을 뿐입니다. 복음이 들어오기 전의 세계나 지금의 아프리카에서는 여성을 아이 낳아주는 도구로만 생각했습니다. 그런데 예수 그리스도 안에서 이 모든 차별이 무너졌습니다. 그래서 우리가 하나님의 자녀로 엄청나게 많은 형제, 자매들을 갖는 은총을 누리게 되었습니다. 과거에는 속여야 되고 속임 당하지 않기 위해서 눈을 크게 뜨고 볼 대상이었는데 예수 안에서 사랑해야 될 대상으로 바뀌어졌습니다.

아브라함의 자손이요 약속대로 유업을 이을 자니라

그리고 우리에게 새로운 족보를 주셨습니다. 그것은 29절에 "너희가 그리스도께 속한 자면 곧 아브라함의 자손이요 약속대로 유업을 이을 자니라" 하나님께서 아브라함에게 일방적으로 찾아오셨습니다. 일방적으로 찾아오셔서 일방적으로 약속하셨습니다. 일방적으로 약속하신 하나님은 일방적으로 그 약속을 성취하셔서 하나님의 복을 부어 주셨습니다. 그렇습니다. 내가 예수 믿고 싶어서 믿은 사람 없습니다. 어느 날 하나님께서 나를 찾아오셨습니다. 하나님께서 내게 믿음을 주셨습니다. 그리고 믿음 안에서 새로운 풍성한 삶을 살게 해주셨습니다. 아무리 고통스럽고 힘들어도 하나님이 내 아버지라는 생각 안에서 우리들은 이 세상의 어려움을 넉넉히 이깁니다. 많은 사람들이 이렇게 이야기합니다. "내가 당하는 이 고통과 슬픔, 이 아픔을 이길 수 없지만 하나님께서 나를 사랑해 주신다는 보장만 있으면 나는 이길 수 있다." 사실 이 세상 살 만한 것이 없습니다. 기껏 해봐야 죽는 것인데 무엇 하려고 살아요? 그런데 하나님께서 사랑해 주신다는 사실만 내 것이면 살 만한 것이 인생 아닙니까? 이 놀라운 복이 아브라함에게서 시작되었습니다. 나만 혼자 누리는 복이 아닙니다. 4천 년 전에 아브라함에게 주셔서 그것이 모세에게, 다윗에게 이어져 베드로에게, 바울에게, 어거스틴에게, 루터에게, 손양원 목사님에게, 주기철 목사님에게 임해서 내게까지 왔습니다. 새로운 가계가 형성된 것입니다. 그렇다면 우리들은 아직도 율법에 매여 살고 있습니까? 그렇지 않으면 하나님의 자녀의 영광을 누리면서 하나님을 인격적으로 신뢰하며 살고 있습니까? 다시 점검하셔야 됩니다. 복음이 주는 이 놀라운 특권과 복에도 불구하고 다시 종의 멍에를 메려는 경향성이 우리 속에 꾸준히 있는 것을 보게 됩니다. 우리는 하나님을 아버지로 만났습니다. 혹시 자녀가 미워집니까? 끝까지 미워할 수 있습니까? 불가능합니다. 자녀를 향해서는 사랑밖에 못 합니다. 화를 내도 사랑하기 때문입니다. 예수 그리스도 안에서 주신 복이 이것입니다. 율법은 '예수님을 바라보고 그를 통해서 하나님을 아버지로 만나라'고 가르치는 몽학선생이었습니다. 복음의 자유가 우리 속에 풍성하다면 하나님의 자녀의 영광에 이르는 이 복된 삶을 빼앗겨서는 안 되겠습니다. 나는 하나님의 자녀입니다. 이 속에 주신 놀라운 복들, 그 풍성한 사랑이 오늘도 내게 쏟아집니다.

9. 때가 차매

갈라디아서 4:1-5

내가 또 말하노니 유업을 이을 자가 모든 것의 주인이나 어렸을 동안에는 종과 다름이 없어서 아버지의 정한 때까지 후견인과 청지기 아래 있나니 이와 같이 우리도 어렸을 때에 이 세상 초등 학문 아래 있어서 종 노릇 하였더니 때가 차매 하나님이 그 아들을 보내사 여자에게서 나게 하시고 율법 아래 나게 하신 것은 율법 아래 있는 자들을 속량하시고 우리로 아들의 명분을 얻게 하려 하심이라 사람이 이 세상 살면서 꼭 알아야 할 두 가지가 있다고 생각합니다. 첫째는 때를 알아야 되고 두 번째는 자기 분수를 알아야 됩니다. 이것은 신앙생활에서 일반생활에서나 동일하게 요구되는 것들입니다. 지금으로부터 100년 전에는 어른인지 아이인지를 금세 알았습니다. 어떻게 알았는가 하면 그때는 결혼을 하면 어른이었습니다. 댕기 머리 따고 다니던 총각이 결혼하면 상투를 틀어 올렸습니다. 그리고 처녀들은 시집가면 머리를 올렸습니다. 그래서 결혼한다는 말은 머리를 올린다는 말과 같았습니다. 또 배고픈 시절이라 국수를 먹었는지 "언제 우리 국수 먹게 해줄래?"라는 질문으로 결혼을 이야기했던 것 같습니다.

그리스 시대에는 어른이 되었다는 표시로 18세가 될 때 국가에서 징집을 합니다. 그러면 그때까지 마음껏 어린아이로 지내다가 머리를 깎고 제우스의 제단에 바쳐집니다. 2년 의무 연한이 끝나고 다시 집에 돌아올 때 사람들은 그를 어른으로 취급해 주었습니다. 그런데 로마 시대에는 조금 다릅니다. 그 사람이 언제 어른이 되는가 하는 것은 아버지가 결정합니다. 18세가 되어서도 성숙한 사람은 아버지가 '내 아들은 이제 어른으로 대우할 수 있다' 고 해서 옷을 입혀 주었습니다. 그런데 25, 26세가 되어도 아버지가 '내 아들은 아직 자라지 못했다' 고 생각하면 어른으로 취급하지 않아 옷을 입혀 주지 않습니다. 그러면 나이가 많은데도 어린아이로 대우를 받으며 살았습니다.

율법을 지키지 못한 이스라엘의 역사

여기 성경 역사 속에도 어린아이로 취급받았던 역사적인 때가 있었다고 말합니다. "내가 또 말하노니 유업을 이을 자가 모든 것의 주인이나 어렸을 동안에는 종과 다름이 없어서 아버지의 정한 때까지 후견인과 청지기 아래 있나니 이와 같이 우리도 어렸을 때에 이 세상 초등 학문 아래 있어서 종 노릇 하였더니 때가 차매 하나님이 그 아들을 보내사 여자에게서 나게 하시고 율법 아래 나게 하신 것은 율법 아래 있는 자들을 속량하시고 우리로 아들의 명분을 얻게 하려 하심이라"(갈 4:1-5).

많은 시간 하나님의 자녀들이 율법이라는 초등학문에 갇혀서 종의 신분과 비슷한 때를 지냈다고 말합니다.

하나님께서 원래 아브라함을 부르실 때는 얼굴과 얼굴이 만나는 인격 대 인격의 신앙이었습니다. 그것은 이삭에게도 마찬가지고 야곱이나 요셉에게도 마찬가지였습니다. 하나님께서 약속하신 대로 하늘의 별처럼 바다의 모래처럼 이스라엘 백성의 숫자를 충만히 채우실 때, 이집트라는 둥지 속에서 하나님의 백성을 키워 가셨습니다. 그러나 이교 문화 속에서 자랐던 하나님의 백성들은 이교의 풍습 따라 하나님께서 기뻐하시는 삶을 살지 못했습니다. 저들이 고통하는 중에 하나님은 모세를 보내서 기적의 출애굽을 시킵니다. 저들이 가나안 복지로 가는 동안입니다. 이교의 우스꽝스러운, 잘못된 풍습에 갇혀 사는 이스라엘 백성에게 어느 날 하나님께서 제안합니다. "너희들, 인생을 잘 못 사는 것 같은데 내가 너희에게 법칙을 만들어 주면 그대로 살겠느냐?" 이스라엘 백성들이 "여호와 하나님이시여. 당신이 말하시는 대로 우리가 그렇게 살겠습니다." 모두 기쁨으로 그 말씀을 받겠다고 약속합니다. 모세는 시내 산에 올라가서 하나님의 계명을 받습니다. 그리고 돌아옵니다. 그 계명이 선포됩니다. 그런데 불행하게도 이스라엘 백성들은 이 계명대로 살지 못했습니다. 율법이라는 것은 하나님께서 타락한 인생을 향해 최소한의 요구를 한 것입니다. 하나님의 자녀로서 누려야 할 풍성한 영광을 다 가르쳐 주지 못하지만 이교 풍습 속에 살고 있는 유한한 인간에게 그래도 최소한 이것만은 해야 된다는 것을 율법을 통해 훈련시켰습니다. 이스라엘 백성들이 가나안 복지에 들어갔습니다. 여호수아가 죽으니까 그

지도력이 없어짐과 동시에 저들이 하나님을 떠납니다. 하나님을 떠나면 하나님께서 그의 보호막을 거두어 버리십니다. 하나님의 보호막이 거두어지면 함께 살고 있었던 블레셋, 아말렉, 모압 이런 민족들이 일어나서 이스라엘을 몹시 탄압하고 괴롭힙니다. 저들은 하나님 앞에 다시 매달립니다. 하나님께서 신명기에 "너희들이 회개하고 돌이켜 기도하면 너희의 음성을 내가 듣겠다"고 하신 약속 따라서 그들의 음성을 들으시고 구해 주십니다. 하나님께서 구해 주시면 또 저들은 하나님을 떠납니다. 하나님을 떠나면 또 원수들이 일어나서 핍박을 합니다. 핍박하면 그 고통 속에 또 하나님께 울부짖습니다. 이렇게 빙빙 도는 역사가 사사기의 말씀입니다. 그 역사는 계속됩니다.

저들이 왕을 요구했습니다. 그래서 하나님은 세상 제도인 왕의 제도를 저들에게 줍니다. 첫번째 왕 사울은 실패했습니다. 두 번째 왕 다윗은 성공한 왕처럼 보였습니다. 그는 여호와의 마음에 합한 사람이었습니다. 그렇지만 죽자마자 이스라엘은 갈라질 운명에 처해졌습니다. 그의 아들 솔로몬 때 간신히 견디더니 북쪽 이스라엘과 남쪽 유대로 갈리고 말았습니다. 북쪽 이스라엘은 저들이 하나님을 떠남으로 얼마 있다가 역사상 사라져 버렸습니다. 남쪽 유대도 잘못합니다. 그때마다 하나님께서는 회개를 촉구하십니다. 간절한 하나님의 애타는 마음이 이렇게 표현됩니다. "내가 예루살렘에서 다윗의 등불을 끄지 않기를 원하노라. 내가 다윗을 생각하고 너희를 권면하느니라." 그래서 하나님께서 저들을 깨우치십니다. 가끔 히스기야 같은 왕들을 세워 주셔서 개혁을 통해 저들을 다시 살 수 있게 해주십니다. 그런데 결국은 그들도 오래 가지 못하고 바빌론 포로로 잡혀 갑니다. 저들은 포로로 잡혀 가서 하나님 앞에 땅을 치고 울며 회개합니다. 하나님께서는 기적적인 방법으로 아무도 상상할 수 없는 바빌론 포로 생활 70년을 끝내 주시고 다시 귀환시켜 주었습니다. 저들은 기뻐합니다. "이제 우리들은 전심으로 하나님을 좇는다"고 말합니다. 그러나 그 시기도 얼마 되지 않고 저들은 다시 하나님을 떠납니다. 그래서 400년 동안 깊은 암흑기, 충강기라는 하나님의 말씀이 임하지 않은 서글픈 시기를 맞습니다. 율법은 하나님의 인간을 향한 최소의 요구입니다. 그런데 그 율법이 인간은 하나님의 뜻대로 살 수 없는 존재라는 사실을 알려 주고 있습니다. 이스라엘 역사가 그것을 보여 주고 있습니다. 그런고로 율법은 인간으로서는 할 수 없는 것을 하게 하시는 하나님을 바라보게 합니다. 이것이 율법의 새 기능입니다.

때가 차매

하나님께서는 인간의 절망의 시기에 하나님의 방법인 예수 그리스도를 이 땅에 보내십니다. 보내시되 우리 하나님께서는 정확한 시간에 정확한 방법으로 보내십니다. 우리 하나님은 때를 아시는 분입니다. 여러분, 때를 모르는 사람을 철부지라고 말합니다. 요즘 보면 40세가 넘은 부인네들이 18세처럼 화장하고 다니는 분들도 있습니다. 때를 모르고 인생을 삽니다. 그것은 괜찮은데, 설 자리 앉을 자리도 모르는 사람들이 참 많습니다. 우리 주님이 이 땅에 오셨을 때, 때를 소중하게 여기셨습니다. 어머니 마리아가 포도주가 떨어졌다고 예수님께 고할 그때, 우리 예수님은 말씀하십니다. "내 때가 아직 다 이르지 못하였나이다"(요 2:4). 그리고 요한복음 13장을 보면 "예수께서 자기 때가 얼마 남지 않은 것을 아시고 제자들을 사랑하시니 더욱 사랑하시니라"(요 13:1). 요한복음을 보면 때가… 때가… 하면서 계속 때를 말합니다. 오늘 이 성경 본문에도 시간을 나타내는 단어가 많이 등장합니다. 1절을 보니까 "모든 것의 주인이나 어렸을 동안에는…" 시기를 말하고 있습니다. 2절에는 "아버지의 정한 때까지…." 3절에는 "이와 같이 우리도 어렸을 때…." 이때를 중요하게 봅니다. 우리 하나님께서는 정말 때를 잘 아시는 분이십니다. 그래서 4절에 이렇게 말합니다. "때가 차매" 이 말은 때가 무르익었다는 말입니다. 우리 하나님께서 예수 그리스도를 이 땅에 보내시는 그때는 정말 주님이 오셔야 될 모든 조건을 다 갖춘 때였습니다.

지정학적으로 정확한 위치

제가 좋아하는 목사님 중엔 스코틀랜드의 목사님이신 제임스 스튜어트라는 분이 있습니다. 이분이 「그리스도의 삶과 사상」이라는 책을 썼습니다. 그 책은 우리 하나님께서 얼마나 정확한 때에 예수님을 보내셨는가를 다섯 가지로 설명합니다. 첫째로 하나님께서는 우리 주님을 지정학적으로 정확한 위치에 보내셨다고 말합니다. 우리는 우리가 사는 동네가 세계의 중심 같은데, 중국 가면 중국 사람들은 자기네들이 세계의 중심이라고 생각합니다. 그래서 그 이름도 중화(中華)입니다. 그런데 대륙을 모아 놓고 보면 유럽과 아시아와 아프리카의 한복판에서 예수님이 태어나셨습니다.

아전인수라고 생각됩니다만 어떤 성경학자는 예수님께서 묻히셨던 그 무덤이 세계의 중심이라고 합니다. 그런데 저는 아무리 재 봐도 중심으로 치자면 중앙아시아 정도 되지 않을까 생각합니다. 그렇지만 하여튼 당시에 사람이 많이 살고 있었던 세 개의 대륙을 연결하는 지정학적으로 중요한 지점에서 예수님이 태어나셨습니다.

세계의 큰 전쟁은 다 그 곳을 통과했습니다. 아프리카의 세력들이 올라갈 때도, 바빌론의 세력들이 내려올 때도, 유럽의 세력들이 동방정책을 펴서 전쟁을 할 때도, 동쪽의 세력들이 서쪽으로 몰려갈 때도 그곳은 항상 전쟁의 한복판에 있었습니다. 성경학자와 역사 학자들은 아마 세계 대전이 나면 다시 그 장소에서 일어날 것이고 그 지점은 아마겟돈일 것이라고 주장합니다. 그래서 사람들이 아마겟돈 전쟁을 최후의 전쟁이라고 생각합니다. 그런 지정학적인 위치에서 우리 주님이 태어나셨습니다. 사람이 많이 살고 있는 세상을 향해서는 어디든지 갈 수 있는 입지조건에 예수님을 보내셨습니다.

정치적으로 정확한 때

정치적으로 정확한 때에 오셨습니다. 로마의 쥴리어스 시이저를 계승했던 옥타비아누스가 아우구스투스(Augustus)라는 이름으로 황제에 등극합니다. 그때 이미 로마는 지중해 연안에서 카스피해까지 그리고 영국에서 바빌로니아까지 거대한 제국을 형성하고 있었습니다. 그 전에는 민족마다, 국가마다, 부족마다 높이 성을 쌓아 놓고 서로 싸웠기 때문에 이 성에서 저 성으로 갈 수가 없었습니다. 그래서 어떤 사람은 만약 예수께서 1세기 전에 오셨더라면 그 전쟁의 와중에 복음은 소중하게 생각되지 않고 역사 속에 흘러 지나갔을 거라고 말하기까지 합니다.

그런가 하면 로마는 세계를 통일하는 과정에서 거대한 도로망을 건설했습니다. 로마군인들이 전쟁할 때 공병대가 먼저 갑니다. 그래서 길을 닦습니다. 그 다음에 백전백승의 전차부대가 위세 당당하게 진격해 갑니다. 로마 군대 앞에 2주일을 넘긴 세력이 없었다고 합니다. 그처럼 강력한 군사력을 가졌습니다. 그래서 도로를 개통하면 곧 로마로 편입되었습니다. 어디까지 로마인가? 그 말은 어디까지 길을 닦았나와 동일시하던 때가 있었습니다. 지금도 유럽의 길을 자세히 보면, 구(久)도로를 따라가면 로마에서 전쟁하기 위해서 닦은 도로로 쭉 연결되기 때문에 결국 만나는 곳이 로마입니다. 그래서 "모든 길은 로마로 통한다"는 말이 생겨났습니다. 그냥 우리가 입에 붙여서 해온 말이었는데 전쟁의 산물입니다. 모든 길은 로마로 통했습니다. 그 길이 복음이 세계를 향해서 힘차게 달리는 도로가 되었습니다. 우리 나라도 경부 고속도로를 뚫은 다음, 경제 건설에 박차를 가했던 것을 잘 압니다. 이런 것처럼 도로를 로마 사람들에 의해서 준비시켰습니다.

언어가 통일된 때

그런가 하면 언어를 통일시켰습니다. 이 언어 통일은 이미 마게도니아의 알렉산더 대제 때부터 시작됩니다. 알렉산더가 헬라 문화를 가지고 세계를 정복했습니다. 그래서 가는 곳곳마다 헬라 문화와 언어를 가르쳤습니다. 로마 시대에는 이미 헬라의 중하층 사람들이 쓰던 평상적인 말, 코이네 헬라 어를 곳곳에서 사용했습니다. 지금 중국에 가면, 중국은 우리가 볼 때는 똑같지만 완전히 다른 언어를 가진 지역이 참 많습니다. 예를 들면 삼국지에 보면 오(吳)나라와 촉(蜀)나라 그리고 위(魏)나라가 있습니다. 그런데 이 오나라가 바로 상해 지역입니다. 그래서 지금도 상해 사람들은 오어(吳語)를 씁니다. 그들의 말을 북경 사람들은 하나도 못 알아듣습니다. 조금도 비슷하지 않습니다. 완전히 다른 언어입니다.

그런가 하면 홍콩을 중심으로 한 남경 아래에는 광동어를 씁니다. 그래서 홍콩에서 만든 영화를 북경에서 방영할 때, 같은 중국말이니까 들리겠지 싶은데, 꼭 자막이 나옵니다. 그것을 모택동이 한문을 간단하게 고쳐 만다린을 만들어 모든 종족에게 가르치도록 했습니다. 그래서 지금 56개 부족이 자기 언어를 쓰고 자기 문화를 갖고 있습니다만 그래도 공용어로는 만다린을 써야 됩니다. 공용어를 가지면 중국의 어느 지역을 가든지 의사소통할 수 있습니다. 꼭 그와 같습니다. 알렉산더 대제부터 시작되어 유럽 전역에 퍼진 헬라 어는 복음을 증거하는 사람들이 쉽게 가서 복음을 증거할 수 있도록 언어의 길을 열어 놓았습니다. 우리가 읽고 있는 이 신약성경은 그 헬라 어 코이네로 쓰여져 있습니다. 그렇기 때문에 누구든지 조금만 학문이 있는 사람이면 성경을 공부할 수가 있었습니다. 공통된 언어를 가지고 로마가 닦아 놓은 길을 달리면서 주께서 완성하신 복음을 증거할 수 있는 그 정확한 때에 우리 주님이 오셨다는 말입니다.

경제적인 메시아를 갈망하던 때

경제적으로도 정확한 때에 오셨다고 말합니다. 로마는 거대 제국을 만들면서 황실의 이름 때문에 더 호사스러운 많은 건물들을 지었어야 되었습니다. 그리고 그 거대한 제국을 관리하기 위해서 엄청난 돈이 들었습니다. 그렇기 때문에 대부분의 사람들은 중한 세금으로 노예처럼 살았고 거대한 건물을 짓기 위해서 수많은 노예들이 노역했습니다. 때문에 대부분의 사람들은 경제적인 어려움을 당했습니다. 복음 증거할 때가 언제가 좋은가요? 경제적으로 좋을 때인가요 아니면 나쁠 때인가요? 사람들이 돈이 많으면 돈으로 살려고 들지 믿음으로 살려고 하지 않습니다. 사람들이 세력이 있으면 세력으로 살려고 합니다. 어떤 사람은 인기로 삽니다. 인기가 조금만 떨어지면 저녁에 잠을 못 자는 사람들이 있습니다. 이때는 거대한 토목공사와 큰 제국을 관리하느라고 정부가 엄청난 돈을 끌어 썼기 때문에 길을 걸어가면 세 사람 중에 두 사람은 노예였습니다. 그리고 몇 귀족층을 제외해 놓고 모두 하루 세 끼 먹는 것이 어려운 시절이었습니다. 그 가난은 저들에게 우리 주님을 고파하며 사모하게 만드는 요인이 되었습니다. 따라서 경제적으로도 예수 메시아 대망을 목마르게 했던 시절이었습니다.

새로운 도덕의 출현을 기다리던 때

도덕적으로도 정확한 때에 오셨습니다. 로마에겐 두 가지 모습이 있었습니다. 황실을 중심으로 한 특권층들은 매일 연회를 베풀었습니다. 그리고 맛있는 음식을 먹는 데 생애의 목표를 두었습니다. 그래서 어떤 집이 가장 맛있는 음식을 주는가? 그것에 따라서 인기순위가 결정되었습니다. 물론 황실은 단연 상대할 수 없을 만큼 맛있고 기름진 음식으로 매일 잔치를 배설했습니다. 부자나 높은 사람들은 사람들을 끌어 모아서 잔치하는 것을 중심으로 살았는데 이 사람들은 음식을 먹다가 더 이상 배불러 먹을 수가 없으면 반드시 토해 내고 와서 다시 먹었습니다. 그래서 잔치를 배설하면 토하는 통을 또 따로 마련했습니다. 그러다 보니 사치와 연락이 깊어졌습니다.

그러면서 이 사람들 사이에 무서운 도덕적 타락이 오는데 로마 시대 후반기에 가면 사실 지금보다 동성연애가 더 극심합니다. 지금도 참 슬픈 이야기인데 한국은 좀 적습니다만 세계 미술계에 종사하는 사람들의 거의 80%가 그리고 음악을 전공하는 사람의 50%가 동성연애자들이라고 합니다. 특수하게 가장 멋을 부리는 사람들이 너무 멋만 좇다가 그 안에 예수님이 안 계시면 이상해집니다. 변태가 됩니다. 참 슬픈 일입니다. 지금 세계적인 의상을 만드는 남자 디자이너들, 돈 무지무지하게 많습니다. 그 옆에는 항상 팔등신 미녀들이 따라다니는데 그 팔등신 미녀하고는 스캔들이 전혀 없습니다. 그리고는 이상하게 생긴 흑인 남자들만 이 남자들을 쫓아다닙니다. 탐미주의는 악마주의로 쉽게 흘러갑니다. 그런데 그것이 이미 로마 시대에 있었습니다. 그래서 상류층에서 우리가 이래서는 안 된다는 반성이 서서히 일어나고 있었습니다.

또 가난한 사람들은 극심한 가난 때문에 인간의 존엄성을 잃어버린 채 살고 있었습니다. 물건처럼 취급받았습니다. 마치 오늘날 탈북한 우리의 딸들이 중국 사람들에게 30만 원, 50만 원에 팔리는 것처럼 말입니다. 15세, 16세 된 어린 소녀들을 50, 60된 홀아비들이 물건처럼 사다가 성노리개감으로 저들을 사용합니다. 인간의 존엄성이 무너집니다. 그런 짓을 하면서도 이래서는 안 된다는 자각 운동이 서서히 일어났다는 말입니다. 그래서 저들이 새로운 도덕의 출현을 목말라하고 기다리고 있을 그때, 우리 주님은 이 세상에 오셨습니다.

종교적으로 메시아를 갈망하던 때

종교적으로도 사람들이 예수 오실 때를 열망하고 있을 때였습니다. 올림포스의 열두 신들이 저들에게 희망을 주는 것 같더니 이제는 수천만의 신을 만들고 만신전을 지어 신들을 초청했지만 그 신들이 자기의 마음속을 채워주지 못했습니다. 그래서 옥타비아누스는 아우구스투스 (Augustus)라는 이름으로 참칭(僭稱)합니다. 이 말은 '장엄하다'는 뜻입니다. 그냥 위대하다, 높다가 아니라 장엄하다는 뜻입니다. 그리고 급기야는 자기가 스스로 하나님이라고 선언했습니다. 질서가 생기고 세계에 평화가 오는 것 같고 그래서 사람들은 아우구스투스가 메시아인 줄 알았습니다. 자기들에게 진정한 행복을 주는 줄 알았습니다. 그런데 아우구스투스가 온 세상을 다스리고 몇 년 지나자마자 세상의 모든 좋은 것은 다 빼앗아가는 도둑놈인 것을 사람들이 알게 되었습니다. 그래서 사람들은 우리에게 진정한 메시아가 필요하다고 목마르고 있을 그 시점에, 정확하게 때가 무르익은 그때 우리 하나님은 예수 그리스도를 이 땅에 보내셨습니다.

정확한 때를 아시는 하나님

우리 하나님은 정확한 때를 아시는 분입니다. 인간이 율법으로, 내 힘으로는 하나님의 기준 미달이라는 사실을 알고 인간으로는 스스로 구원얻을 수 없음을 경험한 1400년의 시기가 지난 다음, 이제는 메시아 되신 그리스도가 이 땅에 오셔야 된다고 목말라하던 그 시절에, 하나님은 정확한 장소에 아무도 상상할 수 없는 처녀 탄생이라는 신비한 방법으로 예수 그리스도를 보내셨습니다. 우리 하나님은 때를 정확하게 아시는 분입니다.

오늘, 때를 아시는 하나님을 바라보십시오. 간밤에도 한숨과 고통과 마음의 좌절 때문에 아파하면서 밤을 지새웠던 분 계십니까? 내 어둠은 끝나지 않았다고 좌절하시는 분 계십니까? 아니, 내 고통이 왜 이처럼 나를 떠나지 않는가 한숨을 쉬고 있는 분 있으십니까? 우리 하나님은 때를 정확하게 아시는 분입니다. 내 전후 좌우를 정확하게 아십니다. 내가 누구인 줄도 알고 계십니다. 그리고 내가 원하는 것이 아닌 참으로 내게 필요한 것이 무엇인 줄 아십니다. 그리고 그것이 언제 내게 있어야 될 지 그분은 아십니다. 내 마음의 한숨을 그치게 하실 그때를 우리 하나님은 아십니다. 그렇기 때문에 우리들은 때를 아시는 하나님을 기다려야 됩니다. 그분을 신뢰해야 됩니다. 그분 안에서 그분이 말하는 때를 맞춰 살 때 그 인생은 철부지 인생을 면할 수 있습니다. 모든 시간의 주인은 하나님이십니다. 그분을 믿고 사십시오. 그분을 바라고 사십시오. 때가 무르익을 때 보내실 하나님의 선물, 때를 정확하게 아시는 그분을 바라보면서 내 생애에 하나님의 때를 기다리십시오. 하나님은 우리와 함께하십니다. 하나님은 하나님의 때에 은혜 베풀기를 기뻐하십니다. 하나님은 하나님의 때를 알고, 하나님께서 우리의 신분을 어떻게 바꾸어 주셨는가를 알고, 그 바꾸어진 신분에서 내 분수를 어떻게 지키고 살아야 하는가를 정확하게 아는 성도들이 되기를 원하십니다.

10. 아바 아버지

갈라디아서 4:1-11

내가 또 말하노니 유업을 이을 자가 모든 것의 주인이나 어렸을 동안에는 종과 다름이 없어서 그 아버지의 정한 때까지 후견인과 청지기 아래 있나니 이와 같이 우리도 어렸을 때에 이 세상 초등 학문 아래 있어서 종 노릇 하였더니 때가 차매 하나님이 그 아들을 보내사 여자에게서 나게 하시고 율법 아래 나게 하신 것은 율법 아래 있는 자들을 속량하시고 우리로 아들의 명분을 얻게 하려 하심이라 너희가 아들인 고로 하나님이 그 아들의 영을 우리 마음 가운데 보내사 아바 아버지라 부르게 하셨느니라 그러므로 네가 이 후로는 종이 아니요 아들이니 아들이면 하나님으로 말미암아 유업을 이을 자니라 그러나 너희가 그때에는 하나님을 알지 못하여 본질상 하나님이 아닌 자들에게 종 노릇 하였더니 이제는 너희가 하나님을 알뿐더러 하나님의 아신 바 되었거늘 어찌하여 다시 약하고 천한 초등 학문으로 돌아가서 다시 저희에게 종 노릇 하려 하느냐 너희가 날과 달과 절기와 해를 삼가 지키니 내가 너희를 위하여 수고한 것이 헛될까 두려워하노라

예수 그리스도를 통해 일어난 새 역사

온 세계가 뉴 밀레니엄을 준비하느라고 부산합니다. 그렇지만 사람들이 어떻게 해서 뉴 밀레니엄이 시작되었는가에 대해서는 관심이 없습니다. 그 시작점은 예수 그리스도입니다. 그분은 세계 역사를 하나로 통일시키셨습니다. 위대한 정복자도 지나갔습니다. 위대한 철학자도 지나갔습니다. 위대한 예술가도 지나갔습니다. 그렇지만 아무도 역사를 하나로 묶어내지 못했습니다. 국가마다, 민족마다 역사를 가지고 있었습니다. 왕이 즉위하면 그때부터 원년이 됩니다. 왕이 죽으면 승하(昇遐)한다고 하지요? 왕이 승하하면 역사가 끝났습니다. 왕의 출현과 왕의 죽음이 역사의 시작이요, 끝이었습니다. 그런데 예수께서 이 땅에 오시자 세계 역사가 하나로 묶어졌습니다. 그분 안에서 세계사는 B.C.와 A.D.로 나뉘었습니다. 예수 그리스도 이전과 예수 그리스도 이후로 나뉜 것입니다.

1999년이라는 말은 예수님께서 오신 지 1999년이 되었다는 말입니다. 그 시작이 예수 그리스도입니다. 그분에게서 역사는 시작되었습니다. 역사가 마틴 디벨리우스가 예수 그리스도를 기점으로 역사를 기술하면서 이런 글을 썼습니다. "사도 바울을 태우고 갔던 그 목선은 세계 역사를 태우고 간 배였다."

이상하게도 역사가 없었던 민족마다 그리스도가 들어가면 새 역사를 만듭니다. 영국이라는 나라는 원래 쥴리어스 시이저가 그 땅을 정복했었습니다. 그러나 땅 욕심쟁이인 쥴리어스 시이저 눈에도 그곳은 쓸모없는 회색의 땅이었습니다. 날마다 비가 오고 우중충하고 사람들도 야만스러워서 사람 살 곳이 못 된다고 생각해서 돌아섰습니다. 그러나 예수 그리스도가 구세주와 주님으로 탄생하자 영국은 새 역사를 만듭니다. 윌리엄 셰익스피어를 만들어 냅니다.

또 유럽 중부지역의 야만 민족인 게르만 민족도 흉폭스럽기 짝이 없는 민족이었습니다. 게르만 민족의 대이동이라는 역사적인 사건은 실제로 야만 민족의 대이동이라는 이야기입니다. 그런데 그 민족이 마틴 루터와 함께 예수 그리스도 안에서 새롭게 역사를 시작합니다. 그 다음부터 세바스챤 바하, 헨델, 슈베르트, 베토벤, 모차르트 등 게르만의 새로운 음악이 쏟아져 나옵니다. 만약에 독일 음악이 침묵하면 세계 음악의 80%가 침묵해야 됩니다. 그것뿐만 아닙니다. 그 야만 민족이 칸트, 피이테, 슐라이어 마하를 비롯해서 세계 철학을 이끌어내는 새 문명 국가로 떠오릅니다. 국가마다 그리스도 안에서 새로운 세기가 펼쳐졌습니다.

그리고 또 펼쳐진 것 있습니다. 예수 안에서 한 인간의 생애가 진정한 삶을 시작했습니다. 생명이 붙어 있어서 살았던 삶, 그렇게 그냥 존재하기만 했던 삶이었는데 어느 날 삶을 질감으로 느낍니다. 생명을 향해서 용솟음 치는 생애의 출발점이 있었습니다. 인생에 빛이 들어왔습니다. 그럭저럭 사는 삶이 아니라 보람과 가치가 풍성한 삶이 있습니다. 도대체 그분이 누구시길래 한 개인에게 새로운 역사를 시작시키십니까? 그분은 어떻게 오셨습니까? 그분이 하신 일이 무엇입니까? 그분 안에서 우리가 무엇을 누리고 있습니까? 오늘 성경은 그것을 우리에게 분명하게 가르칩니다.

예수 그리스도의 오심

그분이 오셨습니다. 어떻게 오셨습니까? "때가 차매, 하나님이 그 아들을 보내사…"(갈 4:4) 아들을 보냈다는 말을 쓸 때, 성부 하나님, 성자 하나님, 성령 하나님, 이 삼위 하나님의 인격을 말하기 위해서, 그의 속성을 말하기 위해서 아들이라는 말을 사용한 것이 아닙니다. 여기서의 강조는 아버지에게 순종하는 자로서 아들이라는 것입니다. 아들을 보내셨습니다. 그 순종의 모습을 빌립보서 2장 5절은 이렇게 말합니다. "너희 안에 이 마음을 품으라 곧 그리스도 예수의 마음이니 그는 근본 하나님의 본체시나 하나님과 동등됨을 취할 것으로 여기지 아니하시고 오히려 자기를 비어 종의 형체를 가져 사람들과 같이 되었고 사람의 모양으로 나타나셨으매 자기를 낮추시고 죽기까지 복종하셨으니 곧 십자가에 죽으심이라"(빌 2:5-8).

그분이 순종함으로, 하나님의 뜻을 성취하기 위하여 하나님으로부터 보냄을 받았습니다. 그리고 그분은 공중의 기운으로 오시지 않았습니다. 여인에게서 나시고 구체적으로 피와 살이 있는 인생으로 오셨습니다. 신화 속에 오시지 않았습니다. 실제로 오셨습니다. 완전한 인간으로 오셨습니다.

그리스도의 속량

그런가 하면 그분은 율법 아래 나셨습니다. 율법은 범죄한 인간을 향한 하나님의 최소 한도의 요구였습니다. 그럼에도 불구하고 범죄한 인간은 이 율법을 지킬 수가 없었습니다. "의인은 없나니 하나도 없으며 모든 사람이 죄를 범하였으매 하나님의 영광에 이르지 못하더니…" 우리 주님도 인간으로서는 한 번도 지킬 수 없는 율법의 멍에 아래 태어나셨습니다. 그런데 놀라운 사실은 그분은 모든 율법을 다 지키셨습니다. 율법을 범하면 죽습니다. 그분은 죽을 필요가 없이 율법을 다 지키셨습니다. 그런데 하나님께로 보냄을 받았고 여인에게서 구체적으로 피와 살이 있는 인생으로 오셨고 그리고 그때 당시에 인간에게 요구되는 율법의 멍에 아래 태어나셨던 그분이 우리를 속량했다고 말합니다. 속량했다는 말은 값을 주고 샀다는 말입니다. 값을 지불했다는 뜻입니다.

옛날에 어떤 사람이 노예 시장에서 한 노예를 사기로 작정했습니다. 돈을 준비해서 갑니다. 노예 값이 불려지면 계속해서 사람들은 그 값에 얼마를 더 주고 사겠다고 경쟁을 했습니다. 최후의 낙찰자에게 그 노예는 주어집니다. 그런데 한 사람이 그 노예를 사기 위해 모든 요구를 다 지불합니다. 그런데 이 사람은 노예를 자기 집에 데려가서 부려먹기 위해 산 것이 아닙니다. 자유를 주기 위해 값을 지불한 것입니다. 이처럼 예수 그리스도도 죄의 결과로 요구되는 '사망'이라는 값을 지불하시고 우리를 그 율법의 속박에서 사 주셨습니다. 이것이 속량입니다. 그래서 율법은 더 이상 나를 향해서 요구할 것이 없습니다. 모든 율법은 이제 내게 휴지에 불과합니다. 주님께서 다 지불해 버리셨기 때문입니다. 그분은 인생으로 오셨기 때문에 인생의 죄를 대신할 수 있었습니다. 그분은 죄를 짓지 않았기 때문에 남의 죄를 대신할 수 있었습니다. 만약에 그분이 죄를 지었다면 그분은 자기 죄 때문에 죽었어야 됩니다. 죄가 없으신 분이기 때문에 다른 사람을 대신할 수 있었고, 그분은 하나님이셨기 때문에 모든 사람의 죄를 대신 지실 수 있었습니다. 이것이 기독교 전 신학의 중심입니다. 그분이 하신 일입니다. 그래서 우리를 그 속박에서 풀어 주셨습니다.

아들 삼으심

그런데 그분은 우리를 이 속박에서 풀어주신 것으로 끝나지 않고 우리에게 자식의 명분을 주셨다고 5절에 선언하고 있습니다. "율법 아래 있는 자들을 속량하시고 우리로 아들의 명분을 얻게 하려 하심이니라." 아들 삼아주셨습니다. 아들이 되었다는 말의 의미를 아십니까? 이것은 내가 누구와 친하다는 것으로 설명이 안 됩니다. 내가 내 소중한 것을 주었다는 것과 아들이 비교가 됩니까? 자녀 가지신 분들 생각해 보십시오. 엄청난 변화입니다. 내가 하나님의 아들이 되었다는 것입니다.

그런데 아들 되었는데도 과거에 하나님께 잘못했던 죄의 습성 따라서 하나님과 친밀함을 누리지 못했습니다. 그것을 위하여 성령께서 오셨습니다. 6절입니다.

"너희가 아들인고로 하나님이 그 아들의 영을 우리 마음 가운데 보내사 아바 아버지라 부르게 하셨느니라."

아들의 영을 보냈다고 말합니다. 예수님이 이 세상에 오실 때 그 모습을 우리 앞에 드러내 주셨습니다. 주께서 세례 받고 올라오실 때였습니다. 하늘이 열렸습니다. 하늘이 열려져 있던 또 한 사람이 있습니다. 앞에는 홍해이고 뒤에는 물밀 듯이 밀려오는 애굽의 대군이 있습니다. 이제는 죽게 되었습니다. 많은 사람들이 동서남북을 바라보면서 울부짖을 때 한 사람만 "오늘날 너희는 두려워 말고 가만히 서서 여호와께서 오늘날 너희를 위하여 행하시는 구원을 보라"(출 14:13)고 외칩니다. 하늘을 바라본 사람, 하늘이 열려 있는 사람 모세의 확신이었습니다. 사자굴에 다니엘이 던져졌습니다. 사방에서 으르렁거리는 사자 떼들, 도망갈 길이 없었습니다. 그러나 하늘이 열렸던 다니엘 앞에 사자는 애완동물에 불과했습니다.

하늘이 열렸습니다. 그러자 성령님이 비둘기처럼 그 마음속에 임하십니다. 하늘이 열려짐과 동시에 가장 처음에 임하는 선물, 성령 하나님이 예수 안에 비둘기처럼 임하셨습니다. 그리고 첫번째 메시지는 "이는 내 사랑하는 아들이요 내 기뻐하는 자라"(마 3:17). 하나님의 자녀의 놀라운 확신으로 채워주셨습니다. 그 아들의 영을 내게 주셨단 말입니다. 그 다음부터 하나님을 향해서 서먹서먹하고 어색한 기운은 사라지고 이름이 바뀝니다. "아바 아버지라 부르게 하셨느니라." 이 말은 아람어로 '아빠' 라는 말입니다. 아빠! 이 말씀 안에 담긴 신비를 알고 계시지 않습니까? 사랑밖에 못 하는 아빠입니다. 내가 어려울 때 나를 위해 가슴이 찢어지는 아빠입니다. 다른 사람에게는 늘 굳어 있지만 아빠를 향해서는 어느 때나 자유스럽게 나아갈 수 있습니다. 명분상 하나님의 자녀 삼아 주심으로 끝나지 않고 아들의 영을 보내서 예수님처럼 하나님과 친숙한 관계로 만들어 주시는 놀라운 은혜를 주십니다.

주님과 동일한 상속자

그것으로 끝나지 않습니다. 우리로 하여금 하나님의 상속자인 것을 확신시켜 주십니다. 7절에 이렇게 말합니다. "네가 이후로는 종이 아니요 아들이니 아들이면 하나님으로 말미암아 유업을 이을 자니라." 유업을 잇는다는 말이 무슨 말입니까? 상속자라는 말입니다. 이 말을 좀더 자세히 말한 성경 구절이 로마서 8장입니다. "자녀이면 또한 후사 곧 하나님의 후사요 그리스도와 함께 한 후사니 우리가 그와 함께 영광을 받기 위하여 고난도 함께 받아야 될 것이니라"(롬 8:17). 자녀이면 상속자입니다. 어떤 상속자입니까? 하나님의 상속자입니다. 그런데 보통 상속자가 아니라 그리스도가 하나님께 받았던 그 상속과 똑같은 동질의 상속자라고 말합니다. 내가 예수 그리스도와 동일한 상속자라는 것입니다. 도대체 그런 일이 있을 수 있습니까? 이것이 사실이면 인생은 달라져야 됩니다.

저는 초등학교 4학년때 집을 떠났습니다. 참 외로웠습니다. 어릴 때 아침에 눈 뜨기 싫었던 것이 눈 뜨면 외로움에 마음이 시립니다. 자다가 꿈 속에서도 외로워합니다. 그런데 하나님이 아버지인 것을 안 다음에는 그 외로움이 저를 떠났습니다. 제게 흔적이 없습니다. 하나님이 아빠입니다. 이것이 사실이면 외로움은 내게서 물러갑니다. 빛이 들어오면 어둠이 사라집니다. 어둠을 연구한다고 어둠이 해결되지 않습니다. 빛이 들어오면 어둠이 사라지고 하나님 아버지 되심이 내 마음에 들어오니까 외로움이 물러간 것입니다. 그 다음부터 교만할 이유는 아니지만 기가 죽지 않습니다. 부자도 많이 만나고 사회적 지위가 높은 사람도 많이 만나보지만 솔직히 그것 때문에 마음 뺏겨 본 적이 없습니다. 재벌 2세들이 어깨에 힘을 주지만 저는 더 높은 사람 상속자이기 때문입니다. 제가 그분과 함께 상속을 다 누릴 복의 생애인 것을 안 다음부터 또 물질적인 욕심이 떠났습니다. 사람들이 저에게 욕심이 없다고 합니다. 아닙니다. 사실은 욕심이 많은 사람입니다. 그런데 왜 욕심이 없어졌느냐면, 그것이 채워졌기 때문입니다. 그 다음에 목회하면서 제 아내에게 말했습니다. "우리 늙으면 양로원에 가서 살자. 집 살 생각하지 말자." 집 살 생각을 안 하니까 인생이 얼마나 자유스러운지 모릅니다. 잘못하면 인생이 화장실만 늘이다가 끝납니다. 25평 이하는 화장실이 한 개입니다. 그래서 아침마다 부딪히니까 화장실 두 개만 있으면 합니다. 그래서 40평짜리 아파트로 옮겨 화장실 두 개 되니까 살 만하다 싶다가도 남의 집 가서 화장실 옆에 화장대도 놓고 이것저것 치장 해놓은 것을 보면 화장실 한 개만 더 있으면 좋겠다 싶습니다. 그렇게 해서 화장실 세 개 만 들어 놓으면 끝나는 것이 인생입니다. 큰 집 들어가면 딱 3일 즐겁습니다. 그 다음부터는 청소하느라고 복잡합니다. 어떤 사람은 평생 청소부로 살다 끝나고 너무 큰 집인 경우에는 청소하는 것 관리하다 끝납니다. 천국에 나를 위하여 마련된 집이 있는 것을 확신했던 그날 이후로 저는 이 땅에서 등만 대면 잠드는 집 가지고 염려하지 않기로 작정하고 지금까지 살고 있습니다. 이 부요는 믿음으로 제게 사실입니다. 저는 늘 제 아버지와 함께 있습니다. 저를 향한 아버지의 관심과 사랑은 끝나지 않습니다. 제 육신의 아버지께서 소천하시기 전에 치매에 걸리셨는데 다른 것은 다 잊어버립니다. 그래도 잊어버리지 않는 것은 당신 아들 이름

'홍정길'이었습니다. 의식이 사라져 가면서도 의식이 살아 있는 기간 동안에는 도무지 밖으로 빠져 나갈 수 없는 것이 아버지의 사랑입니다. 성령께서 내 모든 연약과 부끄러움과 부족을 가려 주시고 하나님을 아빠라고 부를 수 있는 복을 주셨습니다. 언제나 친근하게 은총의 보좌 앞에 나아갑니다. 대통령도 우리 하나님의 영광의 보좌에 나아갈 수가 없습니다. 세계에 가장 돈 많은 빌 게이츠도 감히 하나님 앞에 못 나갑니다. 그런데 내가 무릎을 꿇을 때마다 우리 하나님은 보좌를 펼쳐 주십니다. 내게 귀를 기울여 주십니다. 그러니 제가 빌 게이츠에게 기죽을 리가 없습니다. 교만하자는 말이 아닙니다.

로비를 잘하는 유대인이 세상을 떠나기 직전에 사도 베드로에게 로비했습니다. "내가 이 땅에서 귀한 것을 많이 모았는데 천국에 좀 가져가게 해주시오." 얼마나 기가 막히게 로비를 하던지 베드로가 탄복해서 허락을 했답니다. 그랬더니 큰 수레에 뭔가를 가득 싣고 낑낑거리고 옵니다. "그것, 무엇인가?" 물으니 "황금입니다." 그러니까, 베드로가 천국에 아스팔트를 왜 가지고 가냐고 하더랍니다. 천국에서 우리가 걸어갈 길이 무슨 길입니까? 황금 길입니다. 믿음으로 그것이 내 현실입니다. 영광의 날, 우리 아버지를 만날 그날에 우리는 그 영광을 누릴 것입니다. 사도 바울은 그 영광을 믿음으로 바라보면서 현재 당하고 있는 고난은 앞으로 나타날 영광과 족히 비교할 수 없다고 했습니다(롬 8:18).

분수를 지킵시다!

이런 영광을 주었는데 갈라디아 성도들이 몇 사람들의 꼬임에 넘어가 과거에 자기들을 억누르던 그 세력 앞으로 되돌아가서 옛 습관대로 종 노릇 하게 된 것을 사도 바울이 한탄하고 있습니다. 그래서 8절부터 이렇게 기록되었습니다. "그러나 너희가 그때 하나님을 알지 못하여 본질상 하나님이 아닌 자들에게 종 노릇 하였더니 이제는 너희가 하나님을 알뿐더러 하나님의 아신 바 되었거늘 어찌하여 다시 약하고 천한 초등학문으로 돌아가서 다시 저희에게 종 노릇을 하게 하느냐? 너희가 날과 달과 절기와 해를 삼가 지키니 내가 너희를 위하여 수고한 것이 헛될까 두려워하노라"(갈 4:8-11).

하나님께서 주신 그 엄청난 신분을 망각하고 자기 분수를 모르는 채 옛 습관의 종 노릇 하는 갈라디아 성도들이었던 것입니다.

예수 그리스도께서 오셨습니다. 그래서 '이제는' 입니다. 과거에는 종 노릇 할 수 있습니다. 과거에는 외로울 수 있습니다. 과거에는 절망할 수 있습니다. 그러나 이제는! B.C.가 변해서 A.D.로 바뀌었습니다. 예수 그리스도 이전은 어쩔 수 없습니다. 그러나 그 안에서 '이후는' 입니다. 이제 나는 누구입니까? 하나님의 자녀입니다. 보통 자녀가 아니라 아빠라고 부를 수 있는 자녀입니다. 명분만 있는 것이 아니라 우리 주님이 하나님 안에서 누렸던 그 풍성한 유업들을 같이 누릴 상속자입니다. 그래서 복음입니다. 이 엄청난 소식이 전파되어야 합니다. 이 소식이 내게 계속 말해야 됩니다. "너 분수를 알아라." 분수 모르는 것에는 두 종류가 있습니다. 자기가 왕인 줄 모르고 푼수 노릇 하는 경우가 있고 자기가 실제로는 아무것도 아니면서 뭐가 된 것처럼 푼수 노릇 하는 사람이 있습니다. 돈이 있으면 푼수 노릇 하고 지위가 높아가면 푼수 노릇 하고 그런데 그것뿐만 아니라 그런 신분을 주었는데도 그 신분을 모르는, 분수를 모르는 그리스도인들이 이 땅에 참 많습니다. 분수를 지키십시오. 주께서 주신 이 신분을 내 삶 속에 풍성히 누릴 때 하나님의 영광은 나를 통해서 드러날 줄로 믿습니다. 하나님의 자녀로 모든 생애가 귀하고 아름답게 드려지는 날마다의 삶이 되시기를 축원합니다.

11. 그리스도의 형상

갈라디아서 4:12-20

형제들아 내가 너희와 같이 되었은즉 너희도 나와 같이 되기를 구하노라 너희가 내게 해롭게 하지 아니하였느니라 내가 처음에 육체의 약함을 인하여 너희에게 복음을 전한 것을 너희가 아는 바라 너희를 시험하는 것이 내 육체에 있으되 이것을 너희가 업신여기지도 아니하며 버리지도 아니하고 오직 나를 하나님의 천사와 같이 또는 그리스도 예수와 같이 영접하였도다 너희의 복이 지금 어디 있느냐 내가 너희에게 증거하노니 너희가 할 수만 있었더면 너희의 눈이라도 빼어 나를 주었으리라 그런즉 내가 너희에게 참된 말을 하므로 원수가 되었느냐 저희가 너희를 대하여 열심 내는 것이 좋은 뜻이 아니요 오직 너희를 이간 붙여 너희로 저희를 대하여 열심 내게 하려 함이라 좋은 일에 대하여 열심으로 사모함을 받음은 내가 너희를 대하였을 때뿐 아니라 언제든지 좋으니라 나의 자녀들아 너희 속에 그리스도의 형상이 이루기까지 다시 너희를 위하여 해산하는 수고를 하노니 내가 이제라도 너희와 함께 있어 내 음성을 변하려 함은 너희를 대하여 의심이 있음이라 하나님의 때가 무르익었을 때, 이천 년 전 이 땅에 우리 주님이 오셨습니다. 우리 주님이 오시자 이 세계가 예수 그리스도 이전과 예수 그리스도 이후라는 역사의 출발을 맞게 되었습니다. 영웅도, 철학자도, 예술가도 지나갔지만 세계 역사를 통합한 사람은 이제껏 없었습니다. 그런데 아기 예수가 이 땅에 오자 세계는 드디어 한 역사를 갖게 되었습니다. 놀라운 사실은 어떤 민족이든, 국가든 예수를 그리스도로, 주로 고백할 때 새로운 역사가 시작된다는 것입니다. 우리에게 더 구체적인 사건은 예수 그리스도가 내 마음의 그리스도요, 구세주 되심으로 말미암아 내 삶에도 새로운 역사가 시작되었다는 것입니다. 도대체 그분이 무슨 일을 하셨길래 그 앞에서 역사가 새롭게 시작되어야 합니까?

성경은 우리에게 말합니다. "때가 차매 예수 그리스도께서 이 땅에 오셨습니다." 그분은 신성으로 단번에 나타나신 것이 아니라 여인의 몸을 통해서 오셨습니다. 그랬기 때문에 강보로 싸주지 않으면 얼어죽을 수밖에 없습니다. 젖꼭지를 물려 주지 않으면 굶어죽을 한 아기로 왔습니다. 그리고 그분은 율법 아래 나셨고 율법 속에 사셨습니다. 하나님께서 말씀했습니다. "율법을 범한 즉 죽으리라." 사람들은 모두 율법의 범법자가 되었습니다. 그러나 예수님만은 여인에게 나시고 율법 아래 나셨지만 점도 티도 흠도 없는 생애를 사셨습니다. 그랬기에 그분은 남의 죄를 대신 지실 수 있었고 해결하실 수 있었습니다. 그분이 하신 일은 속량입니다. 속량이라는 말은 내가 지불할 그 대가를 그분이 대신 지불해 주셨다는 뜻입니다. 그러므로 율법의 요구인 죽음에서 우리를 풀어 주셨습니다. 그리고 우리를 죄의 권세에서 풀어 주신 것으로 끝나지 않고 하나님의 자녀로 삼아 주셨습니다. 그뿐 아니라 예수 안에서 우리는 성령으로 말미암아 하나님과 친밀한 교제, 아바 아버지라고 부르는 놀라운 관계가 시작되었습니다. 성경은 우리를 하나님의 상속자라고 말하고 있습니다. 이 지극한 영광이 우리 속에 시작되자마자 우리는 역사를 만들 수밖에 없습니다. 그런고로 이 영광이 사실이면 우리는 세바스챤 바하 없이, 헨델 없이 얼마든지 아름다운 곡을 만들어 냅니다. 놀라운 사실은 악보의 음표 하나도 모르던 흑인들이 예수가 구세주이고 주님이 되자마자 그들의 흥얼거림을 통해서 세상의 어떤 고백보다 더 뜨거운 흑인 영가를 작곡해 내고 말았습니다. 이 영광은 단테 없이도 얼마든지 〈신곡〉을 쓸 수 있습니다. 이 영광은 얼마든지 레오나르도 다빈치 없이, 라파엘로 없이, 미켈란젤로 없이 찬란한 그림 문화를 만들어 냅니다.

예수 믿는 것은 우리에게 건강이 찾아온다든지, 물질적인 부요가 생기는 정도가 아닙니다. 예수 믿는 것은 좀 윤리적인 삶을 사는 정도로 끝나지 않습니다. 하나님의 자녀가 됩니다. 명목상의 하나님의 자녀가 아니라 문자 그대로 친밀한 자녀입니다. 제가 늘 감사한 것은 대그룹 총수가 어떻게 다리가 후들거려 하나님 앞에 설 수가 있겠습니까? 그런데 제가 "아빠! 아버지!" 부르면 언제나 보좌를 펼쳐 주시고 내 기도를 들어 주시고 품어 주십니다. 내가 나를 잊을 때에도 잊지 아니하시고 사랑해 주고 보호하시고, 연약할 때 일으켜 세워 주시는 친밀한 아버지입니다. 또 하나님의 상속자로서 그리스도와 같이 누릴 상속의 영광을 누리게 되었다고 성경은 선언하고 있습니다. 이 영광이 사실이면 역사는 그 앞에 새로 시작되어야 합니다. 새로운 삶이 펼쳐져야 됩니다. 새로운 고백은 예술로서, 문화로서, 어떤 모습을 통해서든지 고백되지 않을 수가 없습니다.

사도 바울의 서운함

이런 놀라운 영광을 주셨는데 갈라디아 성도들은 당시의 규칙주의자들, 절기를 지킨다든지, 교회 안에서 일 몇 가지 한 것이 신앙생활의 전

부인 양, 잘못 가르치는 율법주의자들의 꾀임에 빠지게 되었던 것입니다. 사도 바울은 그것이 너무 안타까웠습니다. 12절입니다. "형제들아, 내가 너희와 같이 되었은즉, 너희도 나와 같이 되기를 구하노라." 이 말은 '내가 너희를 찾아 갔었다. 처음에 너희와 함께 있을 때 내가 너희 모습까지 내려갔었다. 이제는 너희들이 나를 본받을 때다, 내가 말한 대로 귀를 기울일 때다' 라는 것입니다. 그러면서 사도 바울은 이 갈라디아 성도들이 인간적으로 자기에게 얼마나 잘해 주었는지를 예를 들어 말하고 있습니다. "내가 너희들에게 나갈 때 병들었었다. 그럼에도 불구하고 너희들은 복음을 받았을 뿐 아니라 병든 나를 돌보아 주었다."

사도 바울이 안질이 심했다는 학설이 있습니다. 만약 말씀을 전하는 설교자가 눈에서 고름이 뚝뚝 떨어지고 눈이 새빨개지는 안질이 있다면 쳐다보기조차 힘들었을 것입니다. 그런데 그 사람들은 자기 눈이라도 떼어주고 싶은 마음으로 측은히 여기면서 사도 바울을 대우했습니다. 그래서 "너희들이 나를 천사처럼 대우했다"고 사도 바울은 말합니다. 그러나 그렇게 인간적으로 잘했으면서도 정작 사도 바울이 진정으로 원했던 복음 안에서 누릴 하나님의 복은 놓친 채 율법주의자들에게 다시 마음을 빼앗겼던 것입니다.

제가 예전에 C.C.C.라는 학생 단체에서 양육했던 분이 개인적으로 제게 참 잘합니다. 그런데 어느 날 그분이 여호와의 증인에 빠졌습니다. 저를 존경한다고 합니다. 지금도 저를 좋아한다고 말합니다. 그래도 저는 기쁘지가 않습니다. 사도 바울이 마치 이런 모습으로 지금 갈라디아 성도들에 대해 아파하고 있습니다.

신앙성장의 제일 목표 - 그리스도의 형상

"너희의 신분이 어떠한데, 너희가 누릴 영광이 어떤 것인데 다시 옛

날로 돌아가느냐? 너희의 신앙의 목표가 몇 가지 계율을 행하고 몇 가지 공부 끝나고 몇 가지 코스 끝나는 것이 아니다. 너희에게는 이런 영광의 목표가 있다"고 말하면서 19절에 신앙성장의 목표를 말씀하고 있습니다. "나의 자녀들아 너희 속에 그리스도의 형상이 이루기까지 다시 너희를 위하여 해산하는 수고를 하노니" 즉, '나의 자녀들아 너희 속에 그리스도의 형상이 이루어져야 한다. 그것을 위해서 다시 해산의 수고를 하겠다. 너희의 신앙성장, 너희 영광의 목표는 그리스도의 형상이다' 라고 말합니다. 그것은 신약의 가장 중요한 주제입니다. 로마서 8장 29절입니다. "하나님이 미리 아신 자들로 또한 그 아들의 형상을 본받게 하기 위하여 미리 정하셨으니 이는 그로 많은 형제 중에서 맏아들이 되게 하려 하심이니라." 여기 우리를 아시고 우리를 정하시고 우리를 구원하신 그 목적은 아들의 형상을 본받게 하기 위해서라고 말하고 있습니다. 이것이 신약 한두 구절의 이야기가 아닙니다. 이것은 하나님의 창조 계획입니다. 우리 하나님께서 인생을 창조할 때 그냥 창조하지 않았습니다. 하나님의 형상대로 지었습니다. 그런데 인생이 범죄함으로 하나님의 형상이 흐려졌습니다. 그랬던 인생이 예수 그리스도를 구세주와 주님으로 영접해서 하나님의 형상을 다시 회복했습니다.

예수께 나타난 하나님의 형상

그런데 하나님의 형상이 어떻게 생겼습니까? 성경은 말합니다. "본래 하나님을 본 사람이 없으되 아버지 품속에 있는 독생하신 하나님이 나타내셨느니라"(요 1:18). 예수 그리스도에게는 이 땅에 오신 하나님의 형상이 요구되었습니다. 하나님이 어떤 분인가 알고 싶으십니까? 예수님을 보십시오. 그의 큰 사랑과 용서를 보시고 싶으십니까? 골고다 언덕으로 나가 보십시오. 우리 주님께서 자기를 못박고 조롱하는 사람을 향해 말씀하십니다. "아버지여, 저들의 죄를 용서하여 주옵소서. 저들은 자기가 하는 일을 알지 못함이니이다." 하나님의 공의를 보고 싶으십니까? 노끈으로 채찍을 만들어 성전에서 장사꾼을 몰아내시는 주님의 모습 속에서 우리는 심판주 하나님의 모습을 봅니다. 또 병자들을 어루만지시고 찾아가시는 주님의 손길을 보면서 하나님의 긍휼과 자비를 봅니다. 아비가 자기 자식을 불쌍히 여김같이 인생을 불쌍히 여기시는 하나님의 심장을 우리들은 봅니다. 이것이 우리의 목표입니다. 저도 오해했던 것 있습니다. 하나님의 상속자라고 하니까 '빛나는 보석집을 상속받겠구나. 황금 길을 걸을 것이고, 그 옆의 열두 진주 대문이 내 것이다' 라고 상상했습니다. 저는 성경을 문자로 믿는 사람입니다. 내 생애 끝나면 그 영광의 상속이 다 내 것이 될 줄로 믿습니다. 그런데 그것보다 더 영광스런 상속이 있는 것입니다. 내가 하나님처럼 된다는 것, 하나님의 형상을 이루는 것, 그것을 미처 몰랐었습니다. 모든 상속 중에 가장 분명한 상속입니다. 이것보다 더 귀한 상속은 없습니다. 다른 것은 나와 상관없는 날이 있을 수 있습니다. 그러나 하나님의 영광의 형상을 입는 이 상속이야말로 움직일 수 없는 내 것입니다. 우리가 하나님을 무엇이라고 부릅니까? 아버지라고 부르지요? 그러면 자식은 누구를 닮아야 됩니까? 형상, 복잡하게 설명하지 말고 "애비 닮아라" 이 말로 다 설명이 될 것 같습니다. 이미 우리 속에 하나님의 상속이 시작되었습니다. 그것이 하나님의 형상입니다. 이것을 날마다 이루고 삽니다.

그리스도에게 목마른 자는 복이 있나니

제가 이 사실을 깨달았을 때 사실 저는 절망했습니다. 하나님 앞에서 날마다 자라가야 될 신앙의 목표가 하나님의 형상을 덧입는 것입니다. 제가 우리 남서울은혜교회 성도들을 양육시키는 목표가 성경 본문 달달

외우도록 하는 정도가 아니라, 봉사하고 헌신하게 하는 것으로 끝나지 않고 우리 그리스도의 형상, 우리 아버지의 모습이 각 사람의 삶 속에 드러나게 하는 일이라는 사실을 알았을 때, 절망하지 않을 수가 없었습니다. 왜냐하면 다른 것은 그래도 노력하고 시간이 흐르면 어느 정도 되어갑니다. 설교도 열심히 준비하고 세월 흐르니까 어느 정도 할 수 있고 또 대인관계에 있어서도 세월이 흐르고 나이가 드니까 사람을 용납할 줄도 알고 이해할 줄도 알게 됩니다. 신학지식도 해마다 점점 쌓여 갑니다. 그런데 내 속에 안 되는 것 있습니다. 그리스도의 형상이 내 속에 이루어지지 않고 있습니다. 이것이 제 고민이고 곤고입니다. 사도 바울은 말했습니다. "내가 예수 그리스도를 본받는 것처럼 너희도 나를 본받으라." 이 말씀 앞에는 그냥 주저앉았습니다. '하나님, 이런 말은 제가 못하겠습니다. 그렇다면 저는 가짜 목사입니다.' 그런데 산상수훈에 주께서 저를 향해 이렇게 말씀했습니다. "의에 주리고 목마른 자는 복이 있나니…"(마5:6). 의라는 말은 개념이 아닙니다. 예수 그리스도입니다. 로마서 3장 21절에 "하나님의 한 의가 우리에게 나타났다"고 했습니다. 그 의는 곧 그리스도라고 말했습니다. 그 말씀을 이렇게 읽어 보았습니다. "그리스도에게 주리고 목마른 자는 복이 있나니…" 그때 제가 감사했습니다. "네가 그리스도처럼 되었느냐?"고 하면 할 말이 없지만 "네가 그리스도처럼 되어야 한다는 사실에 주리고 목말랐느냐?" 이것은 할 수 있지 않느냐 말입니다. "너 거기 도달했느냐?" 그러면 할 말이 없지만 "네가 가야 될 인생의 방향이 거기인 줄 알고 그 방향으로 네 몸을 틀었느냐?" 그것은 할 수 있지 않느냐 말입니다. 그날부터 "주여, 감사합니다. 내가 평생 우리 주님의 형상을 목표로 바라보고 사모하고 나아가겠습니다"라고 기도했습니다. 이런 저를 향해서 주께서 말씀하십니다. "우리가 믿고 아는 일에 하나가 되어 그리스도의 장성한 분량을 향해서 자라가는 것이다. 너는 날마다 열심히 믿고 아는 것에 하나가 되어서 그 목표를 향해 나아가라"(엡 4:13). 성경 공부가 목표가 아닙니다. 봉사가 목표가 아닙니다. 헌신이 목표가 아닙니다. 우리의 인격 속에 그리스도의 형상이 드러나는 것입니다.

완성에 대한 주님의 약속

그런데 이룰 수 없는 요원한 그 목표를 주님께서 약속해 주셨습니다. "그리스도에 주리고 목마른 자는 복이 있나니 저희가 배부를 것이요. 주께서 채워 주실 것이요." 그리스도의 형상을 날마다 본받기 위해서 붙잡고 살면 언젠가 주께서 완성시켜 주시는 날이 있다고 성경은 말합니다. 고린도후서 3장 18절입니다. "우리가 다 수건을 벗은 얼굴로 거울을 보는 것같이 주의 영광을 보매 저와 같은 형상으로 화하여 영광으로 영광에 이르니 곧 주의 영으로 말미암음이니라." 내가 수건을 벗은 얼굴로 우리 주님을 만나는 그 날이 있는데 놀라운 사실은 그때 내 형상이 그분처럼 바뀌어 있다는 것입니다. 주리고 목마른 자에게 채워 주신다고 약속하신 하나님은 완성해 주실 날을 약속하고 있습니다. 빌립보서 3장 21절은 "그가 만물을 자기에게 복종케 하실 수 있는 자의 역사로 우리의 낮은 몸을 자기 영광의 몸의 형체와 같이 변케 하시리라." 어떻게 그런 일이 일어날 수 있다고 말했습니까? 만물을 자기 발 아래 복종케 하실 수 있는 자의 전능하신 능력으로 우리의 낮은 몸까지 그리스도의 영광의 형체로 바꾸어 주신다고 약속했습니다. 요한 일서 3장 2절에는 "사랑하는 자들아 우리가 지금은 하나님의 자녀라 장래에 어떻게 될 것은 아직 나타나지 아니하였으나 그가 나타내심이 되면 우리가 그와 같을 줄을 아는 것은 그의 계신 그대로 볼 것을 인함이니." 아직은 나타나지 않았지만 우리 주님께서 나타나실 그때에 내가 주님처럼 변화되어 있을 그 영광을 누리겠다고 말씀합니다. 인생은 하관식으로 끝나지 않습니다. 이 극한 영광을 우리가 목표로 가지고 삽니다. 하나님의 자녀들은 잘했든 못했든 결국은 그 목표를 향해서 자라가도록 되어 있습니다.

완성을 위한 과정, 고난

그런데 이 영광의 목표를 향해 가는 성도들에게 고난이 참 많습니다. 왜 이 고난이 계속될까요? 그런 고난의 이유에 대해서 욥은 이렇게 고백했습니다. 욥기 23장 10절에 "나의 가는 길을 오직 그가 아시나니 그가 나를 단련하신 후에는 내가 정금 같이 나오리라" 내 삶의 모든 불순한 부분이 사라지고 정금 같이 순전한 그리스도의 형상을 본받는 복이 고난을 통해서 이루어진다고 말하고 있습니다.

그것은 금 제련사에게 있어서는 사실입니다. 금 제련하는 나이 많은 할아버지에게 어떤 청년이 물었습니다. "순금이 되는 때를 어떻게 압니까?" 그러니까 이 할아버지가 실제로 금 제련하는 과정을 보여 줍니다. 먼저 여러 광석을 함께 가열시킵니다. 그러면 Boiling Point가 생겨서 녹기 시작합니다. 금은 물체 중에 낮은 온도에서 가장 먼저 액체로 바뀝니다. 또 금은 물체 중에 비중이 크기 때문에 불순물들이 위로 솟아납니다. 그러면 불순물이 솟아날 때마다 이 제련사는 걷어냅니다. 그리고 온도를 정확하게 재어봅니다. 왜냐하면 너무 뜨거워 다른 물질이 액체가 되면 불순물을 걷어낼 수가 없습니다. 그러니까 적당한 온도여야 됩니다. 온도계로 측정하여 불순물을 제거할 정도의 온도를 유지하며 불순물을 제거하면서 시간이 경과합니다. 마지막 최후의 불순물이 사라지면 금이 표면 장력을 일으켜서 판판하게 펴집니다. 그때 표면 장력 위에 제련사의 얼굴이 거울보다 더 또렷하게 드러난다고 합니다.

하나님께서 우리의 모든 불순물을 고통 속에서 제거시키십니다. 고통 없이 하나님 앞에 나온 사람이 없습니다. 고통이 없으면 사람이 교만해질 수밖에 없습니다. 형통이라는 것이 꼭 복인 것만은 아닙니다. 형통 때문에 하나님 모르고 평생을 사는 저주 받은 인생이 있고 돈을 쉽게, 많이 가졌기 때문에 하나님의 그 극한 영광을 모르는 채 이 땅에서 잠시 없어질 것을 마지막 것인 양 붙잡고 사는 사람들이 얼마나 많은지 모릅니다. 고통 속에서 내 시선을 하나님 앞으로 집중시킵니다. 하나님께서는 고통을 통해 내게 있는 불순한 것을 모두 제거해서 순금이 되었을 때 하나님의 빛나는 형상으로 내 생애를 채워 주시겠다고 말씀합니다. 그런고로 고통은 내 인생에 있어서 하나님의 형상을 뚜렷하게 드러내는 자양분입니다.

어떤 분은 이렇게 말할 수 있습니다. "내가 사모만 해도 나중에 완성되어서 그리스도의 영광의 형체를 덧입는다면, 그럭저럭 신앙생활하다가 마지막에 하나님께서 확 바꿔주실 그때 그 영광을 덧입으면 좋지 않겠습니까?" 그렇게 생각하는 사람들이 더러 있습니다. 천국에 입성했을 때 제일 기뻐하며 감격할 사람이 누구일까요? 저는 이런 확신을 가집니다. 내 속에 주님의 형상이 이루어지지 못해서 간밤에 눈물로 지새웠던 사람들, 내 속에 주님의 영광이 이루어지지 않는 것이 목말라서 하나님 앞에 외마디 소리 비명을 질러본 사람들, 그래서 그리스도의 형상이 내 속에 이루어지는 것이 얼마나 귀하고 영광스러운 것인가를 알았던 사람들이 비로소 천국에서 완성될 때, 그 기쁨이 한량없을 것입니다.

진정한 상속자, 그리스도의 형상을 본받아

예수께서 이 땅에 오신 것은 우리에게 좋은 성품을 만들어 주는 것으로 끝내기 위해서가 아닙니다. 주께서는 우리에게 새로운 신분을 주셨습니다. 하나님의 자녀라는 신분입니다. 자녀도 친밀한 자녀입니다. 친밀한 정도가 아니라 예수 그리스도가 가졌던 그 상속을 동일하게 누리는 자녀입니다. 그 상속은 물질적으로 눈앞에 보이는 것이 아닙니다. 가장 영광스러운 상속은 하나님의 형상이 내 속에 이루어지는 상속입니다. 내 안에서 자라는 상속입니다. 이것보다 더 본질적이고, 더 영광스럽고, 더 아름다운 상속은 없습니다. 이 땅에 오셔서 우리 앞에 보여 준 그 하나님의 형상이 내 삶 속에 이루어지는 영광입니다. 나는 주리고 목말라서 한 걸음 한 걸음 걸어가는데 그 어느 날 영광으로 완성시켜 주실 것이라는 하나님의 약속을 가지고 인생을 삽니다. 그래서 창세기는 내 성경책입니다. 왜냐하면 그때 내가 있지 않았지만 거기에 내 출발이 있습니다. 하나님의 형상대로 지은 바 되는 출발이 거기 있습니다. 요한계시록은 아직 보지 못했습니다. 멀고 먼 이야기 같습니다. 그래도 내 책입니다. 왜 내 책입니까? 거기에 내 완성이 있습니다. 이 극한 영광을 우리들은 가지고 삽니다. 부모의 유산은 조카도 받을 수 있습니다. 머슴도 받을 수 있습니다. 그러나 그 형상은 아무도 못 받습니다. 누구만 받습니까? 자녀만 받습니다. 이 영광이 내 영광입니다. 이것이 우리가 자라가야 될 목표입니다. 우리가 잘못하면 교회 습관, 교회 규칙 몇 개 지키고 교회의 프로그램 몇 개 해놓고 자랐다고 속습니다. 내 속에 그리스도의 형상이 이루어지고 있는가? 내 아버지의 모습이 드러나고 있는가? 이 땅에 오신 우리 주님의 모습이 우리 속에 있는가를 보아야 합니다.

그 목표를 상실한 채 규칙 몇 개 지키는 종교로 전락하는 갈라디아 성도들을 보고 사도 바울은 "깊은 고통 중에 너희를 지금 찾아가서 막 꾸중하고 싶다. 너희들이 인간적으로 내게 참 잘해 주었고 지금도 잘해 준다. 그러나 그것이 진정으로 나를 만족시키지 못한다. 너희 속에 있어야 될 것은 그리스도의 형상이"라고 말하고 있습니다. 우리 주님이 오셨습니다. 주님 오셔서 행하신 가장 영광스러운 결론은 바로 그리스도의 형상이 우리 안에 이루어지는 것입니다. 우리 아버지를 닮읍시다. 우리 아버지의 진짜 상속자, 본질적인 상속자가 됩시다.

12. 이스마엘을 내어 쫓으라

갈라디아서 4:21-31

내게 말하라 율법 아래 있고자 하는 자들아 율법을 듣지 못하였느냐 기록된 바 아브라함이 두 아들이 있으니 하나는 계집종에게서, 하나는 자유하는 여자에게서 났다 하였으나 계집종에게서는 육체를 따라 났고 자유하는 여자에게서는 약속으로 말미암았느니라 이것은 비유니 이 여자들은 두 언약이라 하나는 시내 산으로부터 종을 낳은 자니 곧 하가라 이 하가는 아라비아에 있는 시내 산으로 지금 있는 예루살렘과 같은 데니 저가 그 자녀들로 더불어 종 노릇 하고 오직 위에 있는 예루살렘은 자유자니 곧 우리 어머니라 기록된 바 잉태치 못한 자여 즐거워하라 구로치 못한 자여 소리질러 외치라 이는 홀로 사는 자의 자녀가 남편 있는 자의 자녀보다 많음이라 하였으니 형제들아 너희는 이삭과 같이 약속의 자녀라 그러나 그때에 육체를 따라 난 자가 성령을 따라 난 자를 핍박한 것같이 이제도 그러하도다 그러나 성경이 무엇을 말하느뇨 계집종과 그 아들을 내어쫓으라 계집종의 아들이 자유하는 여자의 아들로 더불어 유업을 얻지 못하리라 하였느니라 그런즉 형제들아 우리는 계집종의 자녀가 아니요 자유하는 여자의 자녀니라 위대한 하나님의 사람, 영국의 목사 요한 웨슬레의 설교 가운데 "Almost Christian"이라는 제목의 설교가 있습니다. 그러니까 그 뜻이 '거의 기독교인' 입니다. 이 '거의' 라는 단어가 참 좋을 때가 있습니다. 지금은 돌아가셨지만 일본 Sony社의 회장님이 늘 걱정하며 하는 이야기 중의 하나가 이것이었답니다. "몇 년 동안 기술 개발해서 전자제품을 마련하고 난 뒤 1년 후면 한국에서 거의 비슷한 제품이 나온다. 그러더니 그 기간이 점점 단축되어서 6개월 후, 3개월 후면 나오고, 이제는 거의 다음 달이면 거의 유사한 제품이 나온다." 사실은 이것으로 한국 경제가 이만큼 발전하는데 대단한 도움이 되었습니다. 또 자동차도 그렇습니다. 처음에는 일제 자동차가 미국시장에서 별 볼 일 없는 차였습니다. 그런데 그들이 참 열심히 기술 개발해 만들어서 미국 차보다 고장 없는 차로 미국인들의 마음속에 이미지를 심어 놓았는데, 지금은 한국이 일본 자동차하고 거의 비슷하게 만들어서 팔고 있습니다. 그것 때문에 한국 차가 세계 시장에서 좋은 가격 경쟁력으로 얼마나 많이 팔리는지 모릅니다. 거의 비슷한 것, 좋은 것입니다.

그러나 한편으로는 '거의' 라는 말이 치명적일 때가 있습니다. 한 학생이 좋은 대학을 목표로 해서 열심히 공부했습니다. 내신성적이 참 좋았습니다. 수능시험을 봤는데 최고 점수는 아니지만 그래도 괜찮은 점수를 받아서 흐뭇했습니다. 원서를 냈습니다. '거의 합격했습니다.' 그러면 합격입니까? 불합격입니까? '거의'가 괜찮을 때도 있지만 치명적일 때도 있습니다. '거의' 가지고는 도저히 안 되는 것이 있습니다. 그래서 최선의 가장 무서운 적은 차선이라는 이야기도 있습니다. 차선이 없었으면 최선을 살 사람들이 차선으로 만족해 버리고 말 수 있습니다. 더 발전해서 더 아름다운 진짜 생애를 살 수 있는데 차선 때문에 가짜의 삶을 살 수 있다는 말입니다.

유대인들은 예수 믿고 나서 예수 그리스도의 영광의 복음을 전하고 감동했습니다. 기뻐했습니다. 그런데 그중 어떤 사람은 예수 그리스도께서 완성하신 그 복음을 온전하게 신뢰하지 못한 채 과거에 의지하고 살았던 율법의 그늘을 벗어나지 못하고 있었습니다. 이런 사람들이 특별히 갈라디아 교회에 영향을 미치자 갈라디아 교회가 기우뚱거리기 시작했습니다. 이 사람들을 향해서 사도 바울은 말하고 있습니다. "내게 말하라. 율법 아래 있고자 하는 자들아 율법을 듣지 못하였느냐?" 그들이 잘 지키며 그처럼 소중하게 생각했던 율법을 자세히 보라고 말하고 있습니다.

이스마엘과 이삭

본문에서 보면 비슷해서 망한 사람이 있습니다. 나이는 열세 살 차이입니다. 한 사람의 이름은 이스마엘이고 다른 한 사람의 이름은 이삭입니다. 같은 것이 있습니다. 아버지가 같습니다. 그 아버지는 위대한 믿음의 조상 아브라함입니다. 하나님을 친구처럼 사귀었던 사람입니다. 하나님이 복의 통로로 삼은 하나님의 사람 아브라함이 그들의 아버지였습니다. 이 두 사람에게 같은 것이 많았습니다. 외모가 비슷했을지 모릅니다. 이복 형제라도 닮은 데가 있습니다. 저희 집에서도 보면 형제들이나 사촌까지 닮은 데가 많이 있습니다. 제 동생들이 저희 집에 와서 전화를 받아도 밖에 있는 사람들이 그 목소리를 구별 못 합니다. 그러므로 이삭과 이스마엘 사이에도 같은 것이 참 많았을 것입니다. 아버지 때로부터 내려오는 하나님께 예배하는 풍습도 같았을 것이고 그 가정만이 가졌던 삶의 스타일도 동일했을 것입니다.

그런데 다른 것이 있습니다. 신분이 다릅니다. 한 사람의 어머니는 종이었습니다. 한 사람의 어머니는 자유자였습니다. 당시의 법에 따라서 종의 자식은 종이었습니다. 그 신분은 변화될 수 없었습니다. 온전한 상속이 되어지지 않습니다. 이런 일은 우리 나라에도 참 많았습니다. 정실 부인에게서 출생하지 못하면 서출(庶出)로 평생 학대 받으면서 살았던 슬픈 이야기 중의 하나가 우리 홍씨 가문의 이름을 빌려 가지고 쓴 홍길동전이었습니다. 우리가 잘 아는 이야기입니다. 지금은 좀 달라졌지만 그때는 종의 후사이면 반드시 종인 시대였습니다. 그렇기에 이 두 사람은 비슷하지만 분명히 신분이 다른 사람들이었습니다. 자유자인 이삭은 아브라함의 약속을 그대로 받고 아브라함의 상속자로서 아브라함이 누릴 특권을 다 갖고 태어났습니다. 신분이 다른 통로를 통해서 이 세상에 왔습니다.

그러나 그것보다도 더 근본적으로 다른 것이 있습니다. 23절에 "계집종에게서는 육체를 따라 났고" 즉, 육체를 따라 낳았습니다. 아브라함이 그 생애를 살면서 두 가지 잘못한 것이 있습니다. 첫째로 잘못한 것은 자기 아내에게 누이라고 거짓말을 시킨 것입니다. "새로운 땅에 가면 당신이 예쁘게 생겼으니까 사람들이 그 일로 나를 죽일지 몰라." 그때는 외지 사람 죽이는 것을 별 문제삼지 않을 때입니다. 그렇기에 "당신은 나를 오빠라고 불러." 사라는 마지못해서 오빠라고 불렀을 것입니다. 그런데 요즘 젊은 부부들은 모두 남편을 오빠라고 부르더군요. 아브라함 닮아갑니다. 아직도 저는 그런 호칭이 이상합니다. 그런데 아브라함의 좋은 것도 좀 흉내냈으면 좋겠는데, 하필이면 아브라함의 약점만 따라합니다. 예전에 한 친구가 늘 자기는 나폴레옹 닮았다고 자랑했습니다. 그래서 "뭐가 닮았냐?"고 물으면 "키"라고 합니다. 다른 것도 닮으면 좋은데 키 작은 것만 같습니다. 이처럼 우리가 잘못하면 약점을 닮고서, 닮았다고 폼을 잡을 수 있습니다. 아브라함의 생애에 치명적인 약점 중의 하나가 바로 자기 아내에게 오빠라고 부르라고 한 것이었습니다. 그리고 두 번째로 아브라함의 생애에 돌이킬 수 없는 더 큰 후회를 낳게 된 잘못이 있습니다. 그가 75세에 갈대아 우르를 떠난 후, 하나님께서 "내가 준 땅, 동서남북을 모두 보아라. 다 이것은 네 것이다. 그리고 하늘의 별처럼, 바다의 모래처럼 네 자손으로 이 땅을 편만히 채우리라"고 약속하셨습니다. 그런데 자식이 안 생깁니다. 안타까웠던 아브라함과 사라는 여러 궁리 끝에 여종 하갈을 통해 아이를 출산하기로 했습니다. 그때 당시의 풍습으로 여종은 여주인의 물건이었습니다. 인격이 아니고 소유였습니다. 마음대로 사고 팔고 무슨 짓을 해도 괜찮았습니다. 그래서 그 여종의 자궁을 빌려서 아이를 낳는 것은 당시의 문화였습니다. 우리 나라에도 지금부터 한 50,60년 전만 해도 자녀 없는 집안이 씨받이를 했고 요 근래 서구 사회에서 대리모라는, 아이를 낳아 주는 여자를 사서 아이 낳는 경우가 있지 않습니까? 그래서 그런 방법으로 사라가 자기 여종 하갈을 통해 아이를 낳을 것을 제안합니다. 아브라함이 생각하기에도 자기 핏줄이 섞이지 않은 엘리에셀을 데려다가 양자 삼는 것보다 피가 섞인 이 방법이 더 좋겠다 싶어서 하나님께 묻지도 않고 그것을 실행했습니다. 그렇게 낳은 아들이 이스마엘입니다. 육체를 따라 낳았다는 것이 이 뜻입니다. 인간의 방법대로 낳았습니다.

여기에 비해서 이삭은 하나님의 약속을 믿어서 낳은 아들이었습니다. 자기 몸이 죽은 것 같음과 사라의 태가 닫힌 것을 알고도 아브라함은 하나님을 의심하지 아니하고 더욱 믿음에 굳게 서서 하나님께서 주실 것을 앙망했습니다. 자기와 사라 몸의 조건과 상관없이 빛이 있으라 명령하매 빛이 생겼던 그 하나님의 전능하심을 따라 이삭은 태어났던 것입니다. 하나님의 신실한 약속에 따라 그 아들이 주어졌습니다. 비슷하지만 내용이 전혀 다릅니다.

시내 산의 율법

이 두 사건을 빌려서 시내 산에서 율법을 받은 일을 설명합니다. 하나님의 능력을 신뢰하고 하나님의 약속을 의지하지 못했던 이스라엘 백성에게 시내 산에서 하나님께서 율법을 주십니다. 홍해가 갈라졌고 낮에는 구름기둥, 밤에는 불기둥으로 저들의 앞길을 인도해 주시고 반석에서 샘물이 나게 했는데도 이스라엘 백성들은 계속 원망합니다. 늘 범죄합니다. 그래서 하나님께서 이스라엘 백성을 부르십니다. "너희들 각기 마음대로 사는데, 너희들에게 인생으로서 내 앞에서 이렇게 살아야 된다는 몇 가지 짧은 계명을 주겠다. 너희들 그것을 지키겠느냐?" 그러니까 모든 이스라엘 백성들이 "여호와께서 주시는 것을 우리가 전심으로 행하리라" 약속합니다. 그래서 하나님께서 그들에게 약속을 받고 율법을 주었습니다. 그래서 그들이 율법을 부지런히 순종하고 따라갑니다. 바로 그 말이 성경에 이렇게 기록되어 있습니다. "이것은 비유니 이 여자들은 두 언약이라 하나는 시내 산으로부터 종을 낳은 자니 곧 하가라 이 하가는 아라비아에 있는 시내 산으로 지금 있는 예루살렘과 같은데니 저가 그 자녀들로 더불어 종 노릇 하고…."

사람들이 주께서 주신 계명을 따라 자기 노력으로 열심히 살기 시작했습니다. 좋은 나라를 만들려고 노력했지만 그들은 또 무너집니다. 무너지면 저들이 고통을 받습니다. 고통을 받고 울부짖자 하나님께서 저들에게 사사를 보내어 사사 시대가 펼쳐집니다. 그러다가 저들은 이렇게 말합니다. "하나님, 우리도 율법만 가지고는 안 되겠으니 세상 다른 나라처럼 왕을 주시옵소서." 하나님께서 저들이 요청하니까 왕을 세워 주십니다. 초대 왕 사울은 실패자였습니다. 두 번째 통일왕국의 왕이 된 다윗은 그래도 하나님의 마음에 합한 사람이었습니다. 그러나 잠깐이었습니다. 그 다음 솔로몬 때부터 범죄하기 시작합니다. 무너집니다. 나라가 나뉩니다. 북쪽 이스라엘은 얼마 못 가서 망했고 남쪽 유대에는 히스기야나 요아스 같은 몇몇 하나님을 경외하는 왕이 있었지만 저들도 계속 침체를 겪다가 결국 망해서 바벨론의 포로로 잡혀갔습니다. 그 이후에도 계명을 순종하려고 노력해서 돌아왔다가 다시 포로로 잡혀가고, 또다시 돌아왔다가 잡혀가는 비극을 반복합니다. 저들이 만들었던 이 땅의 예루살렘은 온전하지 못했습니다. 늘 불안정했습니다. 늘 패배와 좌절과 낙심으로 가득 찬 도성이었습니다. 그리고 지금 사도 바울이 갈라디아에 말씀하고 있을 그때에도 저들은 이미 자유자가 아니라 종이 되어서 로마의 속국으로 고통을 겪고 있었습니다.

약속된 새 예루살렘

사도 바울은 지금 그것을 지적하고 있습니다. "너희들이 지금도 종노릇 하고 있지 않느냐? 하나님께서는 이 땅에 예루살렘을 주시려고 하지 않았다. 하나님께서 예비한 또 다른 완전한 예루살렘이 있다." 26절입니다. "오직 위에 있는 예루살렘은 자유자니 곧 우리 어머니라." 외침 받아서 늘 흔들리는 불완전한 도성이 아니라 하나님께서 우리를 위해 마련하신 도성, 새 예루살렘입니다. 아브라함은 이 세상 장막에 살면서 믿음으로 그 영광의 본향을 그리고 살았던 것입니다. 요한계시록 21장에 그 예루살렘이 우리 위해 내려오는 완성의 날이 있습니다. 거기에는 이 땅에 있는 것들이 없습니다. 거기에는 곡하는 것이 없습니다. 슬픔이 없습니다. 아픔이 없습니다. 이별이 없습니다. 이 땅은 이별의 땅입니다. 사랑하는 사람들을 하나하나 떠나보내는 것이 인생 이력서입니다. 그러나 그곳은 다시 만나는 장소입니다. 요즘 저는 소천하신 어머니가 참 보고 싶습니다. 그런데 저는 우리 어머니가 계신 곳을 압니다. 제게 천국은 개념이 아닙니다. 상상의 땅이 아닙니다. 원하는 땅이 아닙니다.

우리 아버지, 어머니가 계신 곳입니다. 내 사랑하는 사람들이 있는 장소입니다. 거기서 더욱 귀한 것은 나를 나보다 더 사랑하시는 우리 주님을 만나는 것입니다. 하나님께서 나를 위해 완전하게 마련하신 영광의 땅이 있습니다.

이 땅에서 성공하십시오. 이 땅에서 출세하십시오. 이 땅에서 소원을 모두 이루십시오. 그러나 아무리 모든 것을 가져 봐야 하나님께서 우리를 위해 마련하신 저 천국의 영광에 비하면 아무것도 아닙니다. 그 영광의 땅, 완전한 예루살렘이 나를 위해서 마련되었습니다. 우리가 이 세상 살다가 죽을 때가 있을 것입니다. 그러나 죽은 것이 아닙니다. 우리 아버지가 준비하신 그 예루살렘에 입성할 것을 믿습니다. 하나님께서 나를 위해서 마련하신 그 영광의 땅입니다. 그분은 낳을 수 없는 아들을 사라에게 주셨고, 포로로 잡혀가서 절망했던, 인간의 힘으로는 다시 돌아올 수 없는 자녀들을 주의 능력으로 다시 번성케 하시는 하나님입니다. 이사야 54장 1절에 있는 이사야의 예언이 성취된 것을 상기하면서 28절은 이렇게 말합니다. "너희는 이삭과 같이 약속의 자녀라." 지금 눈에 보이는, 그리고 애쓰고 수고해서 얻은 정도의 시시한 것을 상속받는 것이 아니라는 것입니다. "너희는 사라의 정실 자손이요, 약속의 자녀인 이삭과 동렬(同列)에 선 하나님의 자녀"라고 말합니다.

그리스도인들이 당하는 핍박

그리스도인들이 이 세상을 살 때 어쩔 수 없이 당해야 하는 것과 기어코 해야 될 것이 있습니다. 무엇을 당하느냐면 세상 사람들에게 핍박을 당합니다. 여기 29절에 "그러나 그때 육체를 따라 난 자가 성령을 따라 난 자를 핍박한 것같이 이제도 그러하도다." 이스마엘이 16세쯤 되었을 때, 세 살쯤 된 이삭의 생일을 축하하는 날이었습니다. 어른들 틈

바구니 속에서 재미없던 세 살 된 어린아이가 형이 노는 것을 보고 나갔던 것 같습니다. 이삭은 자기 형이라고 좋아서 나갔는데 이스마엘은 심술이 났습니다. 이 꼬마가 없었을 때는 모든 식구들의 애정을 한 몸에 받았던 이스마엘이었는데 갑자기 한 아이가 출생하자마자 모든 관심이 그 아이에게로 쏠립니다. 1년 지나도 바뀌어지지 않습니다. 2년 지나더니 더 지나치고 3년 지나더니 이제는 자기의 생일 같은 것은 안중에도 없습니다. 이스마엘은 이 어린 이삭을 보자마자 분풀이를 하고 싶었습니다. 사람이 없자 조롱하고 희롱하면서 못된 짓을 했던 것 같습니다. 이런 것처럼 이 세상에 사는 경건한 그리스도인들에게 동일한 핍박이 있을 것입니다.

그러나 이러면 안 됩니다. 예전에 어떤 분이 '법창에 비친 그리스도인의 모습'이라는 제목으로 강의하길래 제목이 재미있어서 들어 보았습니다. 검사 출신 강사였습니다. 그분이 열심히 법정 기록을 살펴 보니까, 일제 때 그리스도인의 삶의 기록을 보면서 자기도 모르게 무릎을 치면서 "과연!" 하고 외쳤다는 것입니다. 일제 앞에 머리 숙이지 않고 의롭고 정직하기 때문에 핍박을 당한 그리스도의 모습을 보면 "과연!" 그래진다는 겁니다. 그런데 해방 후 보니까 "설마! 아니 그 사람들이 이렇게 바뀌어졌는가?" 싶어 "설마!"로 바뀌더라는 거예요. 6.25전쟁이 끝난 다음에는 "할 수 없군!"으로 감탄사가 바뀌었고, 요즘은 "한 술 더 떠!"로 바뀌었답니다. 이처럼 우리가 잘못해서 조롱받고, 우리가 잘못해서 사람들에게 멸시받는 것은 성경이 말하는 것이 아닙니다.

그것과는 정반대입니다. 주님을 알고 순종하기 때문에 당하는 손해가 있습니다. 주님 모습을 닮아가기 때문에 세상이 시기해서 내뱉는 멸시가 있습니다. 이것이 "무릇 주 안에서 경건하게 살고자 하는 자는 핍박을 받으리라"고 한 말씀입니다. 이런 핍박을 우리가 당합니다. 이것은 각오하십시오. 예수 믿기 때문에 복받고 형통하고 건강해지는 것이 아닙니다. 예수 믿기 때문에 손해도 나고 멸시도 받아 봐야 됩니다. 우리 속에 진정한 그리스도인의 삶이 있고, 세상과 다른 삶이 있고, 하나님의 자녀로서 세상이 흉내내지 못할 삶이 있다면 우리에게는 분명하게 손해가 따릅니다. 이것을 안 당하려고 하니까 진짜 수치를 당합니다. 성령으로 태어난 자들은 이삭이 조롱당하는 것처럼 조롱당할 것이라고 말합니다.

이스마엘을 내어 쫓으라

그런가 하면 해야 될 것이 있습니다. 한편으로 당하지만 한편으로는 우리가 능동적으로 해야 됩니다. 한편은 수동적이지만 다른 한편은 적극적으로 해야 됩니다. 30절에 이렇게 말합니다. "그러나 성경이 무엇을 말하느뇨 계집종과 그 아들을 내어 쫓으라." 내 속에 하나님을 신뢰하는 진정한 신앙에 반대되는 신앙생활 비슷한 것이 있으면 내쫓으란 말입니다. 하나님의 영광의 상속자로서의 삶을 훼손하는 가짜를 내어치라는 말입니다. 내 속에서 그것이 사랑스러워서, 정 때문에 못 끊습니다. 안 됩니다. 비슷한 것은 내쫓으십시오. 복음은 하나님께서 우리를 위해 다 이루어 놓은 것입니다. 율법은 내가 한다는 것입니다. 그래서 율법주의자에게 치명적인 약점은 인격적이 아니라는 것입니다. 순종하는 사람은 내게 명령하신 하나님과 사랑의 눈동자를 마주칩니다. 이것이 복음이 갖는 특성이고 복음의 교제를 누리는 사람들의 영광입니다. 그런데 애쓰고 수고해서 율법을 얻어 봐야 굉장한 것을 얻는 것 같지만 결국은 교만을 얻습니다. "내가 했다. 내가 얼마나 위대한가?" 그러나 살아 계신 하나님께서 이 땅에 독생 성자를 보내시고 나의 죄를 대속하고 구속하신 그 은혜가 내 것이라면 우리가 주의 주 되심을 신뢰하며 순종함으로 놀라운 하나님의 상속자의 삶을 살게 됩니다. 쓴 약을 먹듯이 그냥 내가 해치우는 것이 아닙니다. 성령께서 내 속에 살아 계시고 움직이시고 역사하셔서 우리로 그 영광의 상속을 이 땅에서 누리도록 은혜를 베풀어 주십니다. 나에게서 우리 하나님으로 신뢰의 대상을 옮겨놓습니다. 이것이 믿음입니다. 신뢰가 비슷하니까 사람들이 속습니다.

제가 얼마 전에 뇌성마비 시인 송명희 씨와 같이 시간을 보냈는데 이런 이야기를 합니다. "목사님, 제가 참 회개하는 것 중의 하나는요, 유명해지고 사람들이 알아 주고 박수쳐 주니까 내 시집, 내 업적, 이것들에 의지하게 되는 거예요. 내가 이렇게 못됐어요." 울면서 이렇게 고백하는 것이었습니다.

신뢰의 대상이 바뀌어야 됩니다. 내가 아닙니다. 내 눈에 보이는 것이 전부가 아닙니다. 하나님께서 나를 향해 가지고 계신 큰 영광의 약속들, 내가 나를 생각하는 것보다 더 깊이 생각하고, 위해 주시면서 마련하신 그 아름다운 약속을 오늘도 신뢰하면서 믿음으로 나아갑니다. 이 일을 위해서 이스마엘을 쫓아 버리십시오. 진짜 상속자가 아닌 삶을 내버리십시오. 하나님의 아들로 당당한 상속자의 삶을 사십시오. 이것이 갈라디아 성도를 향해서 사도 바울이 강조하고 강조하는 것입니다. 31절입니다. "그런즉 형제들아 우리는 계집종의 자녀가 아니요 자유하는 여자의 자녀니라." 28절은 "형제들아 너희는 이삭과 같이 약속의 자녀라." 23절에는 "계집종에게서는 육체를 따라 났고 자유하는 여자에게서는 약속으로 말미암았느니라."

새 천년, 엄청난 변화가 올 것입니다. 우리의 상상을 초월하는 수많은 변화가 우리 앞에 다가설 것입니다. 어떤 것이 지혜인 줄 모르고 어떤 것이 빛인지 모를 때가 있을 것입니다. 그때도 우리의 시선을 아버지 하나님께 두십시오. 그 약속을 신뢰하고 믿음으로 사십시오. 그렇게 살

때, 우리들은 21세기에도 복의 근원이 될 줄로 믿습니다.

13. 그리스도인의 자유

갈라디아서 5:1-15

　그리스도께서 우리로 자유케 하려고 자유를 주셨으니 그러므로 굳세게 서서 다시는 종의 멍에를 메지 말라 보라 나 바울은 너희에게 말하노니 너희가 만일 할례를 받으면 그리스도께서 너희에게 아무 유익이 없으리라 내가 할례를 받는 각 사람에게 다시 증거하노니 그는 율법 전체를 행할 의무를 가진 자라 율법 안에서 의롭다 함을 얻으려 하는 너희는 그리스도에게서 끊어지고 은혜에서 떨어진 자로다 우리가 성령으로 믿음을 좇아 의의 소망을 기다리노니 그리스도 예수 안에서는 할례나 무할례가 효력이 없되 사랑으로써 역사하는 믿음뿐이니라 너희가 달음질을 잘하더니 누가 너희를 막아 진리를 순종치 않게 하더냐 그 권면이 너희를 부르신 이에게서 난 것이 아니라 적은 누룩이 온 덩이에 퍼지느니라 나는 너희가 아무 다른 마음도 품지 아니할 줄을 주 안에서 확신하노라 그러나 너희를 요동케 하는 자는 누구든지 심판을 받으리라 형제들아 내가 지금까지 할례를 전하면 어찌하여 지금까지 핍박을 받으리요 그리하였으면 십자가의 거치는 것이 그쳤으리니 너희를 어지럽게 하는 자들이 스스로 베어 버리기를 원하노라 형제들아 너희가 자유를 위하여 부르심을 입었으나 그러나 그 자유로 육체의 기회를 삼지 말고 오직 사랑으로 서로 종 노릇 하라 온 율법은 네 이웃 사랑하기를 네 몸 같이 하라 하신 한 말씀에 이루었나니 만일 서로 물고 먹으면 피차 멸망할까 조심하라

160 자유를 위하여 부르심을 입었나니

조금 착해지고 개조된 인생을 살게 되는 것이 예수 믿는 것의 전부가 아닙니다. 예수 믿는 것은 하나님의 복으로 소유가 좀 늘어나는 정도가 아닙니다. 우리가 예수 믿을 때, 예수께서 내 죄를 위해서 십자가에 죽으셨음을 믿습니다. 내 죄는 십자가 위에서 처단되었습니다. 그래서 하나님께서 우리를 용서해 주십니다. 용서해 주시는 것으로 끝나지 않습니다. 하나님께서 죄를 십자가에서 처단했기 때문에 나를 의롭다고 여겨주십니다. 또 그것으로 끝나지 않습니다. 예수님 믿으므로 하나님을 아바 아버지라고 부르게 됩니다. 영접하는 자, 곧 그 이름을 믿는 자들에게는 하나님의 자녀된 권세를 주셨습니다(요 1:12). 이것이 예수님 믿는 특권 중의 특권입니다. 하나님께서 나의 아버지라면 나는 하나님의 상속자요, 하나님께 속한 빛나는 아름다운 것들이 다 내 것이 됩니다. 우리의 생애가 끝난 다음, 우리들은 이 영광의 땅에 도착할 것입니다. 그 빛나는 새 예루살렘에서 하나님께서 마련하신 엄청난 복들을 영원토록 누릴 것입니다. 그런데 그 상속들 중에 가장 빛나는 상속이 있다면 그것은 하나님의 형상이 내 속에 이루어지는 것입니다. 자식이라면 아버지의 집을 얻는 것보다, 아버지의 패물을 갖는 것보다, 아버지의 재산을 갖는 것보다 더 큰 상속이 아버지의 유전인자를 그대로 물려받는 것입니다. 이런 놀라운 상속자로 우리를 부르셨습니다. 그래서 우리 속에 하나님의 형상이 날마다 이루어지고, 천국에서 눈 뜰 때 완전하게 그의 형상으로 변화되어 있는 영광을 경험하고 놀랄 것입니다. 이런 놀라운 신분으로 우리를 부르셨습니다. 부르신 주께서는 이제 우리가 하나님의 자녀로서 이러이러한 삶을 살아야 된다고 갈라디아서 5장, 6장을 통해 말씀하고 있습니다.

하나님의 자녀된 삶의 모습, 자유

하나님의 자녀가 이 땅에서 누릴 가장 첫번째 삶의 모습은 '자유' 라고 말합니다. 갈라디아서 5장 1절입니다 "그리스도께서 우리를 자유케 하시려고 자유를 주셨으니 그러므로 굳세게 서서 다시는 종의 멍에를 메지 말라." 우리들은 하나님의 자녀입니다.

아브라함에게 두 종류의 자녀가 있었습니다. 한 자녀는 하나님의 약속으로 이 땅에 온 이삭입니다. 그러나 한 자녀는 사람이 노력해서 만든 이스마엘입니다. 하나님께서는 인간의 노력으로 애쓰고 수고해서 만든 이스마엘을 그 집에서 쫓아내라고 말씀합니다. 그리고 "너의 모습 중 어디에도 종의 형태는 없으니까, 온전한 하나님의 상속자로서 온 세상의 왕이신 하나님의 아들로 이 땅에서 자유를 누려라." 이것이 기독교인의 자유입니다. 그렇기 때문에 대통령도 내 주인 아닙니다. 세상의 누구도 내 주인 될 수 없습니다. 내 상사가 내 주인이 아닙니다. 모두 하나님의 자녀입니다. 그래서 우리가 하나님을 한 아버지로 모셨으면 우리들은 형제, 자매로 만나면서 이 자유를 누립니다. 오늘 말씀이 우리에게 경고합니다. "너희들이 다시는 종의 멍에를 메지 말라. 너희는 하나님의 자녀다." 그렇습니다. 아들은 자유를 누립니다.

우리 집에 같이 있을 수 있는 세 종류의 사람이 있습니다. 첫째 사람은 손님입니다. 우리는 그 손님을 환대합니다. 음식도 대접하고 잠자리도 마련해 줍니다. 그렇지만 손님은 자유롭게 냉장고 문을 못 엽니다. 우리 집에 들어오면 자유가 없습니다. 규칙 속에 삽니다.

또 다른 한 종류가 있을 수 있습니다. 요즘은 없는 일이지만 집안 일을 도와주는 사람이 있습니다. 그 사람과 같이 살 수도 있습니다. 그렇지만 그 사람에게는 자유가 없습니다. 규칙 속에 매여 있습니다. 그렇지만 공부하러 갔다 돌아온 아들은 오자마자 혼자 난장판을 피웁니다. 신발을 제 마음대로 내던지고, 들어오고 나가는 것도 제 마음대로이고 그리고 냉장고 문 여는 것도 제 마음대로입니다. 실제로 스탈린 같은 독재자 앞에서는 모든 사람들이 사시나무 떨듯 덜덜 떨고 그의 권위에 매여서 숨도 제대로 못 쉽니다. 그런데 스탈린 딸은 그 앞에서 해롱거리며 아빠 손잡고 마음대로 자유를 누립니다.

우리는 자유인입니다. 하나님의 자녀로 엄청난 자유를 누립니다. 그러므로 다시 하지 말아야 될 것 있습니다. 종의 멍에를 메면 안 됩니다. 과거에는 죄의 종 노릇 할 수밖에 없었습니다. 죄가 시키는 대로 살 수밖에 없었습니다. 그러나 지금은 그 죄의 사슬이 풀렸습니다. 죄로 규정하는 율법의 얽매임에서 풀려 났습니다. 그런고로 우리는 자유인입니다. 그 죄로 정하는 율법이 다시는 나와 상관이 없습니다.

그런데 당시의 유대주의자들은 이렇게 생각했습니다. '예수 그리스도를 개인의 구세주와 주님으로 모셔서 우리가 구원을 받은 것은 사실이다. 그렇지만 우리가 그래도 조금만이라도 율법을 행해야 되지 않겠는가?' 율법 범죄함을 정죄하는 것을 모두 없애버렸는데도 불구하고 다시 율법으로 돌아갑니다. 사도 바울이 성경적으로 율법을 없애버린 자유를 이야기하자 "그렇다, 네 말이 맞다. 그러나 그중의 하나만은 지켜야 될 것 아닌가? 아브라함에게 주신 약속, 할례는 지켜야 한다"라고 꼬시는 사람들이 있었습니다. 이 할례는 이스라엘 본토 사람들에게는 손쉬운 것이었습니다. 왜냐하면 난 지 8일 만에 할례를 받기 때문에 아픈 것도 모를 때 할례가 끝났습니다. 그런데 이방에서 예수 믿는 사람들의 경우, 외과적인 수술인 할례하는 것이 고통스러워서 많은 사람들이 그것을 기피했습니다. 그런고로 유대인들은 이미 손쉽게 할례를 받았기 때문에 '우리가 받는 구원과 너희의 구원은 다르다'고 착각하며 살았습니다. 예수 그리스도보다도 이 할례를 통해서 구원이 왔다고 잘못 생각했습니다. 사도 바울은 "할례는 우리 구원의 유익이 되지 못한다"고 말합니다. 그리고 "네가 할례 하나만 받은 것 그것을 자랑하는가? 아니다, 원래 율법을 지키려면 모든 율법을 다 지켜야 한다. 할례 하나만 아니라. 너희들이 율법을 통해서 구원받으려고 노력한다면 너희들은 그리스도에게서 끊어진 자로다. 주께서 나를 위해서 행해 주신 그 일을 모독한 자이고 주님의 은혜를 멸시하는 자라"고 지적하고 있습니다.

우리들은 성령 안에서 믿음으로 주님께서 이미 이루신 것을 누리며 살고 소망하며 삽니다. 삶의 내용은 구원하신 사랑을 좇아 믿음으로 봉사하고 믿음으로 수고하는 것이지, 수고했기 때문에 구원받은 것은 아닙니다. 그 은혜가 너무 기쁘고 감사해서, 그 사랑 때문에 나도 모르게 봉사하게 된 것이라는 것입니다. 이 율법주의자들을 향해서 사도 바울은 누룩 같다고 말했습니다. 적은 누룩 하나가 반죽에 붙으면 그대로 있지 않고 계속 부풀어져 반죽을 커다랗게 만들어 버리는 것처럼 그것 하나만 딱 지키라고 해놓고 사실은 그것으로 끝나지 않는다는 것입니다. 그러므로 "적은 율법 하나만 지키라는 말에 속지 말아라. 그것은 결국 다시 율법으로 얽매이게 하는 것이라. 너희들이 할례 받은 것 자랑하느냐? 아예 거세해라"라고까지 말합니다.

그러면서 우리에게 놀라운 자유가 있음을 선언합니다. 우리 주님께서는 요한복음 8장 32절에서도 "진리를 알지니 진리가 너희를 자유케 한다"고 선언했습니다. 또 "아들이 너희를 자유케 하면 너희가 참으로 자유하리라"(요 8:36)고 말씀했습니다. 예수님께서 십자가에서 완성하심으로 우리에게 완전한 자유를 주셨습니다. 나는 자유자입니다. 어떤 삶을 살아도 내가 인생을 마음대로 살 수 있습니다. 루즈벨트 대통령이 인간의 자유를 선포할 때 집회 결사의 자유, 주거 이전의 자유, 종교와 생각의 자유를 거론했습니다. 그런데 그 자유보다 더 엄청난 자유입니다. 예수 그리스도께서는 죄와 그 죄를 규정하는 모든 율법으로부터 우리를 자유케 하셨습니다.

적극적인 자유

그러면 이 자유는 어떤 자유인가요? 그러면 자유했기 때문에 내가 마음대로 내 인생을 살아도 된다는 말인가요? 그리스도인의 자유가 13절부터 15절까지 이렇게 기록되었습니다. "형제들아 너희가 자유를 위하여 부르심을 입었으나 그러나 그 자유로 육체의 기회를 삼지 말고 오직 사랑으로 서로 종 노릇 하라 온 율법은 네 이웃 사랑하기를 네 몸같이 하라 하신 한 말씀에 이루었나니 만일 서로 물고 먹으면 피차 멸망할까 조심하라"

첫번째 그리스도인들의 자유는 자기 욕심껏 육체의 기회로 삼지 않는 자유입니다. 우리들은 자유를 마음대로 방종하는 것이라고 착각합니다. 그러나 이 육체의 기회로 삼지 않는 자유라는 말은 타락한 본성의 충동에 따라 살지 말라는 말입니다.

탕자의 비유에서 보면 탕자는 아버지께 졸라서 자기 재산을 갖고 아버지 집을 나가는 자유를 누리고 살았습니다. 우리들은 이것을 자유라고 생각합니다. 그런데 그리스도의 자유는 이런 소모적인 자유, 소극적인 자유, 도피하는 자유가 아닙니다. 그리스도인의 자유는 적극적입니다. 탕자가 어느 날 모든 것을 다 탕진하고 죽게 되었습니다. 더 이상 아버지 떠난 삶은 절망이었고 저주였습니다. 그래서 결심합니다. "내가 하늘과 아버지께 죄를 지었다. 다시는 내가 아버지라고 부를 자격이 없다. 그러나 우리 아버지 집에 품꾼으로라도 써달라고 해야겠다." 그리고 그는 돌이켰습니다. 우리들이 집을 나가는 자유도 자유이지만 돌이켜서 아버지 집에 돌아가는 것도 자유입니다. 탕자는 집에 돌아갑니다.

맨발로 누더기를 걸쳐 입고 아버지 집에 갑니다. 세월과 고생이 그의 얼굴을 바꾸어 놓았습니다. 그래서 동네 사람들은 누더기 입은 그 사람이 이 집 아들인 줄 몰랐습니다. 그러나 사랑의 아버지는 저 동구 밖에 아들이 나타나자 상거가 먼데 알아 봅니다. 대개 나이가 들면 눈이 나빠집니다. 그런데 나이를 뛰어넘어서 그 아버지는 벌떡 일어납니다. 그리고 뛰어 달려갑니다. 뛰어 달려가는 이 노인의 발이 사랑입니다. 그는 사랑하는 아들을 덥석 껴안습니다. 껴안은 그 가슴이 사랑입니다. 더러워질 때로 더러워진 그 목에 입을 맞춥니다. 맞추는 그 입이 사랑입니다. 온통 사랑입니다. 탕자가 외롭게 집을 나가는 것이 자유라면 그처럼 풍성한 아버지의 사랑의 품속에 뛰어드는 것도 자유입니다. 우리가 우주 밖으로 하나님으로부터 멀리 도망나가서 외롭게 발을 떠는 것도 자유라면, 내가 내 잘못을 깨닫고 돌아서서 주님의 품속에 뛰어드는 것도 자유입니다. 적극적인 자유입니다. 긍정적인 자유입니다. 생명의 자유입니다. 풍요를 향한 자유입니다.

우리들은 마음대로 행하는 것을 자유라고 생각합니다. 그러나 성경은 그렇게 말하지 않습니다. 아버지의 품속에 뛰어드는 자유, 아버지와 함께 영원을 기뻐하는 자유, 아버지를 즐기는 자유가 있습니다. 우리가 예배할 때마다 자유를 누려야 됩니다. 우리 하나님 아버지를 즐기는 자유입니다. 자식은 부모를 즐깁니다. 주일날 예배 드리러 올 때 예배 안 드리면 벌받을 것 같아 오신다면 안 오셔도 됩니다. 그러나 내가 내 아버지 집에 들어오는 복된 순간, 내 모든 소원을 아뢰고 찬양함으로 우리 아버지를 만나고 기뻐하는 예배라면 바른 예배입니다. 이 영광이 우리 것입니다. 하나님의 자녀의 영광입니다.

사랑으로 종 노릇 하는 자유

그런가 하면 자유의 두 번째 모습이 있습니다. 그것은 오직 사랑으로 서로 종 노릇 하는 자유입니다. 내가 자유인이니까 내 것을 먼저 선점하지 않습니다. 내 것을 주장하지 않습니다. 섬기는 자유입니다. 섬기는 것이 힘든 일입니다. 그런데 이 섬김이 기쁨으로 바뀔 수 있습니다. 종 노릇 하는 것, 어떻게 보면 남편은 아내의 종입니다. 직장에서 화나고 분이 차 올라와 사표 내고 싶은 마음이 간절해도 생각나는 사람이 있습니다. 누구입니까? 마누라 생각이 납니다. 그러면 사표를 다시 구겨넣고 상사의 명령 앞에 조용히 머리를 숙입니다. I.M.F. 그 어려운 시절에 남편들이 아내들의 종입니다. 아내들도 남편에게 마찬가지로 종 노릇 합니다. 또 자식들에게 부모들은 꼼짝 못 합니다. 사랑으로 종 노릇 하는 자유입니다. 사랑하기 때문에 가능한 것입니다.

저는 우리 남서울은혜교회가 대한민국에서 이것 하나만 바로 선다면 한국 교회를 바꾸고 이 사회를 바꿀 줄로 믿습니다. 교회의 모든 직분이 섬기는 직분이고 종 노릇 하는 직분인 줄 알고 실천한다면 한국 교회에 혁명이 일어날 것입니다. 평신도보다 집사가 더 높고, 집사보다 권사가 더 높고, 권사보다 장로가 더 높고, 장로보다 목사가 더 높고 목사보다 당회장이 더 높고…. 아닙니다. 거꾸로예요. 주께서 말씀했습니다. "너희 중에 큰 자는 섬기는 자가 되어야 하리라." 우리 나라 말에는 장관입니다. 그런데 영어로는 Minister입니다. Minister라는 말은 '섬기는 사람'이라는 뜻입니다. 장관은 우리 개념입니다. 서구인들이 성경을 먼저 읽었기 때문에 그들의 개념이 되었습니다. 집사라는 단어는 하인이라는 말입니다. 심부름꾼이라는 말입니다. 장로는 상머슴이라는 말입니다. 제일 앞서 가서 섬기는 사람, 목사는 Minister라고 합니다. 섬기는 자입니다. "예수 그리스도의 종 나 사도 바울은…"이라고 했는데, 이 종은 노예라는 말입니다. "내가 예수 안에서 노예 되었다. 너희들에게 노예가 되었다. 사랑의 노예가 되었다"는 말입니다.

오늘날 한국 교회에서 '종님' 이라는 단어를 쓰는데 종은 '님' 자를 붙여서는 안 됩니다. 종은 '놈' 자를 붙여야 됩니다. 제가 어떤 교회를 보고 이래서는 안 되는데 싶었습니다. 목사가 나가니까 양쪽에 줄을 쭉 서서 꼭 마피아 두목 섬기듯이 인사를 합니다. 이것은 교회가 아닙니다. 이것은 주님 나라가 아닙니다. 사탄의 나라입니다. 어떤 목사가 자기 교회가 최고로 좋은 교회라고 합니다. 왜 좋으냐고 물으니까 교인 400-500명밖에 안 되는데 목사님이 안전해야 된다고 해서 BMW를 사주더라는 거예요. 그러더니 6개월 후에 그것보다 더 안전한 차가 있다며 벤츠를 사왔다는 것입니다. 아닙니다. 하나님의 교회와 전혀 모습이 다른 교회입니다. 이재록은 하나님의 교회와 정반대 편에 서 있는 교회의 모습을 우리에게 보여 주었습니다. 그런데 한국 교회가 그 모습으로 자꾸 나아가려 합니다. 우리 교회가 이것을 진정으로 우려해서 우리부터 바꾼다면 교회 안에 놀라운 성령의 역사가 임할 것으로 믿습니다.

지난 송구영신 예배 때 모든 장로님들이 성도님들을 안내했습니다. 저는 그래야 된다고 믿습니다. 지난 크리스마스에 500여 가정들이 일일 싼타가 되어서 하나님의 사랑이 필요한 곳곳으로 나아갔습니다. 하나님이 기뻐하실 일입니다. 1999년, 천년의 마지막 때를 보내면서 우리의 적은 선물이 그들에게 얼마나 큰 위로가 되었는지요? 이것이 사랑의 종 노릇 하는 모습입니다. 정말로 형제의 발을 씻겨주며 섬기는 자, 그것이 교회의 지도력의 진정한 모습입니다. 주께서 주시는 자유로 종 노릇 하는 것, 이 일 때문에 마더 테레사는 캘거타에서 생애를 보냈습니다. 슈바이처는 아프리카에 가서 생애를 불살랐습니다.

완성된 율법

그리고 마지막입니다. "그러면 자유니까, 율법과 상관없단 말인가? 무율법(無律法)인가? 반율법(反律法)인가?" 그렇게 질문하는 사람도 있었습니다. 14절에서 이렇게 말합니다. "온 율법은 네 이웃 사랑하기를 네 몸같이 하라 하신 한 말씀에 이루었나니." 그렇습니다. 우리가 하나님을 마음을 다하고 뜻을 다하고 성품을 다하여 사랑하면 하나님을 향한 모든 계명이 다 이루어졌습니다. 1계명부터 4계명까지 다 이루었습니다. "네 이웃을 사랑하면…"에는 5계명부터 10계명까지가 다 포함됩니다. 그런고로 우리는 반율법주의자나 무율법주의자가 아니라 하나님을 향한 믿음을 가지고 사랑으로 모든 율법을 완성합니다. 이것이 그리스도인에게 주신 자유의 특권입니다.

우리는 하나님의 자녀입니다. 우리를 얽매어 놓은 모든 죄와 그리고 그것을 죄로 규정하는 규범인 율법으로부터 그리스도의 십자가로 말미암아 자유함을 얻었습니다. 모든 것을 다 할 수 있습니다. 이 자유는 악에게 지지 않는 것으로 끝나지 않고 선으로 악을 이기는 자유입니다. 우리를 미워하는 그 원수를 위해서 기도하는 것으로 끝나지 않고 원수를 사랑하기까지 합니다. 이런 적극적이고 능동적이고 온전한 자유를 우리에게 주셨습니다. 2000년대를 살아가면서 하나님의 자녀의 신분을 확신하고, 하나님께서 우리에게 주신 엄청난 상속 가운데 하나님의 형상을 우리 속에 날마다 이루어가고, 또 예수 그리스도를 통해서 주신 이 자유를 이 땅에서 누리고 살 때, 우리가 하나님의 영광을 드러내는 도구로 사용될 줄로 믿습니다.

14. 자유와 선택

갈라디아서 5:16-26

내가 이르노니 너희는 성령을 좇아 행하라 그리하면 육체의 욕심을 이루지 아니하리라 육체의 소욕은 성령을 거스르고 성령의 소욕은 육체를 거스르나니 이 둘이 서로 대적함으로 너희의 원하는 것을 하지 못하게 하려 함이니라 너희가 만일 성령의 인도하시는 바가 되면 율법 아래 있지 아니하리라 육체의 일은 현저하니 곧 음행과 더러운 것과 호색과 우상 숭배와 술수와 원수를 맺는 것과 분쟁과 시기와 분냄과 당짓는 것과 분리함과 이단과 투기와 술 취함과 방탕함과 또 그와 같은 것들이라 전에 너희에게 경계한 것같이 경계하노니 이런 일을 하는 자들은 하나님의 나라를 유업으로 받지 못할 것이요 오직 성령의 열매는 사랑과 희락과 화평과 오래 참음과 자비와 양선과 충성과 온유와 절제니 이같은 것을 금지할 법이 없느니라 그리스도 예수의 사람들은 육체와 함께 그 정과 욕심을 십자가에 못 박았느니라 만일 우리가 성령으로 살면 또한 성령으로 행할지니 헛된 영광을 구하여 서로 격동하고 서로 투기하지 말지니라

170 자유를 위하여 부르심을 입었나니

자유와 선택

자유는 선택으로 표현됩니다. 하나님께서 인생을 창조하실 때 가장 어려웠던 부분은 인간에게 자유를 허락해 주신 것이었다고 C.S.루이스는 말하고 있습니다. 그것은 사실일 것 같습니다. 왜냐하면 인간이 컴퓨터를 만들고 로보트를 만듭니다. 그런데 우리가 만든 어떤 것도 만든 사람에 의해서 움직이지 그것이 스스로 결정하고 스스로 창조해 나갈 능력이 없습니다. 그런데 하나님께서는 우리에게 자유를 주셨습니다. 이것은 엄청난 사랑입니다. 이것은 나를 인격으로 대우하심입니다.

우리가 자유를 가지고 살아가기 원하는 관계가 있습니다. 그것은 사랑의 관계입니다. 부부가 사랑할 때 자유함으로 서로 사랑해야지, 노예처럼 팔려서 함께 산다면 비극일 것입니다. 또한 우리들은 자녀들이 로보트처럼 살기를 원치 않습니다. 그 아이들이 자기 삶을 자기가 결정해 가면서 자유롭게 인생을 살되 그 자유로 나를 사랑하기를 원합니다. 하나님께서는 인간을 당신의 자녀로 부르셨고 엄청난 자유를 주셨는데, 그 자유를 가지고 아담과 이브는 선악과를 따먹어 버리고 말았습니다. 자유는 할 수 있기도 하지만 하지 않아도 되고, 이것을 선택할 수도 있지만 저것을 선택할 수도 있어야 자유입니다. 그렇지 않으면 프로그램에 불과합니다. 그렇지 않으면 계율에 불과합니다. 이 놀라운 자유를 우리에게 주셨습니다.

놀라운 사실은 우리가 하나님의 자녀된 다음에도 우리 앞에 늘 두 가지의 큰 가능성이 상존하고 우리가 그것을 날마다 선택하면서 살아야 된다는 것입니다. 두 싸움이 있습니다. 하나는 내가 예수 믿을 때에 아바, 아버지라 부르게 만들었던 성령 하나님의 인도를 받는 삶입니다. 즉 그분의 다스림을 받는 삶이 있는가 하면 태어난 나, 타락한 나, 범죄 덩어리인 내 과거의 육신의 충동을 따라 살려는 삶이 있습니다. 그 둘이 싸웁니다. 그것을 성경은 말합니다. 16절입니다. "내가 이르노니 너희는 성령을 좇아 행하라 그리하면 육체의 욕심을 이루지 아니하리라 육체의 소욕은 성령을 거스르고 성령의 소욕은 육체를 거스르나니 이 둘이 서로 대적함으로 너희의 원하는 것을 하지 못하게 하려 함이니라"(갈 5:16-17).

우리가 착각하지 말아야 될 것이 있습니다. 그중의 하나는 내가 좋은 생각하니까 좋은 사람이라는 착각입니다. 아닙니다. 좋은 생각하는 나쁜 사람이 참 많습니다. 아니, 누구든지 좋은 생각 합니다. 그런데 실제로는 악을 행하는 것이 문제입니다. 이것이 비극입니다. 내 마음에 있는 이 원함을 행하지 못하게 만드는 것이 과거의 타락했던 내 육체의 본성이고 죄라는 말입니다. 사도 바울도 우리와 똑같은 고민을 했습니다. "내가 속 사람으로는 하나님의 법을 즐거워하지만 내 육신이 약하도다. 내가 원하는 바 선은 행치 아니하는 것만 해도 억울한데, 도리어 원치 않는 악을 행하는 내 모습을 보노라. 오호라 나는 곤고한 사람이로다. 이 사망의 몸에서 누가 나를 건져내랴"(롬 7:22-24). 우리에게 하나님의 자녀로서 아름다운 소원과 아름다운 욕망이 있지만 그것을 못 하게 만드는 육체의 소욕, 그것이 내 안에서 계속 싸우고 있습니다. 마치 밤과 낮이 뒤섞여 회전하면서 우리에게 다가서는 것처럼 내 삶에 이 두 가지 모습이 있습니다.

육체의 일 - 성적 범죄

육체의 충동과 욕망을 따라 사는 삶의 모습을 19절은 이렇게 말합니다. "육체의 일은 현저하니 곧 음행과 더러운 것과 호색과 우상 숭배와 술수와 원수를 맺는 것과 분쟁과 시기와 분냄과 당 짓는 것과 분리함과 이단과 투기와 술 취함과 방탕함과 또 그와 같은 것들…"(갈 5:19-21).

목록이 너무 많으니까 계속 쓰다가 또 그와 같은 것들이라고 했습니다. 그런데 이 목록을 조금 자세히 살피면 이렇게 분류될 수 있습니다.

첫째로는 성적인 타락을 우리에게 보여 주고 있습니다. 음행, 성적인 범죄입니다. 두 번째로는 더러운 것, 이것은 성적인 행위 가운데 변태적인 것들입니다. 그리고 호색, 우리에게 성을 유발하는 많은 매체들을 즐기는 것입니다. 얼마 전에 한 여자 탤런트가 쓴 「나도 때론 포르노그라피의 주인공이고 싶다」는 책이 한국 사회를 시끄럽게 했습니다. 그런데 이 모든 범죄들이 사실은 내 몸 안에 있는 겁니다. 그래서 그 여자만 포르노 스타가 되고 싶은 것이 아니라 누구든지 육체대로 살면 그럴 가능성이 있다는 말입니다. 연습하고 노력하지 않아도 이것은 얼마나 자연스러운지 모릅니다.

육체의 일 – 종교적 범죄

그 다음 것들은 종교적인 범죄인데, 우상 숭배와 술수입니다. 인간은 절대 타자이신 하나님을 섬기고 하나님 앞에 나가는 것보다 자기가 스스로 하나님을 만들고 싶어합니다. 그래서 스스로 만드는 것이 우상입니다. 그것이 형태가 있을 수 있고 어떤 것은 형태가 없을 수 있는데, 절대 타자이신 창조주 하나님이 아니라 내가 만든 하나님이라면 우상 숭배입니다. 독재자들이 그들이 스스로 독재의 능력이 있어서 독재를 하기도 하지만 얼마 있으면 사람들의 요청에 의해서 하나님처럼 되는 경우가 참 많습니다. 역사적으로 그렇습니다. 로마 황제도 자기가 신이라고 했습니다. 나중에 히틀러도 하나님처럼 군림을 했습니다. 나폴레옹도 하나님처럼 군림했고 사람들이 떠받들면 하나님처럼 높아집니다. 그래서 어떤 경우에는 그것을 구체적인 상으로 만들었습니다. 우상숭배입니다.

두 번째로 술수입니다. 이것은 인격적이고 윤리적으로 신앙에 유익되는 것이 아닌 마술적인 눈속임입니다. 거기에 우리 마음이 혹해서 쉽게 빠집니다. 보이지 않는 하나님을 인격적으로 결단해서 만나기보다 그분이 내게 마술적으로 행해 주기를 원하는 마음이 있습니다. 그래서 어떤 사람은 예언한다고들 떠들어대는데 예수님 이름으로 예언하든지, 성경을 가지고 점을 치든지 간에 믿으면 안 됩니다. 하나님께서 그럴 여지를 안 두셨습니다. 하나님께서는 성경을 통해서 성도가 살아야 될 삶의 모든 부분을 알 수 있게 해주셨습니다. 사람들이 말하는 예언이라는 것이 애매모호하고 잘 틀리는데도 말하면 어떤 힘이 있어서 사람들 마음이 쉽게 끌립니다. 술수의 능력이 있기 때문에 그렇습니다. 사람들이 신기한 것 참 좋아합니다. 유리겔라라는 젊은 청년이 언젠가 한국에 와서 쇼를 했습니다. 사람들에게 모두 스푼을 잡고 있으라고 했습니다. 그리고는 정신을 통일시켜서 계속 문지르면 그것이 휘어진다고 합니다. 정말 어린아이가 해도 그것이 휘어지더라구요. 사람들이 대단하게 떠들었습니다. 그런데 저는 그런 현상이 있을 수 있다고 생각했습니다. 스푼이 휘인 게 어떻다는 거예요? 아니 돌멩이를 붙잡았는데 그것이 스푼이 되었다면 좋겠는데, 멀쩡한 스푼을 모두 비틀어놓고 신기해 하면 어떻게 합니까? 그것이 정말 내게 정신적으로, 영적으로 하나님을 사모하고 하나님 앞에 나아가는 데 도움이 됩니까? 그렇지 않은 신유의 은사도 위험합니다. 그래서 이재록, 정명석이 이 땅에서 판칩니다. 그들을 따르는 사람들을 보면 대학 총장도 있고 대학교수도 있고 국회의원도 있습니다. 지성인들이 얼마나 많은지 몰라요. 말도 안 되는 소리에 사람들이 좇아다닙니다. 그것이 술수입니다. 사람의 마음을 장악해 버립니다. 하나님과 나 사이에 예수 그리스도 외에는 중재자가 없는데 그 무당 같은 사람이 기독교의 이름을 빌려서 중재자가 되어 사람들의 마음을 마음대로 휘젓고 다닙니다. 그러니까 틀린 것을 틀린 줄 모르게 만듭니다. 이재록이라는 사람이 교회 재정이 부족해서 채우려고 라스베가스에서 빠징코, 슬롯머신을 돌렸는데, 결국 몇 억을 잃었다든가 하는 이야기를 자기 입으로 말했잖아요? 그런데 그 교회 사람들이 말도 안 되는 그 이야기를 믿어줘요. 이것이 술수입니다. 술수 아니고 맨 정신으로는 안 될 일입니다. 그런데 우리 속에 이 술수에 붙잡힐 수 있는 경향성이 있습니다. 괴상한 것 좋아합니다. 괴상해야 신령하다고 생각합니다. 그런데 저는 한국의 신령 안 믿습니다. 지금 신령하다고 말하는 모든 교회가 물질의 복 외에는 강조하는 것이 없습니다. 병 낫는 것 외에 강조하는 것 없습니다. 신령한 것과 물질의 복이 무슨 상관이 있습니까? 속지 마십시오. 진정한 신령은 우리 영이 하나님을 닮아가며 하나님의 사람으로 온전하게 자라는 것입니다. 육체는 이렇게 허탄한 것을 좋아합니다. 하나님은 될 수 있으면 피하려고 듭니다. 하나님의 인격의 불꽃 같은 눈앞에 서기를 싫어합니다. 그래서 이단들의 가르침을 보아도 평상적이고 상식적이기보다 괴상한 것을 가르치면서 "여러분, 이런 것 교회에서 못 들었지요?"라고 합니다. 못 들을 수밖에요. 그 헛소리를 왜 듣습니까? 사실 이 시대에 하늘에서 불이 못 내려서 문제가 아니라, 괴상한 능력이 이 땅에 나타나지 못해서 문제가 아니라, 실제로 우리 그리스도인들의 입술 속에 거짓말이 끊어지지 않는 것이 문제가 아닙니까? 날마다 삶의 실패가 거기에 있지 않습니까? 사람들이 하나님의 거룩한 영광을 사모하는 것보다 마술적으로 거룩해지기를 바랍니다. 그러나 아닙니다. 마술적으로는 절대로 거룩해지지 않습니다.

육체의 일 - 대인관계 속의 범죄

그 다음입니다. 다른 사람을 향한 악들입니다. 원수 맺는 것, 분쟁,

시기, 분냄, 당 짓는 것, 분리함, 이단, 투기… 다른 사람과 계속 어려운 관계를 만들어 냅니다. 육체가 만들어 낸 삶의 모습입니다.

육체의 일 - 자기를 향한 범죄

그 다음에 술 취함과 방탕함, 자기 자신을 향해서 더 깊은 중독으로 계속 빠집니다. 이것은 방탕과 더불어 우리에게 중독 현상을 일으키는 모든 사항을 말합니다. 사람들이 처음에는 "내가 이까짓 술, 얼마든지 내 의지로 컨트롤 할 수 있다"고 생각하며 마시기 시작합니다. 그런데 나중에는 술이 나를 끄는 대로 내 인생이 끌려갑니다. 담배도 중독성이 있어서 그렇습니다. 사람들이 이렇게 이야기합니다. 담배 한 갑 확 피면 생각이 맑아지고 기억이 난다고 해요. 이미 중독 현상이 있으면 금단 증세가 있기 때문에 초조해집니다. 생각을 하려면 집중이 안 됩니다. 그러다가 담배가 들어가서 금단현상을 풀어주면 얼마나 기분이 좋은지 몰라요. 그래서 생각이 그때 반짝 하고 바로 드는 겁니다. 그렇지 않을 때는 금단의 고통에 꼭 얽매여 있습니다. 그렇게 우리를 중독으로 한 걸음 한 걸음 끌고 갑니다. 사람들이 마약을 할 때도 그렇다고 합니다. 마약이 나쁜 줄 알지만 맛이 어떤가 호기심으로 한 번 꽂아 봅니다. 기분이 좋거든요. 특별히 의사들이 마약에 쉽게 중독될 가능성이 높다고 합니다. 왜냐하면 늘 가까이 가지고 있다가 '이까짓 것, 내가 얼마든지 컨트롤 할 수 있다' 고 해서 한 대, 두 대 맞다가 세 대부터는 금단현상이 조금씩 생겨 결국 평생 그 방탕에 자기를 맡겨 버리고 맙니다.

우리 육체는 이것들을 모두 가지고 있습니다. 육체대로, 충동대로 따라가면 하나님을 향해서는 우상숭배로 대치하고 술수에 마음 뺏기고 성적으로는 음행과 변태와 성적인 추잡한 것들에 지배당하고 그리고 할 수만 있으면 다른 사람을 향해서는 고통을 주고 자기를 향해서는 계속 깊은 중독증세로 나아가는 것이 육체의 확실한 일들이라고 성경은 말하고 있습니다. 우리 예수님 믿는 사람들은 이런 것들이 나쁜 줄 압니다. 그래서 계속 속에서 싸웁니다. 그런데 그 본성이 내 것이기 때문에 연습할 필요가 없이 쉽게 됩니다. 거짓말은 연습할 필요도 없습니다. 그런데 이것들이 너무 오래되면 자신을 향해서 이렇게 질문해 봐야 됩니다. "정말 내가 예수 그리스도의 피로 거듭났는가?" 확인하셔야 됩니다. 하나님의 상속자가 아닐 수 있습니다. 나 혼자 하나님의 상속자라고 착각할 수가 있습니다. 그것을 성경은 이렇게 말합니다. "이런 일을 하는 자들은 하나님의 나라를 유업으로 받지 못할 것이요"(갈 5:21). 하나님의 영광의 유업이 내 인생 속에 없단 말입니다. 지금 없는 것이면 괜찮은데 영원히 끊어진 상태이면서도 돌이키지 못하는 인생이 있을 수 있습니다.

하나님과의 관계에서 나타나는 성령의 열매

그런가 하면 성령의 열매는 반드시 이런 열매를 맺습니다. 22절부터입니다. "오직 성령의 열매는 사랑과 희락과 화평과…." 하나님이 아버지인 것을 알도록 성령님께서 도와주십니다. 하나님을 아버지라고 생각하면 하나님이 얼마나 가깝게 느껴집니까? 내가 부족하면 우리 아버지 앞에 나아가서 쉽게 달라고 졸라댈 수 있습니다. 내가 다른 사람에게 용서받지 못할 때에도 우리 아버지 앞에서 그냥 무릎을 꿇고 한바탕 울면 우리 아버지는 용서해 주십니다. 사람들이 모두 냉대의 시선으로 멸시할 때에도 아버지는 내가 당하는 고통을 알고 돌아오는 아들을 품어 주십니다. 내가 잘했을 때에도 기뻐하시지만 내가 넘어져서 못할 때 더 깊은 사랑으로 끌어안는 아버지입니다. 그분을 향해서 나아갑니다. 하나님이 아버지이신 줄 알게 되면 성령님은 나로 하여금 하나님을 사랑하는 사랑으로 불타게 만들어 줍니다.

사랑하는 곳에는 반드시 두 가지 현상이 있습니다. 불이 켜지면 반드시 있는 것, 밝음과 열이 있습니다. 마찬가지입니다. 사랑하는 곳에는 즐거움이 있습니다. 진짜 즐거워해 본 적이 언제입니까? 사랑 안 한 사람에게는 즐거움이 없습니다. 음악가는 선율을 즐기고 미술가는 색채를 즐기고 사업가는 이익을 즐기고 정치가는 권력을 즐기고 연인은 자기 애인을 즐기고 그리고 하나님의 자녀는 하나님 아버지를 즐깁니다. 그래서 "사람의 제일 되는 목적은 무엇이뇨?" "하나님께 영광 돌리고 영원토록 그를 즐거워하는 것이다." 즐겁게 해드리는 것이 아닙니다. Enjoy Him!입니다. 하나님을 즐거워하는 것입니다. 이런 신나는 세상이 어디 있습니까? 하나님이 즐거움이 되면 안 즐거울 때가 있을 수 있나요? 또 사랑은 두려움을 내어쫓습니다. 그래서 우리 마음속에 큰 평화가 임합니다. 노도광풍이 불어도 아이는 사랑의 엄마 품에 있는 한, 평화롭습니다. 우리 아버지 품속에서 내가 평화를 누립니다.

타인을 향해 나타나는 성령의 열매

이 성령의 열매가 다른 사람을 향해서는 세 가지로 나타납니다. "오래 참음과 자비와 양선과…" 나를 괴롭히는 사람을 향해서 인내합니다. 인내라는 것은 내가 견딜 수 없다고 생각할 그때 참으로 필요한 것입니다. 그 다음에는 안된 것을 보고 불쌍히 여김, 긍휼히 여김입니다. 그리고 세 번째로 양선인데, 이 양선은 착함입니다. Goodness입니다. 우리들은 사람들과의 관계에 있어서 이 사람에게는 좋지만 저 사람에게는 나쁠 수 있습니다. 그때는 좋을 수 있지만 지금은 나쁠 수 있습니다. 그런데 이 양선은 누가 봐도 좋은 사람입니다. 누가 봐도 착한 사람입니다. 내게 화를 내도 그 악의 때문에 분냄으로 악을 악으로 대하지 않습니다. 그때도 착함입니다. 우리에게 주께서 말씀하십니다. "너희는 악을 악으로 갚지 말고." 악으로 악을 이기라고 했습니까? "선으로 악을 이기라." 성령께서 함께하면 누구든지 착해집니다.

자신을 향해 나타나는 성령의 열매

자기 자신에 대해서는 세 가지로 나타납니다. 충성, 신실함이라는 뜻입니다. 언제나 변함없는 성품을 말합니다. Up & down, 여기 가서 이렇게 살고, 저기 가서 저렇게 사는 것이 아니라 언제나 누가 봐도 믿음직스러운 삶, 충성입니다. 그 다음에 충성이라는 단어로 사람이 무장되면 딱딱해지고 굳어집니다. 그러면 그 다음에는 온유, 부드러움, 친절함이 있습니다. 예수 오래 믿어서 교회에서 직분이 생기면 사람들이 이상하게 딱딱해집니다. 그건 율법이 만들어 낸 인격이지, 성령께서 우리 속에 역사해서 만들어 낸 인격은 아닙니다. 우리 주님은 온유하셨습니다. 그 다음은 절제입니다. Self-control, 자기 조절의 능력입니다. 제가 성령 충만하지 못하다고 제 아내한테 꾸중을 들을 때가 있습니다. 그러면서 그 증거를 대면 제가 꼼짝없이 당하는데, 어떤 증거냐 하면 살이 안 빠지는 것입니다. 절제의 은사가 없다고 제가 꾸중 듣습니다. 하나님께서 저에게 절제의 은사가 더욱 있어야 되겠다고 여기시나 봅니다. 그런 줄 알고 기뻐하면서 씨름해 봅니다. 주께서 주신 것은 자세히 생각해 보면 내 유익을 위해서 주셨습니다. 고통스럽고 힘든 것, 자세히 보면 변장된 복이 있습니다. 하나님께서 제가 절제해야 될 필요가 많은 인생이니까 이런 사인을 주신 것 감사합니다.

재미있는 것은 성경에 "성령의 열매들은…"이라고 기록되지 않았습니다. "오직 성령의 열매는…" 단수입니다. 그러니까 열매 하나가 아홉 개의 면을 가졌다는 말입니다. 하나님을 향해서, 사람을 향해서, 그리고 자기 자신을 향해서 이런 열매를 맺습니다. "나는 이 열매 중에 한두 개 맺고 저것은 못 맺는다?" 그런 것이 없다는 말입니다. 성령께서 나와 함께하면 이것이 내게 소박하게 열리기 시작하는데, 그것을 금지할 법은 없습니다. 왜냐하면 하나님께서 지지해 줍니다. 그리고 성령께서 공작하십니다. 누가 감히 성령께서 내 속에서 역사하시는 것을 훼방하겠습니까?

육체의 정과 욕심을 못박는 삶

그리고 이런 열매를 맺으면서 또 한 가지 합니다. "예수 그리스도의 사람들은 육체와 함께 그 정과 욕심을 십자가에 못박았느니라"(갈 5:24). 갈라디아서 2장 20절의 말씀은 "내가 그리스도와 함께 십자가에 못박혔나니…." 수동태입니다. 그런데 본문은 "못박았느니라"입니다. 자기가 스스로 못을 박는다고 말합니다. 다릅니다. 못된 내 육체의 권능이 날뛰지 못하도록 내가 스스로 내 십자가를 지고 못을 박아놓습니다. 이 말은 단호하게 죄를 끊으라는 말입니다. 교수형, 참수형이면 순간에 그 모든 것이 해결되지만 정과 욕심은 순간에 해결되지 않는 것이라고 말합니다. 못박힌 죄수가 생명이 붙어 있을 때까지는 꿈틀꿈틀합니다. 많은 시간이 걸립니다. 십자가에 못박아 놓았던 로마 군인들은 예수께서 완전히 죽는 것을 확인할 때까지 지켰습니다. 그것처럼 육체의 정과 욕심이 다시 내려와서 살지 못하도록 십자가에 못박으라고 말하고 있습니다. 날마다 못박는 삶, 내 악한 것들이 꿈틀거릴 때마다 십자가에 못을 박아 놓습니다.

선택하십시오!

우리 앞에 두 생애가 있습니다. 육체를 따르는 인생, 그 육체가 맺는 열매를 그대로 맺고 있는 인생이 있습니다. 그런가 하면 성령으로 말미암아 하나님을 아버지로 확인한 다음, 내 자유를 가지고 성령을 좇아 행하는 삶이 있습니다. 그래서 아홉 가지 면이 있는 성령의 열매를 맺습니다. 그 선택은 내가 해야 됩니다. 하나님께서 마술적으로라도 그분이 하려고 하면 하실 수 있습니다. 그런데 하나님께서는 내 인격으로 이 일을 이루기를 원합니다. 내 삶이 반응해서 그 영광을 누리기를 원하십니다. 이 아홉 가지 열매는 실제로 보면 하나님의 형상입니다. 예수 그리스도께서 그렇게 사셨습니다. 그렇기에 예수 그리스도의 형상, 하나님의 형상이 우리 속에 이루어지는 이 특권과 복을 누리고 살아야 된다는 뜻입니다. 엄청난 권한을 내게 주셨습니다. 어제까지는 어떻게 살았는지 말하지 맙시다. 하나님 앞에 잘못된 육체의 욕심을 따라 살았던 삶이었고, 어떤 때는 승리했다가 어떤 때는 다시 무너졌습니다. 그런 죄들을 주님 앞에 내어놓고 끊어 버립시다. 그리고 성령 하나님 앞에, 그분의 다스림 앞에 나를 맡깁시다. 그분의 인도하심을 받아서 새롭게 나아갑시다. 그분을 좇아 사십시오. 주께서 우리에게 자유를 주셨습니다. 그 자유를 가지고 종의 멍에를 멜 수 있습니다. 육체의 노예로 살 수도 있습니다. 그러나 그 자유를 가지고 하나님의 자녀의 신분을 온전히 누리고 살 수도 있습니다. 둘 중의 하나를 선택하십시오. 우리 하나님께서 내게 요구하십니다. 성령으로 살아라. "성령으로 살면 또한 성령으로 행할지니 육체를 따라 헛된 영광 때문에 썩어지는 생애를 살지 말라"(갈 5:26)고 권면하십니다. 이 은혜가 2000년대를 사는 우리의 삶 속에 풍성히 임하기를 주 예수 그리스도의 이름으로 축원합니다.

15. 그리스도의 법

갈라디아서 6:1-6

형제들아 사람이 만일 무슨 범죄한 일이 드러나거든 신령한 너희는 온유한 심령으로 그러한 자를 바로잡고 네 자신을 돌아보아 너도 시험을 받을까 두려워하라 너희가 짐을 서로 지라 그리하여 그리스도의 법을 성취하라 만일 누가 아무것도 되지 못하고 된 줄로 생각하면 스스로 속임이니라 각각 자기의 일을 살피라 그리하면 자랑할 것이 자기에게만 있고 남에게는 있지 아니하리니 각각 자기의 짐을 질 것임이니라 가르침을 받는 자는 말씀을 가르치는 자와 모든 좋은 것을 함께하라 우리 교회가 늘 빼앗기지 않기를 소망하는 세 가지가 있습니다. 첫째로는 '하나님이 우리 아버지이시다'라는 신앙고백입니다. 이것은 다시 말하면 우리 성도들이 형제, 자매라는 말입니다. 두 번째로 하나님의 말씀인 성경이 성도들의 삶의 원리가 되기를 바랍니다. 세 번째로는 진정한 복을 누리기를 원합니다. 진정한 복이라 함은 '우리가 하나님께로부터 무엇을 받았는가'까지가 아니라 '받은 그것을 어떻게 나눌 수 있는가'까지를 의미합니다. 아브라함에게 약속하실 때 "아브라함아, 내가 너에게 복을 주고 너로 복의 근원을 삼겠다"고 했습니다. 진정한 복은 근원으로서의 복입니다. 나 혼자만 복 받는 것이 아니라 내가 복 받는 것 자체가 다른 사람에게 또 다른 복을 안겨 주는 복의 통로로 사용됩니다. 나 혼자 잘되는 것은 결코 복일 수 없습니다. 우리 집이 안전하지만 옆집에서 불이 나면 같이 불에 탑니다. 같이 잘되어야 합니다. 내가 잘되기 때문에 옆에 있는 불행한 사람들이 더욱 불행해진다면 그것은 행복이 아니라 저주를 잉태할 일입니다. 이렇게 이 세 가지가 우리에게 반드시 있었으면 좋겠습니다. 그 중 가장 소중한 것은 진정으로 하나님께서 우리 아버지요, 우리는 형제, 자매라는 고백으로 만나 교제하는 교회의 모습입니다. 목사, 장로, 권사, 집사 이런 말보다 형님, 아우님 하는 신앙고백을 하는 교회 되기를 열망합니다. 직임으로 만나는 것은 비정한 것입니다. 형제, 자매의 사랑으로, 인격으로 서로 만나야 됩니다.

  갈라디아서는 우리가 예수 믿을 때 가장 영광스러운 것이 하나님의 자녀가 되는 것이라고 선포했습니다. 하나님의 자녀는 자유합니다. 종과 손님은 규칙과 규율에 매여 있지만 자녀는 어떤 것도 가능합니다. 우리는 하나님의 자녀입니다. 자유는 선택에 의해서 행사됩니다. 그런데 어떤 사람은 하나님의 자녀로 새로 태어났는데도 과거 육체의 습관에 따라, 육체의 본성에 따라서 충동적으로 인생의 방향을 선택하기도 합니다. 그런가 하면 어떤 사람은 성령의 인도를 받고 성령을 좇아 삽니다. 그러면 성령께서는 우리 속에 사랑과 희락과 화평과 오래 참음과 자비와 양선과 충성과 온유와 절제, 이 아름다운 열매를 그 인생 속에 맺게 해주십니다. 우리는 날마다 선택하며 살아갑니다. 어떤 때는 잘못 선택해서 범죄할 때도 있습니다.

범죄의 요인

인생의 범죄는 이렇게 형성이 됩니다. 한 사람에게 약한 부분이 있습니다. 가령 믿음의 조상 아브라함에게는 거짓말하는 습관이 있었습니다. 그래서 자기 아내에게 자기를 오빠로 부르도록 하는 사건을 반복합니다. 그처럼 아름다운 인격 속에 약점이 있었습니다.

그런가 하면 사단은 약점만 물고 늘어지는 것이 아니라 장점도 물고 늘어집니다. 그 예가 다윗입니다. 다윗은 아름다움을 잘 느끼는 풍성한 감성을 가진 사람이었습니다. 그는 역사상 가장 위대한 시를 썼는데, 우리에게 남겨진 것만 해도 100편이나 됩니다. 또 그가 악기를 연주하면 혼란스러웠던 사람의 정신상태가 맑아질 정도로 음악의 명인이었습니다. 3천 년 후인 요즘 사람들이 그것에 대해 연구하기를 "Music Therapy"라고 합니다. 음악으로 치료한다는 것입니다. 그런데 다윗은 이미 3천 년 전에 음악으로 치료를 할 줄 알았던 예술가 중의 예술가였습니다. 그런데 아름다움이 발달된 것은 귀한 일이지만, 반면 자기 눈에 든 아름다운 여인을 보자 그의 장점이 약점으로 바뀝니다. 어떤 사람이 얼마나 공부를 잘하는지, 공부만 하면 하여튼 유치원 때부터 대학원 때까지 1등만 한 분이 있습니다. 얼마나 큰 장점입니까? 그런데 그분은 자기는 절대로 틀릴 수 없다는 착각 속에 삽니다. 어떻게 보면 장점이 그 인생을 참 초라하게 만들어 버립니다. 자기 인생을 바로 보지 못하도록 만듭니다. 장점이 약점으로 바뀌는 경우입니다.

또 사람이 어떤 때는 강한데, 어떤 시점에서는 약해질 수 있습니다. 성경에 보면 모세에 대해서 "이 땅에 모세보다 온유가 승한 사람이 없다"(민 12:3)고 했습니다. 그렇지만 거듭거듭 원망하고 불평하는 이스라엘 백성들을 향해서 어느 날 갑자기 화가 발동했습니다. 그래서 물을 달라고 외쳐대는 군중 앞에서 "내가 너희에게 물을 주랴?" 하면서 지팡이로 두 번이나 반석을 칩니다. 하나님께서 이 사랑하는 지도자의 체면을 살려 주기 위해서 물을 주지만 그 다음에 그의 잘못을 지적하시면서 가나안 복지에 못 들어가게 하겠다고 하십니다. 모세는 평생을 온유하게 잘살았습니다. 이제까지 평생 건강하게 잘살았습니다. 그런데 어느 날 약해질 때가 있더란 말입니다.

제가 저를 보니까 '아하, 이래서 나이가 들어가는가 보다' 싶어지는 것을 발견합니다. 왜냐하면 과거에는 너그럽게 대하던 것에 대해 노여워지려고 하는 경향성을 제 스스로 발견합니다. 저희 아버님이 참 관대하신 분입니다. 그런데 나이가 드니까 쉽게 화를 내고 쉽게 참지 못하시는 것입니다. 그래서 아버님이 참 이상하다 생각했었는데 요즘 보니까 제 속에 그것이 있습니다. 그때는 강했지만 지금은 약할 때가 있습니다. 어떤 때는 일시적으로 잠깐 약해졌다가 그 시간만 지나면 회복되는 것이 있습니다. 우리 인생은 모두 완전하지 않습니다.

신령한 너희는

그런데 '한 사람이 범죄해서 하나님의 자녀의 신분답지 못하게 살 때, 과연 어떻게 해야 되는가? 우리가 형제, 자매로서 어떻게 대해야 하는가?'에 대한 사도 바울의 답변이 여기 있습니다. 먼저 "형제들아…"라고 부릅니다. 우리가 형제, 자매인 것을 먼저 알란 말입니다. 그리고 말합니다. "…사람이 만일 무슨 범죄한 일이 드러나거든 신령한 너희는 온유한 심령으로 그러한 자를 바로잡아라." 범죄가 드러나면 바로잡아 주라고 말합니다. 이 말은 치료해 주라는 말입니다. 원상으로 회복시켜 주라는 말입니다. 하나님의 자녀의 원상으로 되돌아가도록 도와주라는 말입니다. 누구에게 하는 말입니까? "신령한 너희는…"이라고 했습니다. '너희는 인생을 살아가면서 선택해야 된다. 성령의 인도를 받고 성령을 좇아 사는 삶을 선택해야 된다. 성령의 지배받는 삶을 선택해야 된다. 그렇게 선택한 신령한 너는…' 그렇습니다. 우리가 성령으로 하지 않고는 다른 사람의 연약을 받아들일 수가 없습니다. 화가 복받치면 내 사고가 정지해 버립니다. 그 상태는 올바른 상태가 아니라고 말합니다.

온유한 심령으로

"신령한 너희는, 성령을 의지하고 살고 있는 너는 온유한 마음으로…" 온유한 마음은 어떤 마음입니까? 우리 주님의 마음입니다. "수고하고 무거운 짐 진 자들아 다 내게로 오라 내가 너희를 쉬게 하리라. 나는 온유하고 겸손하니 나의 멍에를 메고 내게 배우라"(마 11:29). 말씀하신 그 온유함입니다. 이 온유는 부드러운 마음입니다. 이 온유는 여유있는 마음입니다. 이 온유는 넉넉한 마음입니다. 지금 눈앞에 벌어지는 이 범죄를 보고 어떻게 넉넉해진 마음, 여유 있는 마음을 갖습니까? 그 비결은 성령을 의지할 때만 가능합니다. 성령의 열매는 충성과 온유와 절제요. 그 마음이 성령을 의지해서 성령의 열매로 연약한 형제들을 바로 세워 주어야 된다고 말씀하고 있습니다.

너도 시험을 받을까 두려워하라

그러면서 한 가지 경고합니다. "네가 기억해야 될 것 있는데 네가 다른 사람을 도와주면서 그 악에 오염되지 말아라." 모리악이라는 사람이 쓴 「루이 타이스」라는 소설이 있습니다. 거기 보면 한 수도사가 창녀인 타이스를 몹시 사랑합니다. 그런데 도리어 그 여자를 성자로 만들고 자기는 타락합니다. 성경은 우리에게 말하기를 "신령한 너희는 그를 바로 세워 줄 뿐 아니라 그 죄의 오염에서 너를 잘 지키라"고 말합니다. 이것이 바로 그리스도 안에서 남의 짐을 지는 삶의 모습입니다.

짐을 서로 지라

그리고 이 짐은 서로 지는 것입니다. "너희가 서로 짐을 지라"는 이 말씀을 읽으면서 제 삶의 과거로 되돌아가 보았습니다. 지구촌 교회의 이동원 목사가 참 연약할 때가 있었습니다. 지금부터 한 30여 년 전 이야기입니다. 수원의 어느 집회를 갔더니 머리는 장발족이고 빼빼 마른 친구! 지금의 이동원 목사를 상상할 수 없습니다. 그런 친구가 "형님"하고 좇아와서는 자기가 당한 어려운 이야기를 참 많이 했습니다. 이야기로 참 많은 교제를 나누었습니다. 그때는 제가 좀 도와주었습니다. 그런데 언젠가 또 제가 어려워지니까 그 친구가 돕더라구요. 한쪽이 연약할 때 일으켜 세워 주면 그분이 건강해져서 다시 나를 도와줍니다. 서로 짐을 집니다. 사람이 연약할 때 서로 돕는 것이 얼마나 큰 복이고 특권인지 모릅니다.

유명한 종교 개혁자 루터가 너무 일이 어렵고 막막하니까 몹시 실망한 때가 있었습니다. "하나님, 나는 더 이상 일을 못하겠습니다." 말로 포기할 때였습니다. 그런데 그것을 본 아내가 실망한 남편 앞에 상복을 입고 나갑니다. "여보, 오늘 누가 돌아가셨소?"하고 남편이 묻자 아내는 "돌아가셨어요." "누가 돌아가셨는데?" "하나님이 돌아가셨습니다." 그러니까 이 루터가 자기 아내를 향해서 역성을 내면서 "당신, 말을 해도… 말을 가려야지. 그런 망발이 어디 있소?" 외칩니다. 그때, 그 아내 캐더린이 자기 남편을 향해서 "여보, 하나님이 돌아가시지 않았다면 당신이 왜 이렇게 실망합니까? 당신에게 처음 진리를 깨닫게 해주신 분도 하나님이셨고 어렵지만 그 모든 싸움에서 승리케 하셔서 여기까지 오게 하신 분도 하나님이신데, 그분이 당신과 동행하는데 옆에 계신 하나님이 죽지 않았다면 왜 실망합니까?"라고 말합니다. 그때 그는 정신을 차립니다. 그리고 다시 힘을 내서 위대한 종교개혁을 성공적으로 이끌어 냅니다.

사람들은 누구든지 연약할 때가 있습니다. 그러므로 어떤 때는 가까운 사람에게, 어떤 때는 멀리 있는 사람에게 도움을 청합니다. 교회 안에서 형제, 자매된 관계에서 서로 격려하고 일으켜 세워 주는 것이야말로 하나님의 자녀가 갖는 특권이고 영광입니다. 짐을 서로 져야 됩니다. 서로 짐을 지는 것은 서로 사랑한다는 다른 표현입니다. 이것은 또 그리스도의 법입니다. 율법은 정죄합니다. 율법은 잘못을 지적합니다. 그러나 생명의 성령의 법인 그리스도의 법은 함께 사는 삶입니다. 함께 용기를 줍니다. 함께 승리하게 만듭니다.

대표적인 예가 '썬다싱'이라는 인도의 성자입니다. 이분이 복음 전도 여행길을 갔다가 히말라야를 넘어옵니다. 몹시 추운 히말라야를 넘어오는데 도중에 쓰러져 있는 한 사람을 봅니다. 이 사람이 곧 얼어죽게 되었습니다. 그래서 동행하고 있는 사람에게 이 사람을 좀 같이 끌고 가자고 제안했습니다. 그러자 그 동행자가 말하기를 "이 추위에 우리가 이 사람을 데려가느라 같이 들러붙어 있으면 셋이 다같이 얼어죽는다. 안 된다. 어떻게 그런 바보 같은 짓을 하는가? 죽을 사람은 죽게 내버려두고 우리는 가자"고 합니다. 썬다싱이 안 떠나니까 그 사람 혼자 떠났습니다. 그는 등에 얼어 죽어가는 사람을 업었습니다. 업고 낑낑거리며 반나절을 왔습니다. 그날따라 몹시 추운 날이었습니다. 먼저 간 사람은 너무 기온이 내려가니까 추위를 못 견뎌 걸음을 더 이상 못 걷고 얼어죽어 있었습니다. 그런데 거의 시체가 된 사람을 등에 업고 오는 사람은 서로 살끼리 부딪치며 열이 나서 땀을 뻘뻘 흘리며 와서 그 덕분에 추위를 이겨 둘 다 살았습니다.

아무것도 되지 못하고 된 줄로 생각하면 스스로 속임이니라

그런가 하면 조심해야 될 것이 있습니다. 누가 범죄해서 우리에게서 끊어졌는데 그것을 기회로 그 사람을 멸시하고 자신의 우월성을 자랑해서는 안 됩니다. 바리새인들은 이렇게 말했습니다. "나는 이런 죄도 안 지었고 나는 세리처럼 저런 죄도 짓지 않았고 나는 창녀처럼 나쁜 죄도 짓지 않았고 하나님 앞에 거룩하게 산 것을 감사합니다." 저자 거리에서 손을 들고 기도하는 것을 향해서 "회칠한 무덤"이라고 우리 주님은 질책하셨습니다. 율법으로는 가능한 일입니다. 그러나 그리스도의 법 안에서는 저주받을 일입니다. 그래서 성경은 이렇게 말합니다. "만일 누가 아무것도 되지 못하고 된 줄로 생각하면 스스로 속이는 자라"(갈 6:3). '저 사람이 쓰러져 있는 것을 보면서 네가 서 있다고 지금 자고하느냐? 웃기는 소리 하지 말아라. 네가 만약 쓰러지지 않고 건강해서 자랑할 것이 있다면 하나님께만 자랑하고 하나님께서 네게 주신 은혜를 살피면서 기뻐할 일이지, 그것을 가지고 쓰러져 있고 연약해져 있는 형제를 멸시하고 우월감에 젖는다면 그것은 자기가 자기에게 속는 일이다'라고 성경은 말하고 있습니다. 우리들은 상대적인 선에 대해서 만족합니다. '내가 그래도 저 사람보다는 더 선하다'고 흡족해 합니다. 그러나 하나님은 그것을 요구하지 않습니다. 하나님은 자신의 시선 앞에 살기를 원하십니다. '내가 무엇인가 이루었다. 나는 그 유혹에 안 넘어간

다. 나는 저들과 본질적으로 다른 인생이다' 라는 것은 자신을 속이는 사람에게서 볼 수 있는 주장하는 자세입니다. "네가 너의 짐을 똑똑히 지고 가느냐?"고 묻고 있습니다.

말씀을 가르치는 자와 모든 좋은 것을 함께하라

그리고 마지막으로 "네가 네 생애를 범죄하고 무너져 있는 사람과 비교해서 생각하지 말고 믿음의 스승들과 비교해서 온전하게 서 있는가를 살펴라"고 말씀하고 있습니다. 이것이 6절입니다. "가르침을 받는 자는 말씀을 가르치는 자와 모든 좋은 것을 함께하라." 지금 쓰러져 있는 사람과 비교해서 만족하지 말고 자신에게 영향을 주고 말씀을 주며 하나님의 사람으로 멋지게 살았던 사람들과 비교하면서 그들의 좋은 것을 삶 속에 이루어가라는 말입니다. 장점과 대결해서 승리하라는 말입니다. 사람들은 이렇게 잘 생각합니다. 어떤 사람이 국어를 잘하는데, 산수는 못합니다. 그러면 그것을 다른 사람에게 이야기할 때, "저 사람은 나보다 국어를 못한다"고 강조합니다. 실제로 문제는 자기가 산수를 잘 못하는 것인데 자기가 못하는 것은 보지 않고 조금 나은 것만 자랑합니다. 이 사람들은 발전하지 않습니다. 우리 신앙의 스승 손양원 목사님이나 주기철 목사님의 이야기를 들어보면 연약한 인생을 하나님께서 능력 있게 살게 하시는 것을 봅니다. 우리도 그 선배들의 귀한 삶, 좋은 것을 같이 누려야 합니다.

언젠가 연길에 가서 섬기고 있는 두 사람을 보면서 참 마음의 깊은 감동과 사모함과 충격을 받은 적이 있습니다. 한 분은 중학교만 졸업하고 선원으로 세계 도처를 돌아다니다가 캐나다 벤쿠버에서 영어 4영리를 통해 예수를 믿게 된 분입니다. 그래서 벤쿠버에 들르면 꼭 자신을 전도한 가정을 방문하고, 휴가 때는 한 달 동안 그 집에서 머물면서 성경을 배우고 교제합니다. 배 타고 다니면서도 계속 성경을 읽고 묵상하고 말씀으로 자기를 양육해 갔습니다. 그러다가 캘거리에서 성경공부하는 그룹을 만나 교제하며 간증을 하고 깨달은 성경을 나누기 시작할 때 사람들이 은혜를 받았습니다. 그 중에 한국 사람들이 모여서 교회를 시작하자고 해서 이분을 중심으로 교회가 시작되었습니다. 교회가 참 아름답게 부흥했습니다. 그런데 이분이 어느 날 중국으로 가라는 주님의 명령을 받습니다. 떠나기 전에 중국을 어떻게 섬길까 연구하다가 치과기공을 배웠습니다. 그래서 중국에서 치과병원을 세워서 운영하는데 거기에 북한 사람들이 올 때마다 치아를 치료해 주었더니 '이런 좋은 의료시설이 우리 조국에 있을 수 없는가?' 하고 제안해서 지금은 청진에도 병원이 있다고 합니다.

이분이 중국에 가서 사역한 지가 12 - 13년 되는데 중국 사람에게 얼마나 존경을 받는지 모릅니다. 심지어 북한 사람들도 이분만은 참 존경합니다. 지금 청진에 있는 병원에서 180명의 사람들이 일합니다. 그분과 함께 있으면 그리스도의 사람이 주는 성령의 충만함이 옆에서 훈훈히 전해져 오는 것을 느낍니다. 참 부러웠습니다.

또 한 분이 있습니다. 이분이 중국 선교사로 부름받고 자기는 특별한 능력이 없으니까 중국에 버려진 고아들을 섬겨야겠다 생각을 해서 아무도 없는 곳에 고아원을 설립했습니다. 설립 과정부터 주님께서 도와주셨습니다. 조그만 건물을 지어놓고 거기서 고아들을 섬기면서 아내와 약속합니다. '우리가 우리 자녀를 낳으면 이 고아들과 아무래도 차별이 되니까 자녀 낳지 맙시다. 우리가 고아원의 규모를 크게 확장하면 아이들을 기계적으로 봐주게 되니까 가족 단위 이상은 넘어가지 맙시다.' 그런데 작년에 시에서 버렸다고 해서 한 아이를 데려와 자라면 되겠거니 했는데 보니까 뇌성마비입니다. 그'냥 팔 다리가 낙지처럼 흐늘흐늘

합니다. 그 아이 이름을 신애라고 지었습니다. 그 아이를 껴안고 기도하다가 하나님 앞에 버려진 장애 아이들을 위한 시설이 필요하다고 간구했습니다. 그렇게 기도했더니 세계 각국에서 학생들이 와서 집을 지어 줘 장애아이들을 섬길 수 있는 집이 세워졌습니다. 한번은 그 집 문 앞에 누군가 낳은 지 하루 된 아이를 버렸더랍니다. 울어서 나가보니까 핏덩어리가 있습니다. 그래서 '주웠다'고 해서 '주은애'라고 이름을 지었습니다. 그런데 이 아이를 자세히 보니까 얼굴에 혹이 달려 있습니다. 그래서 그 이름도 혹을 하나 달자고 해서 '애'를 '혜'로 바꾸어서 '주은혜'로 바꾸었습니다. 이 친구가 그 아이를 수술하기 위해 호적을 만들고 여권을 만들어 서울대학병원에서 혹 제거수술을 받았습니다. 제가 그분을 만나서 이야기하면 저를 선배로 극진히 대접합니다만 그 친구 앞에서 저는 어림도 없습니다. 그 삶의 가르침 앞에 너무나 초라한 저 자신을 보게 되었습니다.

우리가 인생을 살아가면서 범죄하고 무너진 인생을 보기도 하고 또 나 자신이 무너질 수도 있습니다. 우리가 다른 사람이 무너져 있는 모습을 볼 때 어떻게 해야 됩니까? 그때 온유한 마음으로 원상 회복하도록 도와야 됩니다. 그러면서 그리스도의 법을 성취해야 됩니다. 생명의 법입니다. 함께 사는 법입니다. 그때 하지 말아야 될 것 있습니다. 우쭐대면 안 됩니다. 무너진 사람을 보고 나는 서 있다고 자랑하면 안 됩니다. 만약 서 있는 것을 자랑하고 싶으면 하나님의 은혜인 줄 알고 겸손해야 됩니다. 내가 언제 무너질지 모릅니다. 똑같은 인생입니다. 어느 누구도 세상의 무서운 유혹 앞에, 사탄의 궤계 앞에 완전한 사람은 없습니다. 그러면서 주께서 주신 그 짐을 서로 지고 돕고 나아갑니다. 실패하고 넘어진 사람이 아니라 신앙의 스승들에게 우리의 시선을 두고, 그분들과 함께 그분들의 좋은 것을 누리고 살고 있는가를 점검하기 바랍니다. 이

때, 내 인생은 능력 있는 인생으로 복되게 자랄 줄로 믿습니다. 이런 인생을 향해서 하나님께서는 성령의 열매를 풍성히 맺게 해주실 것입니다. 이런 심령들이 모인 교회를 우리 주님께서 더 크고 영광스럽게 해주실 줄로 믿습니다. 주께서 우리에게 주시는 영광의 법, 살리는 법, 열매 맺는 법, 풍성한 삶을 누리는 법, 이 법을 날마다의 삶 속에서 풍성히 누리기를 바랍니다.

16. 심음과 거둠

갈라디아서 6:6-10

가르침을 받는 자는 말씀을 가르치는 자와 모든 좋은 것을 함께하라 스스로 속이지 말라 하나님은 만홀히 여김을 받지 아니하시나니 사람이 무엇으로 심든지 그대로 거두리라 자기의 육체를 위하여 심는 자는 육체로부터 썩어진 것을 거두고 성령을 위하여 심는 자는 성령으로부터 영생을 거두리라 우리가 선을 행하되 낙심하지 말지니 피곤하지 아니하면 때가 이르매 거두리라 그러므로 우리는 기회 있는 대로 모든 이에게 착한 일을 하되 더욱 믿음의 가정들에게 할지니라

자연의 법칙과 영적 법칙

'심는 대로 거둔다.' 이것은 만고불변(萬古不變)의 진리입니다. 이것을 우리들은 어렸을 때부터 "콩 심은 데 콩 나고 팥 심은 데 팥 난다"는 속담으로 대신해서 표현했습니다. 성경에는 하나님께서 범죄한 인류를 멸망시킨 다음, 노아에게 이런 약속을 선언하십니다. "땅이 있는 동안에는 심음과 거둠과 추위와 더위와 여름과 겨울과 낮과 밤이 쉬지 아니하리라"(창 8:22). 심은 대로 거두는 자연 질서가 이 땅이 있는 동안 똑같이 존속되리라고 말하고 있습니다. 심을 때 어떤 품종으로 심는가? 그것에 따라 어떤 종류의 열매를 얻을 것인가가 결정됩니다. 콩 심으면 콩 나고, 팥 심으면 팥이 납니다. 쌀을 심으면 쌀을 맺게 되고 보리를 심으면 보리를 추수하게 됩니다.

그런가 하면 어떤 씨를 심을 것인가 하는 것이 중요합니다. 어렸을 때 기억으로 농사지을 때 보면 이렇게 합니다. 경작한 부분 가운데 가장 잘 자란 부분을 씨앗으로 베어 옵니다. 그리고 그것에 더 영양가가 충분히 들어가도록 하기 위해서 알곡을 뒤로 눕혀 놓습니다. 그리고는 그것을 잘 훑어서 쥐나 벌레가 범하지 않도록 천장 위에 매달아 겨울 동안 잘 보호합니다. 그 다음입니다. 파종 직전에 온 가족이 밤을 새워 알곡 하나하나를 손가락으로 부지런히 고릅니다. 조금이라도 부실한 것은 옆으로 제쳐 놓습니다. 눈으로 보는 것도 온전하지 못하기 때문에 계란을 소금물에 집어 넣고 소금물의 비중이 높아져서 계란이 떠오를 때쯤 되면 그 계란을 꺼내고 종자들을 집어 넣습니다. 그러면 알곡들 가운데 조금이라도 잘못되고 빈 것은 위로 떠오릅니다. 그리고 건강한 것은 밑으로 가라앉습니다. 그 위에 떠 있는 것을 버립니다. 그리고 나머지 것을 물로 씻어서 묘판에 붓습니다. 그렇게 가장 튼튼하고 확실한 씨앗을 심습니다.

북한의 농무성 관계자와 이야기하다가 "김순권 박사가 슈퍼 옥수수를 개발해서 참 수고하고 있는데 그 결과가 어떤가?" 하고 물었습니다. 그분이 이야기하기를 김순권 박사가 열정적으로 북한의 식량문제를 위해서 수고한다고 합니다. 그런데 알곡의 부피가 확실히 커졌긴 하지만 무게를 달아보면 아직도 전과 같다며 안타까워하는 이야기를 들었습니다. 그러니까 이 슈퍼 옥수수가 북한의 기후와 체질에 아직 잘 맞지 않아 온전하게 좋은 알곡으로 맺지 못하는 것입니다. 그러므로 양질의 씨앗을 뿌려야 됩니다. 또 얼마나 많이 수확하는가는 얼마나 많은 양을 파종했는가와 비례합니다. 이러한 법칙이 자연계에 있습니다.

　　그런데 우리 하나님께서는 말씀하십니다. "스스로 속이지 말라. 하나님은 만홀히 여김을 받지 아니하시나니 사람이 무엇으로 심든지 그대로 거두리라." 자연계에 자연 법칙이 있는 것처럼 영적인 삶에도 법칙이 있습니다. 영적으로도 심은 대로 거둔다고 말하고 있습니다. 욥기 4장 8절은 말합니다. "내가 보건대 악을 밭 갈고 독을 뿌리는 자는 그대로 거두나니" 호세아 8장 7절에 "저희가 바람을 심고 광풍을 거둘 것이라"고 말하고 있습니다. 우리가 지금 무엇을 심고 있는가? 어떤 씨를 심고 있는가? 그리고 얼마나 많은 양을 심고 있는가? 자기 자신을 스스로 살펴야 됩니다. 사람들이 이런 자연 법칙을 보고 영적인 법칙에도 동의하면서 거기에 나를 적용시키지 못합니다. 내가 악한 일을 해도 결국 좋은 열매를 맺을 것이라고 스스로에게 속습니다. 나는 속을 수 있습니다. 그러나 우리 하나님은 속지 아니하신다고 말씀하십니다. '만홀히 여김을 받지 않는다'는 말입니다. 이 '만홀'이라는 단어를 집약하면 '코방귀 뀐다'는 말입니다. 하나님께서 우리가 심지 않고 거두려드는 것을 보고 비웃으신다는 말입니다. 우리 하나님께서는 사람에게 속아서 만홀히 여김을 당하시지 않습니다.

복음을 심으라

그렇다면, 우리가 무엇을 심습니까? 첫째로 복음을 심습니다. 6절에 이렇게 기록되었습니다. "가르침을 받는 자는 말씀을 가르치는 자와 모든 좋은 것을 함께하라." 말씀을 심습니다. 그런데 어떻게 심으라고 말합니까? 말씀을 가르치는 자와 모든 좋은 것을 함께 심으라고 말합니다. 우리는 말씀을 듣고 감동할 수 있습니다. 말씀을 듣고 기뻐할 수 있습니다. 말씀을 듣고 영혼에 대한 사랑이 내 속에서 일어날 수도 있습니다. 그러면서도 그 말씀대로 순종하지 못하는 이유 중의 하나가 우리에게 말씀을 가르쳤던 선생님들의 삶은 본받지 않은 채 그냥 그분들이 가르쳐 준 말씀과 지식을 기뻐하고 감동하는 것으로 끝났기 때문입니다.

저는 신학교 다닐 때, 박윤선 목사님 밑에서 배웠습니다. 박윤선 목사님의 제자들은 그분을 정말로 존경합니다. 고려신학교에서 가르쳤던 제자들도, 또 총회신학교에서 배웠던 제자들도, 그분이 스스로 세운 합동신학교의 제자들도 그분의 이야기만 나오면 흥분해서 추억담을 이야기합니다. 그런데 우리는 그분에게서 시간시간마다 강의를 통해 받았던 그 감동만 따먹었지 그분이 살았던 삶은 전수받지 않았습니다.

그 어른은 이렇게 말씀하셨습니다. "가다가 크고 잘생긴 바위를 보면, 이것이 얼마나 멋지게 생기고 크고 우람한 바위인가? 거기까지만 생각하지 말고 하나 더 생각하십시오. 이 평퍼짐한 바위에 엎드려서 기도하면 얼마나 좋겠는가?" 정말 그분은 그렇게 사셨습니다.

그분께 음식을 대접해 보면 바로 앞에 있는 것만 드십니다. 골고루 못 드십니다.

"선생님, 여기도 음식이 있습니다" 그러면

"아, 그래요?" 하고 잡수십니다. 그런데 뭐, 맛을 음미하는 것 같지 않습니다.

"선생님, 도무지 음식 맛을 생각 안 하시는 것 같네요."

그때 그분이 이렇게 말씀하셨습니다.

"먹든지 마시든지 주의 영광을 위하여 하라고 했기 때문에 그냥 먹기 싫어도 주님 영광 위해서 먹고, 맛이 없어도 주님 영광 위해서 먹고, 맛있으면 더욱 감사히 먹습니다."

그분이 언젠가 설교에 대해서 이렇게 말씀하셨습니다.

"똑같은 성도인데 어떤 사람은 강대상에 올라가 큰소리치고 이야기하고 어떤 교인은 앉아서 설교를 들어야 되는데 강단에 서 있는 것이 부끄럽지 않습니까? 너무 황송하지 않느냐 말이에요?"

그러므로 정말로 어떤 글을 인용하고 싶은데 그 책이 부산에 있으면 그 주간에 부산까지 가서 확인하고 인용하라는 것입니다. 한번은 그분이 저에게 전화를 했습니다.

"홍 목사님, OO가 지은 주석 중에 잠언서를 가지셨습니까?"

"예, 목사님. 제게 있습니다."

"제가 학교 도서관에서 그 책을 보다가 그냥 왔는데 내일 강의 준비가 조금 미진해서 정확하게 설명할 수 없을 것 같으니 그 책을 빌려줄 수 있겠습니까?"

제가 다른 곳에 있으니까 곧 갖다 드리겠다고 했는데 그분이 직접 저를 찾아오셨습니다. 제가 그 책을 그분께 드리면서 얼마나 깊은 감동이 있었는지 모릅니다.

합동신학교 졸업생들은 자기가 마치 박윤선 목사님이라도 된 것처럼 흥분해서 설명합니다. 그렇지만 그분의 삶은 배우지 못하고 있습니다. 이것이 우리의 잘못된 배움입니다. 말씀을 잘못 심음입니다. 많은 사람들이 강단에 선 목회자가 설교 잘하기를 좋아합니다. 그러나 그 시간에 말씀 듣는 즐거움을 원하는 것과 진정으로 삶 속에 새로운 씨를 심는 파종의 노력을 할 것인가와는 다른 문제입니다. 오늘 성경은 말합니다. "말씀을 받는 자는 말씀을 가르치는 자와 모든 좋은 것을 함께하라" 감동뿐만 아닙니다. 말씀을 깨닫고 그 말씀 속에 자기 생애를 쏟아부어 사는 삶을 좇아가라고 말합니다. 말씀이 내 인생 속에 잘 심어지고 있는가를 보라고 말씀합니다.

성령의 밭에 심으라

두 번째로 내 인생이 성령의 밭에 심어졌는가를 보라고 합니다. 8절에 이렇게 말합니다. "자기 육체를 위하여 심는 자는 육체로부터 썩어지는 것을 거두고 성령을 위하여 심는 자는 성령으로부터 영생을 거두리라."

두 밭이 있습니다. 하나는 육체라는 밭입니다. 이 육체라는 단어는 하나님 앞에 타락해서 하나님께 반항하고 하나님의 말씀을 불순종하기를 즐거워하는 본성으로서의 육체를 말합니다. 기독교의 기본적인 진리가 있습니다. 그 중의 하나는 죄를 범하기 때문에 죄인이 아니라, 죄인이기 때문에 죄를 범한다는 것입니다. 무슨 말입니까? 배나무는 배를 열매 맺습니다. 배나무니까 배가 열립니다. 사과나무니까 사과를 열매로 내놓습니다. 우리가 자녀들에게 거짓말을 가르쳐 본 적이 없습니다. 그런데 우리 아이들이 어느새 거짓말을 하고 있습니다. 본질이 그렇기 때문입니다. 우리의 타락한 본질은 가만 놔두면 죄를 자연스럽게 행합니다. 내 것이기 때문에 가만 놔두면 잡초 밭에 잡초 자라듯이 내 삶 속에 악이 쉽게 자라납니다. 그래서 "육체에 있는 현저함이 곧 음행과 더러운 것과 호색과 우상숭배와 술수와 원수 맺는 것과 분쟁과 시기와 분냄과 당 짓는 것과 분리함과 이단과 투기와 술취함과 방탕함과……." 이 목록을 한참 이야기하다가 그 정도가 아니라 "그와 같은 것들이라."

심음과 거둠 *199*

그와 같은 비슷한 종류가 주변에 많이 있음을 이야기합니다. 노력하지 않으면 이것들이 내 속에서 부지런히 열매를 맺는단 말입니다. 내 인생 전체를 지배해 버립니다. 내 육체는 충동을 따라서 육체의 열매를 맺게 합니다.

그러나 성령을 위해 심는 사람은 성령의 인도를 받고 성령님을 좇아 행합니다. 그리고 성령의 도우심으로 내 인생을 심습니다. 그것을 위해서 우리들은 해야 될 것이 많습니다. 정말 내 영혼이 주 안에서 아름답게 자라기를 위해서 성령의 부으심을 구하는 기도를 드립니까? 그리고 성령의 열매를 풍성히 맺기 위해서 성령께서 함께 임재하는 그룹에 참여해서 교제를 나누십니까? 사람에게는 누구든지 약점이 있습니다. 또 약해질 때가 있습니다. 스스로 완전하지 못하기 때문에 믿음의 형제들의 도움이 필요합니다. 성령 안에서 서로 교제하기를 원하십니까? 이런 사람들은 위험합니다. '나는 완전해서 하나님의 말씀을 나 혼자 충분히 깨달아서 알 수 있다.' 아닙니다. 주님의 말씀은 우리가 서로 교제하면서 더 깊이 깨달아지고, 더 깊이 부딪쳐집니다. 그리고 신앙 인격이라는 것은 홀로 성경 연구를 한다고 되는 것이 아닙니다. 하나님 말씀을 공부하고 기도하면서 또 다른 사람들과 부딪치면서 형성되는 것이 신앙 인격입니다. 그것은 독립적이지 않습니다. 하나님은 교회의 거룩한 예배에 참석한 우리를 지배하시고 찾아오기를 기뻐하시는 성령님입니다.

성령의 인도로 영적으로 유익되고 귀한 것을 사모하고, 이것이 내 속에 진작되도록 하기 위해서 애쓰고 수고하는 것, 이것이 성령으로 성령을 위하여 심는 자의 모습입니다. 그러면 우리 주님께서는 영생의 영광을 안겨 줍니다. 저는 이 성경구절을 이렇게 믿습니다. 성령께서 우리 속에 함께하실 때, 하나님의 나라에서 영원히 누릴 그 영광을 현재적으로 느낄 수 있는 복으로 주신다고 믿습니다. 그 현재적인 복이 가슴에

피는 사랑이고, 세상이 감당 못할 기쁨이고, 세상이 빼앗을 수 없는 평화이며 어떤 고통에도 흔들리지 않는 인내이고, 불쌍한 사람을 향한 깊은 동정심이고 그리고 이 세상 악을 향해서 선으로 악을 이기는 삶이고, 하나님을 향한 충성이고, 우리 주님의 모습 같은 온유함이고, 진리 안에서 나를 쳐서 복종시키는 자기 절제입니다. 그때 우리들은 천국에서 누려야 될 그 영광과 기쁨을 이 땅에서 누리게 된다고 말씀하십니다. 천국은 내세적인 의미로 끝나지 않습니다. 오늘 이 시간에 느끼게 만드는 것이 성령님의 역사입니다. 그분은 우리로 하나님을 아바 아버지라고 부르게 하시고 그리스도와 함께한 상속자로 우리의 생애에 복주시기를 기뻐하십니다.

선행을 심으라

그리고 세 번째로 선행을 심습니다. 우리에게 있는 양선이라는 성령의 열매는 반드시 주변을 향해서 선으로 드러납니다. 그래서 9절에 이렇게 말합니다. "우리가 선을 행하되 낙심하지 말지니 피곤하지 아니하면 때가 이르매 거두리라." 선을 행합니다. 우리의 행위는 구원에 무력합니다. 그렇지만 구원받은 성도가 하나님 앞에서 선을 행하는 것에는 영광의 상급이 보장되어 있습니다. 그래서 우리 믿음의 선배들은 말합니다. "믿음이 없이는 기쁘시게 못하나니 그 앞에 나아가는 자는 하나님이 계신 것과 더불어 상 주시는 이심을 믿어야 할지니라"(히 11:6).

선행은 참 오해도 많이 받고 보람이 없습니다. 가령, 지금 우리 남한에는 탈북한 동포들이 있습니다. 그래서 목회자 몇 분들이 뜻을 모아 '고향마을'이라는 탈북자들의 정착촌을 만들었습니다. 농사를 짓겠다고 자원하는 분들을 받아서 농사를 짓도록 준비를 다 해주었습니다. 처음에는 동네 사람들도 북에서 온 사람이라고 생각해서 음식도 갖다주고 대접을 잘했는데, 좀 시간이 흐르니까 이 사람들이 일을 안 합니다. 일을 안 하는 것으로 끝나는 것이 아니라 술 먹고 '네 것은 내 것이고 내 것은 내 것이고…' 하는 사회주의 생각을 하며 남의 닭이나 남의 밭의 식물들을 무단으로 가져다가 같이 나눠 먹습니다. 그래서 동네 사람들이 이분들이 떠나주었으면 좋겠다는 진정을 해서 그 일을 하시는 목사님들이 참 마음 아파하십니다. 선을 행하면 이렇게 낙심스러운 일이 참 많습니다. 노숙자도 도와 보고 실직자들을 어떻게 도울 것인가 연구도 많이 해봤는데, 우리가 선을 행하면서 수고하고 애쓰는 것에 비해 소득이 참 빨리 돌아오지 않는 것을 경험합니다. 답답합니다.

선은 선 자체가 복입니다. 그 사람들이 어떻게 행하는가는 그 다음 문제입니다. 우리에게 선을 명령했으니 그냥 선행을 하는 것입니다. 주께서 도무지 반응이 없고 하나님을 향해서 항거하고 배반했던 내게 계속 선을 베푸시고 그 마음을 한시도 놓지 않았던 주님처럼 우리의 도움과 사랑이 필요한 사람을 향해서 선행을 중단하면 안 됩니다. 놀라운 주의 약속이 여기 있습니다. "피곤치 아니하면 때가 이르매 거두리라" 때로 우리들은 이 세상의 거대한 악의 구조를 봅니다. 그러면서 우리들은 이런 시험을 당합니다. '아니, 정직하면 손해 나는 이 세상에서 내가 정직해야 될 이유가 무엇인가? 나 혼자 정직하다는 것은 아무 의미가 없는 것이 아닌가? 아니 대한민국의 노숙자들, 그리고 북한의 탈북자들, 연해주에 이주한 고려인들, 그 사람들의 무수한 비극에 비해서 우리가 가지고 있는 것은 너무 적은 것이 아닌가? 초라한 것이 아닌가? 무슨 도움이 될 것인가?' 낙심될 때가 있습니다. 한두 번 하다가 피곤해질 때가 있습니다.

그런데 주께서 말씀하십니다. "때가 이르면 거두게 해주겠다." 기독교는 이것 때문에 믿을 만합니다. 사회의 모든 악에 대해서 우리들은 너무 초라합니다. 그러나 5천 명이 굶주리며 주님과 함께 있을 때 한 어린 소년이 자기의 점심 도시락을 주님 앞에 내어 놓았습니다. 이것으로는 도무지 문제 해결이 안 되는 것 같았습니다. 그런데 그것이 주님의 손에 붙잡힙니다. 그러자 5천 명이 먹고도 12광주리가 남았습니다. 우리는 이 주님을 믿습니다. 이 사회가 아무리 악해도 우리 눈앞에 보이는 현실이 전부가 아닙니다. 우리에게는 또 다른 현실이 있습니다. 하나님의 현실입니다. 전능자의 놀라운 능력입니다. 우리는 단지 주께서 말씀하신 대로 우리의 선을 붙잡고 믿음으로 나아갑니다. 그러면 주께서 그것을 받으셔서 주님의 원대로 사용하십니다. 이것이 예수 믿는 사람의 특권입니다. 우리는 보는 대로 살지 않습니다. 듣는 대로 살지 않습니다. 보이지 않는 하나님, 우리 속에 도무지 안 될 것 같고 쓸모 없는 것 같은 그것을 붙잡으셔서 역사하시는 살아 계시는 주님을 믿습니다. 전능하신 주님을 신뢰합니다. 그분이 말씀하십니다. "피곤치 아니하면 때가 이르매 거두리라."

지금까지는 내가 심었던 것의 결과로 내가 여기 있습니다. 긍정적으로 심었든, 부정적으로 심었든, 적극적으로 심었든, 소극적으로 심었든, 그 심었던 결과로 지금의 내가 되었습니다. 이것은 어떻게 움직일 수가 없습니다. 변경이 안 됩니다. 그러나 지금 변경시킬 수 있는 것이 있습니다. 무엇을 변경시킵니까? 지금 무엇을 심는가입니다. 그러면 5년 후, 주께서 추수하게 해주실 줄로 믿습니다. 10년 후 30배, 60배, 100배로 결실하게 해주실 것입니다. 지금 무엇을 심고 있습니까? 사도 바울은 세 가지를 말씀합니다. 말씀이 바로 심겨졌는가? 성령을 위하여 심고 있는가? 그리고 내가 하는 일, 피곤한 일이고 귀찮은 일이지만 선행을 중단하지 않고 믿음으로 계속 순종하고 있는가? "네가 그것을 심어가면 피곤치 아니하면 때가 이르매 거두리라." 주님의 약속입니다.

이 약속이 풍성히 열매 맺는 값진 생애로 주님 앞에 아름답게 심어지기를 축원합니다.

17. 종교인가, 기독교인가?

갈라디아서 6:11-18

　내 손으로 너희에게 이렇게 큰 글자로 쓴 것을 보라 무릇 육체의 모양을 내려 하는 자들이 억지로 너희로 할례 받게 함은 저희가 그리스도의 십자가를 인하여 핍박을 면하려 함뿐이라 할례 받은 저희라도 스스로 율법은 지키지 아니하고 너희로 할례 받게 하려 하는 것은 너희의 육체로 자랑하려 함이니라 그러나 내게는 우리 주 예수 그리스도의 십자가 외에 결코 자랑할 것이 없으니 그리스도로 말미암아 세상이 나를 대하여 십자가에 못박히고 내가 또한 세상을 대하여 그러하니라 할례나 무할례가 아무것도 아니로되 오직 새로 지으심을 받은 자뿐이니라 무릇 이 규례를 행하는 자에게와 하나님의 이스라엘에게 평강과 긍휼이 있을지어다 이후로는 누구든지 나를 괴롭게 말라 내가 내 몸에 예수의 흔적을 가졌노라 형제들아 우리 주 예수 그리스도의 은혜가 너희 심령에 있을지어다 아멘

마지막 당부

사랑하는 자녀들에게 유언을 남기신다면 어떤 말씀을 하시겠습니까? 아마 마지막 말이라면 자기 생애에 가장 소중한 메시지와 교훈을, 평소에 이것만은 내 자녀들이 꼭 붙잡고 살아야 될 철칙이라고 생각했던 내용을 전수하고자 할 것입니다.

하나님의 사람, 사도 바울도 갈라디아 성도들에게 편지를 써서 보냈습니다. 그는 눈이 나빴기 때문에 편지 내용을 구술해서 받아쓰도록 했었습니다. 여기서는 구술한 것을 누가 받아썼는지 모르지만 다른 성경은 두기고라는 사람이 옆에서 받아썼다고 말합니다. 이제 모든 것을 정리해야 될 때가 되었습니다. 그러자 그는 구술을 받아쓰고 있는 기록자의 펜을 빼앗아서 스스로 큰 글씨로 편지의 마지막을 기록하고 있습니다. '이제는 내가 너희에게 직접 몸으로 부딪쳐서 최선을 다해 말하고 싶다' 는 의미에서였습니다. 11절에 "내 손으로 너희에게 이렇게 큰 글자로 쓴 것을 보라"고 되어 있습니다. 그것은 아마 눈이 나빴기 때문이었을 것입니다. 청각이 나쁜 사람은 말을 크게 하는 버릇이 있습니다. 마찬가지로 잘 안 보이니까 큰 글자로 썼을 것입니다. 그러나 여기에는 더 깊은 의미가 있습니다. "내가 이제껏 다른 사람에게 구술해서 받아쓰도록 했는데 지금은 내가 직접 안타까운 마음으로 너희를 터치하고 싶다. 그래서 내가 직접 큰 글자로 썼다. 이것은 글자만 큰 것이 아니라 내 생애에 가장 소중한 메시지이고 지금까지 갈라디아서 전체를 통해서 너희에게 전하고 싶은 결론이다." 이런 의미로 붓을 빼앗아서 직접 쓰기를 시작했던 것입니다.

기독교를 종교화하려는 기도

그가 간절히 당부하고 있는 것은 이것이었습니다. '기독교와 종교는 다르다. 종교가 인간이 노력하고 애쓰고 수고해서 구원을 받는 것이라면 기독교는 하나님께서 모든 것을 친히 역사하셔서 그의 십자가로 우리에게 놀라운 구원을 베풀어 주신 것이다.'

오늘날도 기독교가 자꾸 종교화되고 있습니다. "예수 믿으면 복 받는다, 예수 믿으면 건강해진다. 예수 믿으면 형통해진다 예수 믿으면 새로운 은사와 능력을 받는다"고 하면서 인간을 자꾸 키워가고 확장시키고 인간의 모습을 드러내는 데 강조를 두고 있습니다. 그것이 오늘날 한국 기독교의 모습입니다. 종교가 종교라면 기독교는 종교가 아닙니다. 다른 질서입니다. 모든 종교는 사람이 스스로 잘 발전시키면 하나님이 된다고 가르칩니다. 그런데 성경은 그렇게 말하지 않습니다. "의인은 없나니 하나도 없으며"(롬 3:10). 인간이 노력하고 애쓰고 수고하면 하나님이 된다는 모든 철학은 실제로는 인간의 자유를 억압하고 있습니다. 그러한 종교는 인간의 궁극적인 문제를 해결해 주지 못했고 또한 인권도 없습니다. 유교에도 인권이 없습니다. 인간이 하나님이라고 말했던 공산주의에도 인권이 없습니다. 동양 종교에는 인권이 없습니다. 한 영혼이 온 천하보다 더 귀하다는 이 사실을 모릅니다. 그런데 나는 죄인이고, 쓸모 없고, 한 일이 없고, 오직 주께서 해주셨다는 이 종교 안에만 인권이 살아 있습니다. 기독교에만 인간의 존엄성이 있습니다. 인간이 노력하고 애쓰고 수고해서 구원을 얻는 것이 종교라면 기독교는 종교가 아닙니다. 오직 하나님께서 우리를 위해서 사랑하시고 행해 주신 은혜, 이것이 기독교입니다.

그런데 초대 교회 당시 사도 바울이 생생하게 복음을 전할 그때에도 기독교를 종교화하고자 하는 기도들이 계속 있었습니다. 이 사람들은 외면에 신경을 썼습니다. 육체의 모양을 내려 하는 자들이었습니다. 내면의 진정한 변화보다는 우리가 깨닫고 발전시키면 무엇인가 이루어진

다든지, 내게 더 좋은 환경이 있으면 그 인생이 복되다든지 등등의 외면적 종교 형태로 사람들을 속이는 경우가 있었습니다. 지금도 종교의 많은 모습 가운데 외면을 강조하는 경우가 참 많습니다.

터키에 갔을 때였습니다. 터키의 이스탄불에서 얄로바 시(市)로 가기 위해서는 육로로 갈 수도 있고 배를 타고 갈 수도 있습니다. 육로로 가면 에게 해를 지나서 돌아가기 때문에 두 시간 반 정도 걸립니다. 그런데 선착장에서 바로 카 페리를 타고 가면 1시간밖에 안 걸립니다. 차까지 배에 싣고 모두 올라가서 식당에 앉아서 차를 마시려고 하는데 앞에 한 터키 사람이 앉았습니다. 그 사람은 라마단 금식 기간 동안이었기 때문에 음식을 먹지 않았습니다. 그 사람과 자연스럽게 이야기를 나누었습니다. "코란의 진리를 아는가?" 물었습니다. 잘 모른답니다. 아라비아 언어라서 무슨 뜻인지 모르고 그냥 염불 외우듯이 계속 외운다고 합니다. 그런데 정확하게 하는 것이 있습니다. 메카에 대고 하루에 다섯 번씩 정한 시간에 절합니다. 터키 같은 이슬람 국가에서는 하루에 다섯 번, 마을의 확성기에서 코란이 울려 퍼집니다. 코란을 읽는 선생을 이맘이라고 합니다. 그래서 제가 "이맘들은 코란을 아는가?" 물었습니다. 그러니까 그 사람들도 모른다고 합니다. 누가 운율을 더 멋있게 읽느냐, 그것밖에는 모른답니다. 겉모양으로 종교가 되어지는 것입니다. 불교는 1년 내내 아무것도 않다가 초파일이 되어 연등 하나만 켜면 불교도입니다. 유교는 제사를 통해서 종교를 끌고 갑니다. 겉모양만 내려고 합니다.

십자가를 외면하는 신앙

그런데 여기 교회에 들어와서 가르쳤던 사람들은 복음을 접해 본 사람들이었습니다. 그분들이 복음을 접해 보고 십자가의 영광을 아는 것

같았는데 그분들이 두 가지 이유로 십자가를 자랑하지 않습니다. 십자가 중심의 신앙생활을 하지 않습니다.

첫째로는 십자가를 전하면 핍박을 받았기 때문입니다. 당시 로마 시대의 십자가는 사형 틀이었습니다. 종교의 상징이 사형 틀입니다. 지금이야 십자가가 너무 익숙하고 의미가 있고 영광스럽지만 당시의 십자가는 가장 잔인한 사형도구였습니다. 너무 잔인했기 때문에 로마 시민권자들은 아무리 악독한 죄를 범해도 십자가 형틀에 죽이지 않았습니다. 십자가 사형제도를 법적으로 받아들일 때부터 "로마 시민권자는 어떤 경우에든지 십자가 사형은 행하지 않는다"는 단서 조항을 붙였습니다. 그래서 시세로 같은 사람은 "로마 사람들은 십자가와는 상관없는 사람들이다. 십자가 같은 것은 머리 속에서 지우고 살아라"라고 가르쳤습니다. 그래서 십자가는 저들에게 미련한 것이었습니다. 또 유대인들에게 십자가는 거치는 것이었습니다. 왜냐하면 신명기에 나무에 달린 자마다 하나님의 저주받은 자라고 기록되어 있기 때문입니다. 그랬기 때문에 그 핍박을 피하기 위해서 "우리는 십자가보다 우리 조상 아브라함이 받았던 할례를 소중히 여긴다"며 율법으로 도망간 것입니다.

그런가 하면 이 사람들은 비웃음을 받는 것으로 끝나지 않고 또 자기 육체를 자랑했습니다. 이 사람들은 율법을 다 지키지 않았습니다. 예수께서 십자가에 죽으심으로 율법의 모든 형벌이 끝났다고 믿었습니다. 그렇기에 율법을 안 지켜도 됩니다. 그러면서 "그래도 우리가 노력해야 구원받지 않겠는가? 적어도 할례는 받아야 된다"며 스스로 할례를 받을 뿐 아니라 이방인들에게까지 계속 요구했던 것입니다. 그래서 그 사람들은 자기 육체를 자랑했습니다. 내 노력을 자랑했습니다.

십자가로 인한 새로운 삶

사도 바울은 기독교가 종교화되는 것을 보다 못해서 큰소리로 외칩니다. "내게는 우리 주 예수 그리스도의 십자가 외에는 결코 자랑할 것이 없습니다." 그는 오직 십자가만을 자랑합니다. 십자가에서 하나님께서 행하신 일을 믿음으로 바라보고 있습니다. 십자가는 내가 얼마나 무서운 죄인인가 하는 것을 지적해 주고 있습니다. 하나님의 무서운 저주가 십자가 위의 내 죄 위에 부어졌습니다. 그렇게 십자가가 내 죄의 형벌을 모두 담당했습니다. 그 다음에 십자가가 모든 죄를 담당했기 때문에 내 죄는 동이 서에서 먼 것처럼 깨끗이 씻김을 받은 것으로입니다. 죄만 씻기는 것으로 끝나는 것이 아니라 하나님께서 나를 죄 없다 선언하셨습니다. 죄 없다고 선언한 것으로 끝나지 않습니다. 십자가는 성령으로 말미암아 내가 하나님의 아들이라고 가르칩니다. 하나님의 아들일 뿐 아니라 하나님의 자녀요, 하나님의 상속자라고 가르쳐 줍니다. 하나님의 빛나고 아름다운 모든 것을 누리는 상속자로서의 영광을 성령께서는 내 속에서 분명하게 가르쳐 줍니다. 이 영광을 얻었기 때문에 사도 바울은 십자가만을 자랑합니다.

그런가 하면 십자가는 내가 세상에 대해서 죽은 장소입니다. 또 십자가는 세상이 나에 대해서 죽은 장소입니다. 세상에 귀하고 영광스럽고 아름다운 자랑거리가 일시적으로 내 마음을 흔들 수는 있어도 내 마음을 완전히 붙잡지 못하는 것은 십자가를 바라보고 있으면 그 놀라운 은총에 힘입어서 하나님 자녀의 영광으로 새로운 인생을 살 수 있기 때문입니다.

종교는 우리에게 깨달음을 줍니다. 종교는 우리에게 형태적인 삶의 모습을 가르칩니다. 그런데 십자가는 형태가 아니라 새로운 삶입니다. 그래서 15절에 이렇게 외쳐댑니다. "할례나 무할례가 아무것도 아니로되 오직 새로 지으심을 받은 자뿐이니라." 예수 그리스도의 십자가 아래서 내가 새로 지음을 받았습니다. 새 인생을 삽니다. 기독교는 논리의 종교가 아닙니다. 생명의 종교입니다. 기독교는 이론이 아닙니다. 이론이 아니라 삶 자체입니다. 새로운 삶입니다. "이전 것은 지나갔으니 보라 새 것이 되었도다"(고후 5:17). 이런 놀라운 은혜를 우리 속에 허락해 줍니다. 놀라운 사실은 이 십자가의 규례를 따르는 자들을 하나님의 백성이라고 말합니다. "하나님의 이스라엘이라." 이 십자가를 바라볼 때 나는 하나님의 교회입니다. 하나님의 이스라엘입니다. 거기서 끝나지 않고 그런 인생에게 반드시 두 가지가 따르는데 놀라운 평화와 하나님의 한없는 긍휼입니다. 십자가를 바라보고 있으면 내 모든 상처가 치유되는 것을 경험합니다. 십자가를 바라보고 있으면 내 한숨이 변해서 기쁨으로 바뀝니다. 십자가를 바라보고 있으면 나를 유혹하는 죄가 내게서 멀어지는 권능을 체험합니다. "오직 십자가, 이것 외에 내가 자랑할 것이 없다"고 사도 바울은 선언하고 있습니다.

예수의 흔적

그러면서도 이 놀라운 영광을 가진 자, 십자가를 자랑하는 사람에게 그리스도의 흔적이 드러납니다. "이제 후로는 누구든지 나를 괴롭게 말라. 내가 내 몸에 예수의 흔적을 가졌노라." 예수의 흔적을 가졌다는 것을 가톨릭에서는 사람이 수도원에 가서 열심히 예수님을 묵상하고 내가 예수 안에, 예수가 내 안에 있는 경험을 친히 체험하게 되면 내 손과 발에 주님이 입으셨던 거룩한 상처와 상흔이 손과 발, 옆구리, 이마에 그대로 새겨진다고 가르쳤습니다. 서양 미술사에 보면 이콘이라는 것이 있습니다. 영어로는 아이콘(Icon)이라고 발음합니다. 이콘이라는 성상 숭배하는 그림들이 있는데, 어떤 그림에는 한 사람이 양손을 벌리고 누위 있습니다. 그리고 위에서는 예수님이 손을 양쪽으로 벌리고 있습니다. 예수님의 손과 그 사람의 손을 연결시켜 놓고 예수님의 발 상처와 그 사람의 발 상처 사이에 줄을 그어 놓았습니다. 빛으로 비춰진 것처럼 보입니다. 그 상처가 옮겨졌다는 뜻입니다. 아시시의 성 프란시스의 이야기를 그렇게 말한 이래로 가톨릭에서는 그 상처를 자기 몸에 가졌다고 증거하는 사람들이 많았습니다. 그것이 역사적으로 진실인가 아닌가가 논란의 대상이 되기도 합니다. 물론 주님을 깊이 사모하면 주께서 이적을 통해서 이런 흔적을 주실 수도 있다고 믿습니다. 그런데 저는 그런 흔적이 있어도 좋겠고 또 없어도 된다고 믿습니다. 왜냐하면 우리에게는 또 다른 흔적이 있기 때문입니다. 어떤 흔적입니까? 십자가를 자랑하는, 십자가를 지고 가는 사람에게 흔적이 있을 수 있습니다. 이 흔적이 무엇입니까? 상처가 만들어낸, 상처가 아문 다음에 생기는 것이 흔적입니다. 예수 믿기 때문에 당했던 멸시, 예수 믿기 때문에 당했던 손해, 예수 믿기 때문에 당했던 십자가, 십자가의 영광을 바라보며 당했던 상처들이 세월이 지남과 더불어 흔적으로 사도 바울 몸에 있었단 말입니다. 그는 40에 하나를 감한 매를 세 번이나 맞았습니다. 돌에 맞아서 죽은 줄 알고 시체처럼 밖에 내던져졌는데 다시 살아나기도 했습니다. 무수한 항해를 하면서 죽을 고비를 몇 번이나 넘겼는지 모릅니다. 그는 광야의 위험과 동족의 위험과 이방인의 위험과 산의 위험과 강의 위험으로 가득 찬 세상을 오직 주님의 십자가가 너무 소중하기에 십자가만 증거하기 위해 돌아다녔습니다. 그래서 얻어진 거룩한 흔적입니다.

　　내적 치유를 강조하면서부터 "나 상처 받았어요"라는 말이 우리에게 생겼습니다. 아닙니다. 주님 십자가를 소중하게 여기고 믿음으로 나아간 사람에게 상처가 따릅니다. 종교는 우리에게 꼭 많은 것을 주는 것처럼 가르칩니다. 요즘 기독교도 점점 종교화되고 있는 모습을 봅니다. 물건 팔 때 이렇게 파는 사람들이 있습니다. "본 제품은 ○○출판사에서 만든 성경책으로서 이 책의 장점은 한쪽은 NIV영문판이고 한쪽에는 해석이 있기 때문에 보기가 참 좋습니다. 이 책은 원래 50,000원인데, 다 받느냐? 반으로 잘라서 25,000원! 그것이 전부냐? 아니, 이것도 하나 더 붙이고, 요것도 하나 붙이고…." 이것처럼 예수 믿는 것, 십자가에다가 형통을 끼워 팔고, 건강을 끼워 팔고, 출세를 끼워 팔려고 합니다. 아닙니다. 그분이 너무 존귀하고 그분이 내 모든 것의 모든 것 되시기 때문에 손해가 나도 기쁘고 그 십자가의 영광을 붙잡을 때에 억울해도 즐겁고, 세상의 모든 것을 상대화시키는 놀라운 하늘의 능력이 내게 임합니다. 그분을 자랑하게 되면 세상에서 당하는 어떤 고통도 넉넉하게 승리하고 그것이 우리 주님이 내 삶 속에 역사하는 거룩한 흔적으로 남습니다. 그 흔적을 사도 바울이 가졌단 말입니다.

오늘도 무수한 도마들이 있습니다. 예수의 능력을 의심하는 도마들이 있습니다. 이 도마들에게 무엇을 보이겠습니까? 이 땅의 그리스도인들이여! 왜 한국 교회가 이처럼 멸시받습니까? 왜 한국 교회가 이처럼 힘이 없습니까? 왜 한국 교회가 이처럼 비난의 대상이 되고 있습니까? 예수 믿고 성공하고 예수 믿고 출세하고 예수 믿고 부자 되고 예수 믿고 건강해졌지만, 보배이신 예수 그리스도 때문에 당한 상처가 영광의 흔적으로 남겨진 것이 없기 때문 아닙니까? 정말 예수 그리스도 십자가를 지고 있는 흔적이 내 삶에 있느냐고 묻고 있습니다. 예수 믿었기 때문에 억울해서 한밤을 지새우며 울어 본 적 있습니까? 예수 믿기 때문에 손해를 감수하면서도 기뻐할 수 있었습니까? 예수 십자가의 영광을 가슴에 품은 사도 바울은 몹시 매를 맞고 빌립보 감옥에 들어갔습니다. 이것은 논리가 아니었습니다. 아픔은 계속되었습니다. 살갗을 파고드는 욱신거리는 고통과 가려움증은 옥에 갇힌 후에도 계속되었습니다. 그러나 그가 십자가를 바라볼 때 영광의 하나님을 향해 찬송했습니다. "할렐루야! 십자가, 십자가 무한 영광일세." 십자가 지고 가는 흔적이 그에게 있었습니다. 현대의 도마들은 "너 예수 믿는 흔적 있느냐?"고 묻습니다. "아무개 목사야, 너 예수의 흔적 있느냐?"고 묻습니다. "아무개 장로야, 너 예수 흔적 있느냐?"고 묻습니다. 상처 있느냐고 묻지 않습니다. 십자가로 말미암아 그 상처는 영광의 흔적으로 바뀌었습니다. 십자가를 말하지 않으려거든 혀가 천장에 붙어야 됩니다. 십자가의 영광을 묵상하지 않는 성경공부는 죽은 성경공부입니다. 십자가를 찬양하지 않는 찬양과 십자가를 지고 헌신하지 않는 봉사는 의미가 없습니다. 사도 바울은 말합니다. "이후로 누구든지 나를 괴롭게 말아라. 내게 너희가 없는 흔적이 하나 있다. 너희는 할례받아서 외과적인 흔적이 있느냐? 내게는 그리스도 십자가의 그 영광 때문에 내 몸에 거룩한 주님의 흔적이 있다."

이런 심령들에게 그리스도의 은혜는 넘칩니다. 이 모든 것이 주의 은혜인 줄 알고, 십자가를 바라보는 사람에게 주의 은혜는 쏟아집니다. 십자가가 필요합니다. 사형 틀이 기독교입니다. 거기에 내 모든 죄는 다 처단되었습니다. 내 삶은 그 안에서 하나님의 자녀로 새롭게 태어났습니다. 이것은 논리가 아니라 삶입니다. 새로운 인생의 출발입니다. 그리고 그 안에서 십자가를 지고 따라가면 거룩한 흔적은 내 삶 속에 차곡차곡 드러납니다. 주님이 십자가에 못박히셨던 흔적들이 내 인생 속에도 있습니다. 이런 생애로 산다면 이것보다 더 큰 영광이 없을 것입니다. 은혜만이 십자가를 보게 만듭니다. 아니, 십자가를 바라볼 때, 하나님이 은혜의 아버지 되십니다. 심령은 그 십자가를 바라볼 때 은혜로 풍성히 채워집니다.

자유를 위하여 부르심을 입었나니

2000년 7월 20일 초판 1쇄 발행
2001년 8월 8일 초판 2쇄 발행

지은이 홍 정 길
펴낸이 임 만 호
펴낸곳 크리스챤 서적

등 록 제10-22호(1979. 9. 13)
주 소 135-092 서울 강남구 삼성2동 38-13
전 화 02)544-3468~9
FAX 02)511-3920
http://www.holybooks.co.kr
e-mail:holtbooks@thrunet.com
ⓒ 크리스챤서적, 2001

ISBN 89-478-0120-8 03230
정 가 6,000원